獵巫行動

奈傑爾・考索恩 著

聞翊均 譯

Witches

那些被封存的迫害史

The History of a Persecution

Contents

Witches
The History of a Persecution

你們每個都說了醜惡的謊，

基督徒願為人類犯下的罪與追求的真理犧牲。

如今掙脫了迷信的枷鎖，

世界因得到救贖而獲得重生！

O Christian Martyr Who for Truth could die

When all about thee Owned the hideous lie!

The world, redeemed from superstition's sway,

Is breathing freer for thy sake today.

此段文字由約翰 · 葛林利夫 · 惠提爾（John Greenleaf Whittier）所著，銘刻
在被判為塞勒姆「女巫」的芮貝卡 · 納斯（Rebecca Nurse）的墓碑上。

推薦序

女巫獵殺：
那些獻給恐懼的替罪羊

「獵巫」。

對現在許多人來說，這已經不太像是歷史名詞、而是新聞名詞了。三不五時就會有人在新聞上說，自己彷彿就是正在被獵殺的對象。然而，這起延燒三個世紀的群眾瘋狂事件到底是怎麼出現的？又會給現代的我們什麼啟示呢？

一切，都起源於一個無人能解釋的改變……

1420 年代，位於阿爾卑斯山西部的高地山谷地帶逐漸遭遇了惡劣的天氣變化，之後，這樣的寒冷開始蔓延到整個歐洲。霜凍和冰雪時段延長了、冰川也增加了，甚至連夏季也都顯得潮濕和寒冷。大面積的冰凍導致收成困難，人民的溫飽幾乎來到了崩潰的邊緣。在這個艱困的時刻，人們開始去尋找：到底為什麼會出現這樣的現象？當然，現在的我們已經知道了，15 世紀正是所謂「小冰河期」開始的時刻，然而那時候人們自然不可能知道，他們找到的答案是：有些把靈魂出賣給魔鬼的人，正在操縱著天氣。

因此從那時起，歐洲陸續出現了大量的巫師審判案件。1459 年，一群不認同當時天主教派的基督徒習慣在夜晚聚會，透過儉樸與窮困的生活來讚美神的信仰。這現在現聽起來沒什麼問題，

然而很快的那個地區開始出現謠言，指稱這群人一起聚集在蠻荒之地，而他們的目的就是為了召喚惡魔。在嚴刑拷打下，這些人很快就承認了加諸在自己身上的所有罪狀：放縱地進行各種污穢與放蕩的行為、朗誦惡魔的戒律與法條、誓死效忠惡魔……很快的，這些可憐的老婆婆們就被吊在城鎮的市場上活活燒死了。

隨著被發現的巫術案件越來越多，引得教會中的人士越來越緊張，教宗因諾森八世（Innocent VIII）就是其中一位。因此在1488 年他頒布了詔令，說許多人和來自地獄的惡魔接觸：「最近我們聽到了，在德國北部的一些地區……許多男女不願自己得救、背棄了天主教信仰，通過他們的咒語、咒術毀壞財產……」為了不讓罪大惡極的邪惡繼續玷污人間，他呼籲歐洲各國挺身而出，拯救如今岌岌可危的基督宗教……

教宗詔令一下，歷史上的女巫獵殺正式展開。在之後的 20年間，法國各城鎮都發生了燒女巫事件、義大利的科莫一口氣就以巫術之名處死了 1 千多人。而德意志、西班牙更是女巫獵殺最興盛的地區，甚至最後還出現了一群男人，專門以追捕巫師維生。整個風暴一直持續了三個世紀，才終於在 18 世紀逐漸平息。然而在 21 世紀的今天，「獵巫」真的已經遠離了嗎？

當我們看到這本《獵巫行動：那些被封存的迫害史》時，你會發現在那一大堆案件、犧牲者的數字背後，其實都是人性的故事。因為害怕自己被指控、所以指控別人的人；毀掉別人、證明自己信仰堅貞的人；為自己的不幸找替罪羔羊的人。而在一些極端的時代裡，比如說納粹、麥卡錫、文革，你總會發現相似的人性故事不斷重演，而歷史也是不可思議的相似。

—— 神奇海獅

前言

　　以前曾有無數人嘗試解釋，為何 16 至 17 世紀間會出現橫掃西方世界的獵巫熱潮。為什麼人們會突然開始看到女巫◆騎著掃把飛行、參加巫魔會◆且赤裸地和惡魔一起跳舞？有一套理論認為，當時有一種穀類真菌擴及至歐洲各地，吃到該真菌的人會像吃到迷幻藥一樣出現幻覺。另一套理論認為，早期在洛亞諾克島（Roanoke Island）的英國殖民體系會突然崩解也是出於相似的原因（即某種使人出現幻覺的穀類真菌傳播）。

　　有些則人認為這種現像是性歇斯底里症所導致的。本書中許多巫術案件都含有強烈的性元素，而巫術案件和鬧鬼事件，通常都和正值青春期中徬徨的少女有關。

　　獵巫是厭女者一手安排的行動之一嗎？是男人為了迫害女人而執行的天大陰謀嗎？又或者獵巫其實是反猶太主義行動的偽裝？有些孩子指認他人為巫師或自稱巫師也許是為了得到注意，

◆ 女巫：此處原文為 witch，該詞通常指的是女巫，但也可用來稱呼男性巫師。本書中的 witch 大多譯為女巫，指涉到男性時則譯為巫師。

◆ 巫魔會：此處原文為 Sabbat，指女巫與惡魔一起出席的聚會，通常聚會過程中會有惡魔崇拜、盛宴與做愛等活動。

他們的這種想法是不是獵巫的根源呢？有時在獵巫案件中，我們會看到如今被稱為戀童癖的徵兆，這是獵巫的原因嗎？又或者以上皆是？

但上述的每一個解釋都是錯的。因為這些解釋全都在用 21 世紀的視角觀察 16、17 世紀的事件。而想要真正理解我在本書中所描述的各種案例，我們只能用當時的人們理解的方式來理解。的確有許多人在駭人的刑求之下承認自己是女巫，並指控別人是女巫。但也有一些人明知道認罪是女巫，會導致死亡這個悽慘的結果，卻依然承認。雖然有些人的指控單純是為了物質利益，但有些人則有十分充足，且毫無瑕疵的動機。

以前有些人說他們看過或做過的某些事情，以現在來看是絕對不可能的。很顯然，女士不可能坐在掃把上飛行、惡魔也不會穿透牢房厚厚的牆壁性侵受害者、人類更是不可能變成狼，但那時有很多善良、老實又守規矩的人都舉發過這種事，而且當時的人們也相信了。

想像你的生活中，每個人都相信巫術存在，想像就算沒看過任何人在天空中飛翔或赤裸地在巫魔會上跳舞，但每個人依然認為這些事正在發生。在焚燒女巫的人與女巫中，前者常會變成後者，他們其實有相同的思考邏輯，都相信撒旦在人間，惡魔們用盡各種方法腐化善良的基督徒。例如，若某個人做了一場春夢，他們馬上就會把這場夢解讀成惡魔的所作所為。想當然，如果你是個善良、正直且對性行為潔身自愛的人，若腦袋中有情色的想法，那一定是惡魔的作為，不是嗎？如今我們不難看出，許多當時認罪的女巫其實就像現今兒童性侵案中的孩子一樣，出現了「偽記憶症候群◆」。如果父母性侵孩子會讓孩子在後半生變得

心理失常，而你又是個心理失常的成人的話，那麼你就有可能會出現「偽記憶」。你會誤認為父母真的在兒時性侵過你，導致現在成年的你心理失常，你只是已經把那段可怕事實從腦袋中抹去了而已。接著，只要再讓你接受一點點的心理治療刺激，你就會回憶起許多恐怖的細節，但其實這些被性侵的細節都是因為「偽記憶症候群」所想像的虛構記憶。

同理，如果所有罪惡都來自惡魔，而你又是個有罪的人，那麼你必然和它有勾結。撒旦當然會在夜半找上你、把你帶去巫魔會，接著又強迫你忘掉這件事，不是嗎？若真的是這樣的話，你又怎麼能信任自己的記憶呢？畢竟那些一直想要你承認自己是女巫的人，其實是在拯救你的靈魂啊。他們提出的指控會不會都是真的呢？

我們在這些獵巫狂潮中看到的集體瘋狂狀態，其實和近代許多事件有相似之處。例如在德國的女巫焚燒事件中，就已經出現了猶太大屠殺的可怕預兆。

這種狂熱情緒甚至也曾出現在幾個最自由開放的社會中。在1950年代，美國就出現過可以稱為「獵巫」的現象：當時的反共產主義參議員喬瑟夫‧麥卡錫（Joseph McCarthy）和華盛頓的其他政治領袖，開始在電影產業與其他行業中尋找共產黨員和其他「同路人」，作為政治手段中的打擊目標。許多無辜的人因此入獄，羅森堡夫婦（Julius and Ethel Rosenberg）更是因此喪命。

◆ 偽記憶症候群：出現偽記憶症候群的人會幻想出從來沒發生過的「偽記憶」（false memory），他們會相信自己曾經親身歷過某件從沒發生過的事。

不難理解美國國會在戰後，會出現受到反共產狂熱分子控制的現象。因為當時在整個 20 世紀，共產黨支持者一直激烈地反對美國毫無節制的資本主義，而且俄國又是美國的長期敵人。而蘇聯在第一次世界大戰後取得了過半的歐洲土地，接著，全球人口最多的國家中國，也在 1949 年成了共產主義國家，同時韓國、越南、寮國、馬來西亞和離美國較近的古巴也都開始往共產主義發展。不久後，蘇聯研發了原子彈，他們擁有的導彈足以炸毀一整座美國城市。這是從 1812 年的戰爭後，美國本土第一次遭受到威脅。

劇作家亞瑟 · 米勒（Arthur Miller）在他的作品《熔爐》（*The Crucible*）中，比較了麥卡錫獵巫◆與塞勒姆獵巫狂潮。他讓我們看見，一個社會在面對無所不在的外在威脅時，會怎麼從內部出現災難性的崩壞。例如 17 世紀末的新英格蘭社會，除了陷入被美洲原住民與法國攻擊的恐懼之中，還有疾病、作物歉收與經濟困境帶來的前所未有的恐懼。

概括來說，歐洲的獵巫狂潮常在各個國家陷入宗教戰爭時出現。特別是法國和德國，這兩個國家因為天主教與新教之間的武裝抗爭而四分五裂。有些城市和區域的宗教在一夜之間改變，有些地方的宗教甚至變過多次。在一切都變得不確定的情況下，集體瘋狂開始了。我們如今正是生活在這麼不確定的時代。

我在本書中描述案例時引用了該年代的法庭報告、口供證詞、信件、自白、刑求記錄與其他

◆ 麥卡錫獵巫：此處原文為 McCarthyite witch hunts，麥卡錫獵巫源自麥卡錫主義（McCarthyism），指的是喬瑟夫 · 麥卡錫在 1950 年代初期以「反共產主義」為號召的一連串運動。

文件記錄。我提供證據時不會加以評論，這樣讀者才能自行判斷這些事情是如何發生的。若我以生活在 21 世紀的作者身分解讀這些案件，那些說辭可能會變成為任何一方或為事件的辯解，導致讀者無法客觀地判斷事情的發生原因。某些案件的受害者陷入了恐怖的困境，不是認罪後被燒死，就是保持沉默但受到殘忍的刑求而死。我們只能希望受害者在面臨這種絕境時，能從信仰中獲得些許慰藉。但也有些人毫不猶豫地承認自己會飛、變成狼或其他動物，或者會和惡魔做愛。我們不該只因為從邏輯上來說，這些事情不可能發生在真實世界中，就輕忽這些證詞。他們的真實世界與我們的不同。要記得，對 3 到 4 個世紀之前的人們來說，現代人相信的很多事情在他們聽起來也只是無稽之談。

—— 奈傑爾・考索恩 Nigel Cawthorne

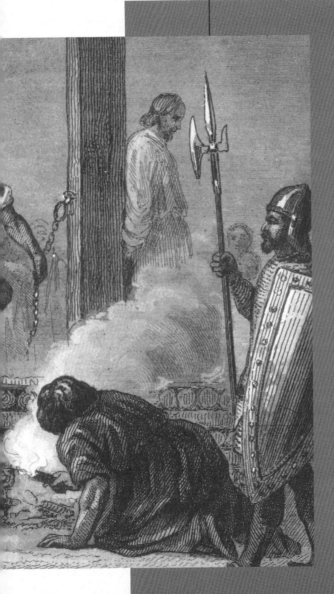

獵巫起源

Chapter 1
The Origins of the Witch Hunt

The Origins of the Witch Hunt

獵巫起源

巫術在中世紀文化廣為流傳。在古老的美索不達米亞、埃及和迦南文學中，都曾出現擁有神奇力量、能治癒疾病或展現巫術的人。那時的人尤其是美索不達米亞，特別害怕帶有惡意的魔法與巫術，從文明的一開始，人們就在想辦法抵抗這種事物。

根據《聖經》的敘述，古老的希伯來人也懂得巫術。希伯來文的「女巫」或「巫師」指的或許是如今被稱為靈媒或通靈者這類能預測未來的人。《聖經》裡還有其他關於女巫或巫師的描述，例如在《撒母耳記上》◆裡，掃羅王（King Saul）就詢問過「隱多珥的女巫」（witch of Endor）的意見；《以西結書》也提到有些女人能用頭巾和「符咒帶」（magic band）控制靈魂。若從現今開放的觀點來看，或許女巫或巫師不用因為反對上帝而受到譴責，但古代人卻不這麼認為。在《出埃及記》第二十二章第十八節中，上帝在十誡中對摩西補充：「行邪術的女人，不可活。」因此古代常有人引用《聖經》的這句命令作為獵巫的依據。

◆ 《撒母耳記上》：此處原文為 First Book of Samuel，此篇章以及後續提到的《以西結書》（Book of Ezekiel）與《出埃及記》（Exodus）都是聖經的章節。

古希臘與羅馬則採用比較開明的方法。只有想害人的女巫才會被處罰，想幫助人的女巫則會受到讚美，甚至獲得正式許可。當時普遍認為女巫或巫師能破壞他人在經濟、政治、體力與情慾方面的努力，甚至導致死亡。人們認為有些女神，特別是黛安娜、塞琳娜或黑卡蒂◆都和惡毒的魔法有關。她們相關的祭典都在晚上舉辦，而且必須依照固定的儀式與步驟，通常還包括各式各樣的繁瑣程序和咒語。此外，提到女巫的還有2世紀的經典文學《金驢記》（*The Golden Ass*）。在文中，盧修斯・阿普列尤斯（Lucius Apuleius）敘述色薩利（Thessaly）是個以女巫聞名的地區，那裡的女人們會化成各種動物，到處啃咬死去男人的臉。

不過根據記載，許多理應是女巫所做的可怕行為古基督徒也做過。西元2世紀的作家米努修・腓力斯（Minucius Felix）寫道：「基督教會膜拜驢子『那種最悽慘野獸的頭』。還有人說，他們會像崇敬自己的父親一樣，膜拜佈道牧師的生殖器。還會『以神之名進行制裁』，用重擊將包裹在麵糰中的孩子打死，接著『飢渴地飲用孩子的血，爭搶著瓜分他們的四肢』。同時，為了能自然地做愛，他們還會特別在黑暗中舉辦醉後亂倫的狂歡活動。」但米努修・腓力斯並不是基督教的反對者而是辯護者，他寫下這些嚴重的指控是為了日後能夠為了基度教加以反駁。

在 177 年，里昂市（Lyons）的地主們為了省下雇用競技場角鬥士的費用，而犧牲當地的基督徒來取代角鬥士。基督徒在被群眾丟石頭後會被關進牢裡，接著他們的奴隸會受到刑求，直到指

◆ 黛安娜、塞琳娜、黑卡蒂：這三位都是希臘神話中的女神。

證主人曾殺死而且吃掉小孩、沉溺於多人性愛亂倫等罪名。而這種迫害在當時並不少見，社會常指控那些較邊緣的團體，例如猶太人也被這樣對待過。

許多德國人都害怕女巫，而他們又在羅馬帝國衰亡後四散到了歐洲各地，進而導致歐洲各地有很多人指認女巫，產生了關於女巫的種種。例如在希臘羅馬世界，能獲得巫師力量的多為女人，在文學中常見到能施巫術的巫婆。在德國北方，有疤痕的女性會被當作部落的預言家與大自然的傳話者來崇拜。

撒克遜人則帶來了殘忍的神祇：索爾、奧丁、洛基與女武神，也就是那些在風雨大作的夜晚飛過雲朵的狂野女人。而「witch」（女巫）這個字源自於盎格魯撒克遜字「wicca」，意思是巫師或預言家。

747 年，教宗札克利（Zachary）在英格蘭舉辦了第二次克羅非索會議（Second Council of Clofesho），禁止所有「魔法、巫術、占卜、預言、護符、咒語、法術、符咒」，這些都是邪惡之神或異教派的謊言與骯髒之物。在英格蘭，巫術禁令則出現在阿爾弗烈王（King Alfred）的法典中，法典記載：「那些被認為是妖術師、魔法師、巫師和女巫的人，不能活著。」當時施法殺人會被判處死刑，同時法典也禁止使用麻醉藥或愛情魔藥（使人愛上他人的藥物），並禁止占星術，特別是與預言國王之死有關的占卜。

這些禁令後來被寫進了基督教國家的法條中。在埃塞爾雷德王（King Aethelred）制訂的法律中寫道：「應該讓占卜者、魔法師和倡伎在死亡的痛苦中不能施法。」克努特大帝（Cnut）的世俗法律則懲罰「喜歡用巫術滿足自己，或用任何方法秘密謀殺他人（即黑魔法謀殺）、進行邪惡的犧牲儀式（即黑彌撒）、占卜

未來、表現出任何不崇敬上帝的行為或施法的人」。不過，雖然法律訂定了對女巫和巫師等人士的處置，但對沒有造成實際傷害的人則判刑較輕，因為人們通常會容忍不害人的女巫，把她們的行為當作舊時宗教所遺留的習俗，而且教會有時也同樣抱持這種相對開明的觀點。

906 年的《主教會規》（*Canon Episcopi*）規定：「主教與神職人員必須全力根除教區中，所有有害的巫術以及惡魔的魔法，若他們發現有人遵循這種邪術，便要把這些有損教會名譽的人趕出教區」。文件還記錄道：「某些被拋棄的女人因為思想被撒旦扭曲，又被惡魔的錯覺和幻象引誘，所以相信並公開聲稱她們會在寂靜的深夜，與異教女神黛安娜和無數女人騎上某些野獸飛越大片國土。」不過這些女人其實深受妄想症所苦，所以她們不該被判處比逐出教會或放逐更嚴重的刑罰。雖然神創造的萬物包括女巫，女巫畢竟也是萬物中的一分子，但不相信神造萬物的人「一定是個異教徒」，而當時的人認為，只要是異教徒就該被火刑這種專門對付他們的刑罰處死。

Heretical sects

異教派

　　異教派是在基督教教會創立不久後出現的。156年，也就是耶穌基督死去的一百二十多年後，孟他努主義（Montanism）首次出現，此主義相信天國的耶路撒冷將會降臨到小亞細亞的弗呂家（Phrygia）。325年，新上任的君士坦丁大帝（Emperor Constantine）召開尼西亞會議（Council of Nicea），制定了一套核心信念讓基督徒遵守。尼西亞會議結束後，信奉神秘主義的諾斯底教派（Gnostics）開始受到迫害。之後諾斯底教徒分裂成數個異教團體，其中較極端的是3世紀出現的摩尼教（Manichaeism），領導人是異教徒摩尼（Mani），他的名字是「瘋狂」（maniac）這個詞的由來。他繼承瑣羅亞斯德教（Zoroastrians）的信仰，認為宇宙分成光與暗、善與惡。他的信徒都遵守極端的禁慾主義，不能為了食物殺掉任何動物或植物，如果可以的話，他們甚至連樹枝都不該折斷。由於受到迫害，摩尼在276年被逮捕並釘上十字架，最後屍體還被剝皮。

　　到了12世紀，教會規則已經大致底定，但教會本身卻一團亂。教會以拉丁文進行儀式，但參與者中很少有人能理解拉丁文。當時多數人都是文盲無法閱讀聖經，但他們看得出教會已經

腐敗了，牧師的生活十分奢侈。雖然教會規定神職人員不得結婚，但許多神職人員卻公開和情婦住在一起。

1176 年，法國的富商彼得‧瓦勒度（Peter Waldo）創立了一個教派，把目標放在整頓這些腐敗、奢侈的糟糕行為。教宗甚至給予他豁免權可以佈道，但前提是要先獲得當地牧師的許可。不過，由於里昂市的主教正是瓦勒度想要譴責的目標之一，所以主教拒絕提供許可，瓦勒度和他的信徒便在 1184 年被逐出了教會。

於是瓦勒度教徒變成了熱衷傳道的苦行信徒，踏上了傳播福音之路。之後的數年，他們變得更加激進，拒絕相信、也不接受教會的許多制度和儀式，包含：滌罪煉獄◆、聖餐變體、宣召◆、開除教籍、告解、赦罪、贖罪和交易贖罪券。他們只慶祝受洗、婚姻和聖餐，聖餐會在每年復活節的前一個禮拜四舉行。他們把《聖經》翻譯成法文，且做出了異端教派中最異端的舉動——允許女人擔任神職，瓦勒度教派因此變得很受歡迎。教宗英諾森三世（Innocent III）為了抵制瓦勒度教派，找了一些天主教徒組成了貧苦教徒（Poor Catholics），讓他們在天主教的法規之下模仿瓦勒度教派的禁慾主義，想讓瓦勒度教徒歸順天主教。但這個方法沒有用，於是教會再次開始迫害瓦勒度教派，瓦勒度教徒被關進牢裡，被當作異教徒燒死。希波的聖奧古斯丁（St Augustine of Hippo）曾清楚地說：「為了拯救異教徒而對他們用刑完全沒問題。你或許燒掉了他們的身體，但你將會拯救他們不朽的靈魂。」在迫害下，還是有一些瓦

◆ 滌罪煉獄：此處原文為 Purgatory，指信徒死後靈魂洗滌罪孽的場所。

◆ 宣召：此處原文為 Invocation，指呼求聖靈降臨的行為。

勒度教派的餘黨在阿爾卑斯山的偏遠地帶活了下來，到了 16 世紀，瓦勒度教派的教徒數量正好夠讓他們與其承襲教派喀爾文教派結盟。

阿爾比派十字軍

　　教會之所以會開始迫害瓦勒度教派，有很大一部分的原因是曾出現另一個更異端的教派——摩尼教派。12 世紀是十字軍東征的最高潮，當時歐洲大陸東西之間的往來變得非常頻繁，許多被長久壓抑的思想逐漸浮出表面，其中之一就是摩尼教派。

　　摩尼教派在法國西南部的阿爾比市（Albi）周遭發展起來，之後又擴展到義大利、西班牙與法蘭德斯。該教派的教徒被稱做純潔派教徒（Cathari，也寫作 Cathars，即「純淨之人」）。他們相信神也相信惡魔，認為惡魔試圖想要統治世界，並將瑣羅亞斯德教的善惡二元論發揮到了極致。他們認為由於物質世界存在於黑暗之上，也就是存在於宇宙中邪惡的那一側，因此存在於善良那一側的基督耶穌無法誕生於此世界中。由此可知，耶穌不可能被釘死在十字架上，因此十字架並不重要。教會的十字架、聖物等標誌也存在於物質世界中，因此純潔派也拒絕承認教會標誌。

　　人類的靈魂位於宇宙中善良的那一側，但卻被位於邪惡那一側物質世界的肉體給困住了。因此，純潔派教徒反對性行為、吃肉、喝酒和任何能帶來物質享受的行為。他們實踐苦修，殘忍地

鞭打自己，認為動物是交配下的罪惡產物，所以奉行素食主義。不過他們吃魚，因為他們誤以為魚不交配。純潔派也基於同樣理由反對婚姻，不過他們會肛交，這顯然是因為肛交不會導致生育這種罪惡的後果。而普通信徒不用嚴格遵守這些規定，但教會核心的領導者「純全信徒」（Perfecti）必須完全遵守這些戒律。

純潔派擔心遭到迫害，因此將信仰祕密地隱藏起來。他們知道自己無法對抗也不可能勝過天主教教會的力量，因此不直接反抗，而是滲透其中逐漸削弱其力量。在顛覆教會的過程中，他們發明了往後演變成黑彌撒的儀式。

當教宗把注意力轉移到純潔教派時，他派出了西多會修士（Cistercian）說服他們歸順。但不但沒有什麼成果，西多會修士反而在土魯斯市（Toulouse）的街上被民眾嘲笑。法國南部幾個盛行純潔派的區域，都是由純潔派教徒土魯斯伯爵雷蒙六世（Raymond VI）管理。教宗英諾森三世派了一名使節去雷蒙六世那裡想勸他們歸順天主教，卻被暗殺身亡，因此教宗下令歐洲的第一批十字軍進行鎮壓。

1208 年，教宗公開譴責純潔派是撒旦崇拜者，開始大肆清洗。兩萬名騎士在西蒙・蒙德福特（Simon de Monfort）的帶領下攻擊了貝濟耶鎮（Béziers）。當時士兵詢問教宗使節暨西篤修道院院長阿努爾（Arnaud），該怎麼分辨純潔派教徒與善良的天主教徒，阿努爾回答：「把他們全殺了，上帝能自行分辨。」士兵們全都照做了。

但在貝濟耶鎮的大屠殺只加強了純潔派的決心。他們繼續奮戰了四十年。1231 年，教宗格雷戈里九世（Gregory IX）成立了宗教法庭◆，用來反擊無處不在的異教團體。教會的審判官用刑

求與死刑來打擊異教派,接著證人們開始編造故事,這些故事後來成了女巫審判的基礎。但對於相信這個世界是個邪惡所在的純潔教徒來說,死亡不足畏懼,許多純潔教徒藉由絕食來神聖的自殺。法庭讓「純全信徒」選擇要成為天主教徒或被燒死,「純全信徒」皆選擇了殉教。

純潔教派的最後一個據點是庇里牛斯省(Pyrenees)蒙特塞居鎮(Montségur)的堡壘。天主教會認為那裡藏有聖杯等寶物,於是不斷攻擊該地點。經過了十個月的圍城後,純潔教派在 1244 年 3 月投降。兩百名男女從堡壘中邊唱歌,邊走到十字軍在原野替他們準備的火刑木柴堆中,那裡如今被稱做「火葬原野」。事實上什麼寶藏都沒找到,許多人就這樣被活活燒死。純潔教派的餘黨又繼續祕密活動了五十年。有些人逃到巴爾幹半島繼續信奉純潔教派,直到 15 世紀被吸收至伊斯蘭教,而教宗若望二十二世(John XXII)在 1320 年於該地區開始獵巫。

有了宗教法庭後,教宗英諾森八世(Innocent VIII)在 1484 年 12 月 5 日頒布了教宗詔書◆《最深的憂思》(*Summis desiderantes affectibus*),正式開啟了迫害女巫和巫師的時代。該詔書推翻了只把女巫和巫師趕出教會的《主教會規》,授權宗教法庭可以迫害女巫、巫師和異教徒。詔書寫道:

◆ 宗教法庭:此處原文為 Inquisition,又稱宗教裁判所,指宗教人士為審判異教徒或異行為而設立的審判機構。與宗教法庭相對的是政府設立的世俗法庭。

◆ 教宗詔書:此處原文為 papal bull,指教宗頒佈的一種文書,是教宗經手的所有文書中最莊重的一種。

我們非常遺憾地注意到德國北部的某些地區，還有梅因茲市（Mainz）、科隆市（Cologne）、特里爾市（Trier）、薩爾斯堡市（Salzburg）和布萊梅市（Bre-men）等省份、城市、地域、區域和教區有許多人用漫不經心的態度看待救贖，他們脫離了信仰天主教，透過男女魅魔傷害自己。利用法術、咒語、魔法、各種迷信和可怕的邪術犯下窮凶極惡的罪刑，傷害他人的子女與幼童，徹底摧毀塵世間的果實、藤蔓上的葡萄與枝椏上的水果。不只這樣，他們還不分男女地摧毀人類、載貨的牲畜、家畜和其他動物；還有葡萄園、果園、草地、平原、玉米、小麥與其他土壤上的穀類。

這些男女、載貨的牲畜、家畜與各種野獸受到可憐又悲慘的折磨，在身、心靈上都感到痛苦而且罹患疾病。他們使男人無法從事生產工作，使女人無法懷孕，使丈夫與妻子無法發生關係。

除了上述種種罪行外，他們以褻瀆的態度拋棄了洗禮儀式帶來的信仰，並且在人類的敵人（惡魔）煽動時，堅定地做了最下流的邪惡之事，罔顧自己陷入危險之中的靈魂，冒犯了上帝。他們對其他人來說是罪惡的來源，也是危險分子。

詔書接著裁定：

前述審判官有權能執行矯正，不受阻礙地將所有犯下極端罪行之人關進監牢懲罰，無論在任何省份、城鎮、教區、轄區與領地，只要犯罪者與其罪刑符合此份文件上提及或特別指明的內容，便是如此。

從這份詔書可以看出，巫術在教會眼中屬於異教，隨之而來

的是活活燒死這個可怕的刑罰。

　　制訂此詔書的教宗英諾森八世是個聲名狼藉的人，他有一名為他生了兩個孩子的情婦。在生命的最後幾個月，他為了保命而吸吮女人的胸部飲用乳汁，又因試圖透過輸血讓自己返老還童，而導致三名男孩死亡。他在頒佈這份詔書不久後，批准兩位道明會成員掃蕩巫術這種異端行為，分別是科隆大學校長雅各布・司布倫格（Jakob Sprenger），以及薩爾斯堡大學的神學教授暨奧地利的提羅爾地區（Tyrol）的審判官亨利奇・克拉馬（Heinrich Kramer）。他們一起寫下了約於 1486 年出版的《女巫之槌》（*Malleus Maleficarum*）。一直到 18 世紀中期之前，這本書都被大眾視為辨別巫術與壓制巫術的標準流程手冊。

　　《女巫之槌》從與黑魔法有關的民間傳說中取材，將之寫入教會的異教徒規章中。該書分成三部分：第一部分，作者強調了女巫的真實性與墮落行為，指責不相信魔鬼論的人是異教徒；第二部分，集結了與女巫活動有關的驚人故事，包含簽訂邪惡的契約、與惡魔或魅魔發生關係、夜間騎掃把飛行、變形等；第三部分，則討論了法庭在女巫審判中應遵循何種法律程序。書中允許人們用刑求使嫌疑人認罪，由於他們的敵人是惡魔，所以無論證人的可信度有多低，都可以在審判中指控嫌疑人。同時，審判官也可以請一般的政府（非宗教機構）提供協助，消滅那些加入撒旦大軍的人。

　　《女巫之槌》從 1486 至 1600 年共有二十八個版本，羅馬天主教與基督新教都普遍使用過這本書。書上的規定很快就滲入了民法規定中。例如 1532 年，神聖羅馬帝國，包括如今的德國、奧地利、捷克共和國、瑞士、法國東部、低地諸國◆和義大

利北部與中部，啟用了《加洛林法典》（*Carolina Code*），將刑求與死刑訂定為巫術的刑罰。不過法國在更早之前就開始針對異教派進行鎮壓，獵巫行動也隨之起步。

◆ 低地諸國：此處原文為 Low Countries。指歐洲西北部的沿海國家，廣義包括荷蘭、比利時、盧森堡，以及法國北部與德國西部，狹義上則僅指荷蘭、比利時、盧森堡三國。

女巫的鍋爐

Chapter 2

The Crucible

The Crucible

女巫的鍋爐

1692 年的新英格蘭充斥著各種關於惡魔的傳言，當時英國與法國的殖民勢力處於戰爭狀態，印地安人惹事生非、海盜妨礙貿易、天花疾病恣意橫行，寒冬嚴酷且稅收嚴重不足……對新英格蘭的清教徒而言，造成這一連串的厄運的主謀，只可能是惡魔與他塵世間的代理人——女巫。

女巫問題初次浮上檯面，是因為一群女孩在塞勒姆鎮的山謬・派利斯牧師（Samuel Parris）家聽女奴蒂圖芭（Tituba）講西印地安的傳說時，牧師的九歲女兒伊莉莎白（Elizabeth）和她十一歲的表姊艾比蓋爾・威廉斯（Abigail Williams）激動得癲癇發作，她們一邊啜泣一邊抽搐，伊莉莎白還把一本聖經丟到房間的另一頭。這已經不是兩名女孩第一次吸引眾人的注意了，大家都知道她們很任性，但這次事件引起的注意或許遠遠超過了她們原本的想像。

兩名女孩的歇斯底里症逐漸傳染。十位十二歲到二十歲的女孩擺出怪異的手勢和姿勢，說一些自己和其他人都聽不懂的話。其中一名女孩是十七歲的伊莉莎白・哈巴德（Elizabeth Hubbard），她是威廉・格利格斯醫師（William Griggs）的姪女，

格利格斯醫師認為這些女孩被附身了。不久後,當地牧師就判定這是巫術。

其中一名被附身的女孩是二十歲的瑪莉・沃倫（Mary Warren）,她是伊莉莎白・普羅克特（Elizabeth Proctor）和約翰・普羅克特（John Proctor）的員工,而約翰發現了治療瑪莉癲癇的方法,只要他威脅要鞭打她,症狀就會消失。十六歲的瑪莉・沃爾科特（Mary Walcott）的姑姑瑪莉・希布利（Mary Sibley）用的則是另一種治療法。她找蒂圖芭的丈夫製作「女巫蛋糕」,在大麥中混進被附身孩子的尿液,接著把蛋糕餵給狗吃,這樣就可以把孩子所受的折磨轉移到那隻可憐的動物身上。

蒂圖芭是第一個指出有鬼幻化成鄰居的人。她說鬼怪想把女孩們送給惡魔,村民們一定要展開調查。不過,女孩們回答不出:「是誰在折磨妳？」這個問題,因此人們提出了許多名字供她們參考。不難想像,嫌疑犯全是那些社會邊緣人士:抽水煙的乞丐莎拉・古德（Sarah Good）、結過三次婚的殘疾人士莎拉・奧斯本（Sarah Osborne）、生下混血私生子的瑪莎・科里（Martha Corey）,以及蒂圖芭自己。

第一個遭殃的是莎拉・古德。1692 年 2 月 29 日,她被指控犯下了重罪,使用「可怕的巫術與妖術」,使三名女孩:伊莉莎白・哈巴德、安・普特南（Ann Putnam）與莎拉・比柏（Sarah Bibber）,感到「折磨、痛苦、刺痛、倦怠、疲憊、熬煎」。3 月 1 日的預審上,古德太太說她和惡魔沒有任何關連、否認傷害過這些孩子,且主張自己是被誣告的。女孩們到法庭作證時,紛紛開始痛苦地大叫,指控古德太太的鬼正對她們又捏又咬,還麻痺她們。法官被說服了,堅持要古德太太供出其他共犯。

不久後，法庭拿到共犯的名字舉辦新的聽審，而女孩們再次扭曲肢體。在調查共犯威廉 • 霍布斯（William Hobbs）時，被附身女孩的表姊艾比蓋爾 • 威廉斯說，霍布斯的目標是湯姆士 • 普特南夫婦（Thomas Putnam）的僕人，也就是十九歲的瑪西 • 路易斯（Mercy Lewis），這時路易斯立刻癲癇發作，艾比蓋爾大叫說威廉的另一個目標是十六歲的瑪莉 • 沃爾科特，此時沃爾科特也開始癲癇發作。

　　其他人陸續指控別人是女巫：伊莉莎白 • 布思（Elizabeth Booth）指控約翰 • 普羅克特；瑪莉 • 沃爾科特指控艾比蓋爾 • 福克納（Abigail Faulkner）；安 • 普特南指控的人最多，有喬治 • 巴勒斯牧師（George Burroughs）、芮貝卡 • 納斯（Rebecca Nurse）與她的兩名姊妹、伊莉莎白 • 普羅克特、八十歲的加爾斯 • 科里（Giles Corey）和許多其他人。而安似乎是受到父母的指使，導致她指控的女巫數量比所有人還多。在塞勒姆審判結束十四年後，安承認自己當時被撒旦欺騙所以做了偽證。

　　不過三十歲的普特南太太，和三十六歲的莎拉 • 比柏沒有為自己的指控付出任何代價。莎拉在塞勒姆審判上指控了十個人，她的證詞通常都會證實其他女孩的話。例如，她作證曾看見「芮貝卡 • 納斯的幽靈不但擰瑪莉 • 沃爾科特、瑪西 • 路易斯和艾比蓋爾 • 威廉斯，使她們苦痛地受盡折磨，還讓她們差點窒息。」她也在法庭上大喊說芮貝卡 • 納斯也擰了她，而芮貝卡的女兒則發誓她看到莎拉用針刺傷自己。莎拉 • 霍特（Sarah Holt）的丈夫曾把豬放到芮貝卡的庭院而被芮貝卡責罵，不久後他就死了，霍特成了寡婦並以此為證據，也跟著指控芮貝卡 • 納斯。長期臥床的芮貝卡已經七十一歲了，她和妹妹瑪蒂 • 艾

希（Marty Esty）都被判處絞刑。她的另一個妹妹莎拉‧克羅伊斯（Sarah Cloyce）則在認罪後獲得緩刑。

一百五十個被告中有五十五人認罪，因為認罪會獲得緩刑。塞勒姆的被告會被處死並不是因為她們是女巫，而是因為她們否認自己是女巫。例如，在被告認罪時，女孩們就沒有抽搐了。就像蒂圖芭認罪之後，安‧普特南和伊莉莎白‧哈巴德都說：「她在認罪時沒有傷害我，認罪後也幾乎沒有再傷害我了。」而原本認罪後又拒絕認罪的山謬‧沃德威爾（Samuel Wardwell）則被判處死刑。

二十歲的莎拉‧邱吉爾（Sarah Churchill）是喬治‧雅各布斯（George Jacobs）的僕人，在喬治被捕時拒絕指控他。其他女孩立刻把矛頭轉向她，指控她也是女巫。她很快就改變說辭指控喬治，但後來她又向地方教會執事的女兒兼旅館管理人莎拉‧英格索（Sarah Ingersoll）掏心掏肺地說了實話。不過，在莎拉申請作證時被法庭忽略了，而莎拉‧畢德（Sarah Bidder）也證實英格索說的都是真的。且莎拉‧英格索也說，當時有一名指控伊莉莎白‧普羅克特的女孩，在旅館裡告訴另一名女孩她說謊了，其實什麼事也沒發生，她還說這麼做是因為「好玩」。

瑪莉‧沃倫就像莎拉‧邱吉爾一樣，不願指控自己的雇主。然而在約翰‧普羅克特與伊莉莎白‧普羅克特被關進監獄後，瑪莉赫然發現她只能靠自己了，而且，她還要照顧普羅克特家的五個孩子。同時，普羅克特夫婦的財產已經被一名打擊女巫的正義魔人——治安官給扣押了。當時共有五十二名鄰居寫了請願書，說約翰‧普羅克特是無辜的，接著瑪莉向她的朋友們安‧普特南、瑪西‧路易斯、瑪莉‧沃爾科特和艾比蓋爾‧威廉

斯表達了自己不願指證雇主的疑慮，但她們聽完後便指控瑪莉也是一名女巫。瑪莉在否認指控的三週後，承認自己受到約翰・普羅克特的鬼魂折磨，也承認自己在惡魔之書上簽了名。她反覆不定的態度使約翰・普羅克特因為使用巫術而受到更大的譴責。

塞勒姆鎮的警察副手約翰・威拉德（John Willard）是第一個逮捕女巫嫌疑犯的警察，後來他說真正該被處以絞刑的是那些女孩而不是她們指控的人，他很快就意識到這麼說大錯特錯，並立刻逃離了鎮上。約翰在十天後被抓住，六名女孩和普特南太太在七份起訴書中指控他，他是所有被告中有最多起訴書的人。最後他在 8 月 2 日受審，當月 19 日被吊死。

喬治・巴勒斯牧師是獵巫事件中唯一被起訴的神職人員，他曾在多年前因為沒收到薪水而和塞勒姆鎮起過衝突，之後在 1683 年離開塞勒姆鎮。當時他似乎也和約翰・普特南有過嚴重的財務糾紛。後來帶頭逮捕巴勒斯並將他帶回塞勒姆接受巫術審判的人正是仇家約翰・普特南。瑪西・路易斯是巴勒斯帶去普特南家當僕人的流浪兒，她和安・普特南一起指控巴勒斯說，他會騎掃把，還會大吃「烤肉和燉肉，和像血一樣的紅麵包和紅酒」，當時許多清教徒認為聖餐變體◆是惡魔的所作所為。

安作證說，巴勒斯牧師除了使她無法呼吸外，還要她在一本書上簽名把靈魂交給惡魔。她拒絕後，巴勒斯便折磨她。之後，她指控巴勒斯殺了他的第一、二任妻子。瑪西・路易斯則說巴

◆ 聖餐變體：此處原文為 transubstantiation，聖餐是基督教的一種儀式，一般信徒認為基督會在儀式過程中以某種形式降臨在聖餐餅和聖餐酒中，接著信徒要吃下餅與酒。聖餐變體則是天主教的普遍信仰，指的是聖餐中的餅和酒會在儀式中真正變成耶穌的肉和血。

勒斯曾帶她到高處，向她展現全世界的每個王國，而且說只要她在書上簽名，這一切都會是她的。他還說若瑪西出庭作證指控他的話，他會召喚惡魔，讓瑪西親眼看到他那兩任已死的老婆。

另一名女孩艾比蓋爾・霍布斯（Abigail Hobbs）則說惡魔以巴勒斯牧師的形象出現並給了她幾個蠟製娃娃，而且那個惡魔不是幻象，她能觸摸到他。當時艾比蓋爾人在牢裡，巴勒斯從八十英里之外的緬因州，要求艾比蓋爾在惡魔之書上簽名。

班傑明・哈欽森（Benjamin Hutchinson）作證說，當艾比蓋爾・威廉斯在英格索旅館前看見巴勒斯的鬼魂時，他也在場。艾比蓋爾指出鬼魂站的地方，他便往那裡丟乾草叉，艾比蓋爾立刻癲癇發作，不過她很快就恢復了，她說那是因為乾草叉只扯壞了巴勒斯的大衣，而且她聽見了衣服被扯壞的聲音。接著他們到旅館裡，艾比蓋爾又看到鬼魂，這次鬼魂變成了一隻灰貓。雖然哈欽森也沒辦法看到那隻貓，但他用長劍砍了過去，接著艾比蓋爾又癲癇發作倒在地上。

這個事件發生的四個月前，瑪莉・沃爾科特也說她遇到了類似的事件，她看到的是布麗姬・畢沙普（Bridget Bishop）的鬼魂，當時她的哥哥喬納森（Jonathan）攻擊了鬼魂。她還說：「哥哥在攻擊時弄破了鬼魂的大衣，而且我聽到大衣撕裂的聲音。」

除了有六名女孩指控巴勒斯，還有八名認罪的女巫也指控他。雖然巴勒斯曾是哈佛的運動員，但總共九份口供證詞中，僅有兩份親眼所見的證詞裡，卻說他的力氣大到非同常人。當女孩們說巴勒斯咬過她們後，又有更多證據出現了。法庭人員把他從監獄中帶出來，撬開他的嘴，確認牙齒和女孩們身上的齒痕相符。不過巴勒斯早就因為說了下面這些話，而使法庭判

定他是巫師了。

他說：「巫師這種東西不存在，更不可能會有和惡魔簽訂契約後，又把惡魔派去遠方折磨別人的事。」而法庭向來認為否認巫術的存在，就是嫌疑犯身為巫師的證據。

因為當時的人認為身為女巫或巫師的確鑿證據之一是無法高聲禱告，所以 1692 年 8 月 19 日，當巴勒斯在絞刑臺上毫無破綻地朗誦主禱文時，有些觀眾開始認為他是無辜的。當地獵巫人柯頓・馬瑟斯（Cotton Mathers）提醒這些觀眾別被騙了，以天使形象出現的惡魔才更危險。他把巴勒斯絞死了，同一天被絞死的還有瑪莎・卡瑞爾（Martha Carrier）、約翰・威拉德、喬治・雅各布斯、老喬治・雅各布斯和約翰・普羅克特。

女孩們無法在塞勒姆鎮上繼續找出女巫嫌疑人，於是她們把觸角伸到更遠的地方，使巫術的中心轉移到了安多弗市（Andover）。但主要的指控人安・普特南和瑪莉・沃爾科特遇到了一個問題，那就是她們不知道住在那裡的人叫什麼名字。因此，新的測試方法出現了。嫌疑人站成一排，當女孩們癲癇發作時，嫌疑人必須輪流觸摸她們，如果女孩奇蹟般地復原了，那麼觸摸她的人就是女巫。

當時約翰・巴拉德（John Ballard）的妻子罹患了無法診斷和治療的病，他要求上述兩名女孩（安・普特南、瑪莉・沃爾科特）調查妻子的病因。她們發現妻子被安・佛斯特（Ann Foster）、她的女兒瑪莉・雷西（Mary Lacy）和孫女瑪莉（Mary）下了巫術。被指控的這三人為了自保，而配合法庭指控其他人也是女巫。但佛斯特太太最後仍因為受凍、受虐而在死在牢裡。

在發出了四十個逮捕令之後，安多弗市的法官杜德利・布

萊史崔（Dudley Bradstreet）因為拒絕繼續簽署任何逮捕令，而被指控是犯下九件謀殺案的巫師，因此他逃離了安多弗市。女孩們還指控法官的弟弟命令他的狗去折磨她們，那隻狗在受審後被當作女巫處以絞刑。

接著，女孩們把注意力轉移到波士頓，使麻州副州長在波士頓簽署了逮捕令，逮捕知名的印地安鬥士約翰・奧登隊長（John Alden）。他出庭時，女孩們誤認另一名男人是他。女孩們在正確認出了約翰・奧登後，要他站到椅子上，接著她們便面朝下地倒在地上。當他把手放在女孩身上時，女孩們便恢復了。在後來的訴訟程序中，他問女孩們：「妳們一開始認錯人時沒有倒地，在認出我後才倒地，但無論認錯人或認對人，我都有看著妳們，所以不能用我看著妳們時，會不會倒地來判斷我是巫師。能給我任何解釋嗎？」他被控把火藥粉和子彈賣給印地安人與法國人、和印地安已婚女子同床共枕並育有印地安小孩。他的劍被沒收後被關進牢裡，但 15 週後就逃走了。

10 月時，附近的格洛斯特鎮（Gloucester）找了女孩們過去，但她們只在那裡指認了四名女巫。11 月時，她們又被叫了過去，但這個時候印地安人與法國在 7 月的攻擊造成的恐慌已經逐漸消散了，民眾已經慢慢不再懼怕女巫。她們途經伊普斯威治鎮（Ipswich），在看到一名女士時突然癲癇發作，想指控那名女士是女巫，但被當地人直接忽視，因為害怕女巫的時代已經結束了。

在塞勒姆獵巫期間的一百五十個起訴案件中，只有三十一個案件曾在 1692 年受審，其中有六位是男人、十九位被處以絞刑、兩位：莎拉・奧斯本和安・佛斯特死在監獄中、八十歲的加

爾斯 · 科里被壓死。安的父親湯姆士 · 普特南作證說，那些折磨他女兒的女巫曾威脅要在加爾斯 · 科里面前把她壓死。普特南還說，有一隻披著裹屍布的鬼魂告訴他女兒，它是被科里壓死的，而且科里和惡魔簽下了契約，所以無法被絞刑吊死。科里拒絕認罪。他被帶到塞勒姆監獄旁的空地，接受了「酷刑」（peine forte et dure），這是一種強迫被告認罪的刑求方法，可憐的被告將會赤裸地被壓上重物。科里被此酷刑折磨了兩天才死去，直到死亡都沒有認罪。雖然從技術上來說，他接受的刑罰一直到 1872 年之前在英格蘭都是合法的，但卻違反了麻州在 1641 年通過的《自由法典》（*Body of Liberties*）。

瑪莉 · 布萊貝瑞（Mary Bradbury）在被判刑後逃獄，而伊莉莎白 · 普羅克特和艾比蓋爾都以懷孕作為抗辯，她們因為行刑時間延後得夠長，所以獲得了緩刑，但蒂圖芭未經審判就被判無期徒刑，另外，還有五名被判死刑的女巫因認罪而緩刑。

1692 年，八十歲加爾斯 · 科里在塞勒姆的法庭上，拒絕承認施行巫術的罪刑，
最後被壓死。

Trial of Giles Corey.

英國的獵巫行動

Chapter 3

Witchfinding in England

英國的獵巫行動

　　塞勒姆發生的女巫審判事件算不上是特例，因為在 1665 至 1670 年，紐約州和長島州也出現過一樣的事件，而在 1647 至 1662 年，康乃狄克州有九名女巫被處以絞刑。英格蘭的獵巫歷史悠久，可回溯到 7 世紀晚期，當時坎特伯雷區（Canterbury）的大主教席奧多（Theodore）立法規定，使用巫術的處罰是斷食一段時間。到了 8 世紀，約克大主教愛格伯（Ecgberht）規定使用巫術殺人的懲處是斷食七年。10 世紀時，艾塞斯坦國王（King Athelstan）為巫術謀殺罪制訂的刑罰是死刑，但征服者威廉（William the Conqueror）將刑罰減輕為放逐。到亨利八世（Henry VIII）的時代，恢復了死刑，但只有二次犯罪者才會被處死。

　　1525 年，二十名男人因使用蠟製娃娃被控謀殺，但被判無罪。1560 年，有八名男人，其中包含兩名神職人員承認自己使用巫術。他們發誓再也不敢了，於是被判戴上木枷遊街示眾。1563 年，伊莉莎白一世（Elizabeth I）簽署了新的巫術處罰法案，該法案對算命師的規定特別嚴格，尤其是那些預言她死亡的算命師。在該法案的規定下，共有五百三十五件控告案，五十二人被處決。切姆斯福德鎮（Chelmsford）成了女巫審判的中心，在

1560至1680年，有二百九十一名巫師在艾塞克斯巡迴法庭（Essex assizes）受審，其中只有二十三人是男性，當中有十一名男性受審的原因與女性有關。

　　1566年，三名女巫在切姆斯福德鎮受審，其中一名被處以絞刑。1579年，第二名女巫在受審後，與另一名被定罪的女巫同時被絞死。1582年，有十三名來自艾塞克斯郡（Essex）聖奧西斯村（St. Osyth）的女巫被指控使用巫術殺人，她們在切姆斯福德鎮受審，兩人被吊死，其餘十一人獲得緩刑或被判無罪。同一年，在達蘭郡（Durham）有一名惡名昭彰的女巫被判處很輕的刑罰，要「頭上頂著一張紙」坐在市集廣場中（類似戴著木枷遊街示眾的刑罰）。不過，這時英國人已經逐漸開始理解巫術的概念了。在1593年的亨丁敦市（Huntingdon），七十六歲的婦人愛麗斯・山謬（Alice Samuel）的丈夫約翰（John）與女兒艾格妮斯（Agnes）被判用巫術殺人。指控兩人的是當地鄉紳的幾個孩子，他們可能患有癲癇，而且一定有歇斯底里症。當山謬太太拜訪他們家時，他們告訴她，只要她叫他們不再發作，癲癇就會停止。山謬太太為了遷就他們便照做了，在癲癇停止後，山謬太太馬上就被指控是一名女巫。然後這些孩子又說，除非山謬太太承認自己是女巫，而且殺了地方貴族克倫威爾小姐（Lady Cromwell），否則他們的癲癇會繼續發作。這些證詞使山謬一家人被處以絞刑。當時人們憐憫未婚的艾格妮斯藉著宣稱自己懷孕自救，依照英國法律，尚未出生的孩子不能因為母親犯的罪而被處死。但艾格妮斯說：「我不會那麼做。我絕不會讓人說我既是女巫又是個婊子。」

　　1596年，在伯頓市（Burton）的愛麗斯・古德里奇（Alice

英國的獵巫行動

Gooderidge）在受到一名「白巫師」（cunning man）的刑求後認罪了，他讓她穿上一雙新鞋，「命令她站在火邊直到鞋子變得滾燙，被高溫折磨的她，為了獲釋而全盤托出」。她被判入獄一年，最後死在牢裡。指控她的人是湯姆士・達林（Thomas Darling），他承認指控愛麗斯對他施巫術是在說謊，不過他當時很有可能也受到了刑求的威脅。一位替他檢查的醫師說，他的癲癇是蟲子導致的。1603 年，達林因為毀謗牛津大學的副校長被判鞭刑與割耳。

同一年，蘇格蘭王詹姆斯六世（James VI of Scotland）成了英格蘭國王詹姆斯一世（James I of England）。他在蘇格蘭曾親自率眾獵巫，在 1604 年簽訂了嚴酷的巫術處罰法案（Witchcraft Act），該法案一直沿用至 1736 年。很快地，整個國家都開始獵巫。1605 年，亞平敦鎮（Abingdon）有三名女人因為被十四歲的女孩安妮・甘特（Anne Gunter）指控而受到審判，而國王則寄送了審判程序的費用三百英鎊。不幸的是，後來女孩承認她當時的歇斯底里症是想像出來的。概括來說，在 1607 年共有四十一人因為巫術而被處死。

彭德爾女巫

　　1612 年 3 月，蘭開夏郡（Lancashire）的地方法官羅傑 · 諾威爾（Roger Nowell）因為指控而開始調查傷殘的八十歲女盲人伊莉莎白 · 薩瑟恩（Elizabeth Sowthern），當地人稱她為老迪姆黛（Old Demdike）。她承認自己在 1560 年成為女巫，當時有一個「幽靈或惡魔化身成男孩的樣子去找她」。五年後，這個「邪惡、可怕的魔鬼」說服了她的鄰居朋友安 · 惠特爾（Ann Whittle），又被稱做老查特絲（Old Chattox）加入她「極度野蠻又道德淪喪的儀式、謀殺和惡毒的陰謀」。薩瑟恩牽連了她的孫女愛莉森 · 迪維斯（Alison Device），迪維斯因為用巫術使一名小販瘸腿而被起訴。而老查特絲被指控的罪名，是在她女兒安妮 · 瑞德費恩（Anne Redfearne）和老迪姆黛的女兒伊莉莎白 · 迪維斯（Elizabeth Device）的幫助下，在彭德爾森林（Pendle Forest）下咒殺死了格林赫德村（Greenhead）的羅伯特 · 納特（Robert Nutter）。

　　安妮和伊莉莎白在逃亡途中找了她們的家人，想把當時被關在蘭卡斯特堡的另外三名女人救出來。當時共有十八位女人和兩、三位男性出席，他們一起吃了「牛肉、培根和烤羊肉」。這

頓晚餐被描述成一場巫魔會，不過依照傳統慣例，巫魔會應該是能夠讓人尋歡作樂的場合才對，而或許他們實際上只是單純吃了一頓晚餐並討論計畫而已。晚餐後，他們計畫要殺死監獄守衛並炸掉城堡，但這件事終究還是傳到了諾威爾法官耳中，他逮捕了其中九人，而其他人則逃跑了。

伊莉莎白・迪維斯的兩個孩子，二十歲的詹姆斯（James）和九歲的珍妮特（Jannet）提供了證據。詹姆斯承認自己偷過聖餐麵包給一隻野兔吃，他在自己身上畫十字架時，兔子就消失了，而珍妮特則作證說有一隻名叫包爾的「鬼魂」，化身成「狗」的樣子幫她母親殺人。這兩人的招供使他們的母親認罪了，他們也指認了那些以巫師身分聚會的其他家人。此外，珍妮特說哥哥詹姆斯是個巫師，曾用一隻名叫丹狄的狗下咒殺人，而詹姆斯在監獄裡認罪了。

安妮・瑞德費恩被指控殺害羅伯特・納特後，因為證據不足而被判無罪。但由於暴民們對判決結果不滿，所以她再次因為殺了納特的父親克里斯多福・納特（Christopher Nutter）而受審。即使絕大多數的證據都是傳聞和流言，但這一次她仍被判有罪。

後來詹姆斯・迪維斯作證說，自己的祖母說過，克里斯多福守寡的妻子，也就是羅伯特的母親愛麗斯・納特（Alice Nutter）是女巫；珍妮特也作證說，她母親曾說過愛麗斯是女巫；伊莉莎白・迪維斯則說她和愛麗斯曾下咒把一名男人殺死；而愛麗斯・納特到死都堅稱自己是清白的，其他人則因為各種不充足的證據被定罪。

最後老迪姆黛死在監獄裡。此案件中共有十人被處以絞刑，其中包括老查特絲（她也認罪了）、她的女兒安妮・瑞德費恩、

伊莉莎白 · 迪維斯。另外兩個人則被判一年有期徒刑，並戴上木枷遊街示眾四次。

由於當時法庭要審判薩姆斯伯里村（Salmesbury）另外三名女人的女巫案件，老迪姆黛案件一度中斷審判。在交叉審訊被告的期間，其中一名女孩承認是一位羅馬天主教神父指使她指認女巫的，那名神父因為被告們成了新教徒而懷恨在心，但這件事並沒有改變法官對老迪姆黛案件的看法。

1607 年，在萊斯特郡（Leicestershire）的哈斯班茲博斯沃思鎮（Husbands Bosworth），羅傑 · 史密斯爵士（Roger Smith）四歲的兒子約翰 · 史密斯（John Smith）指控了多名女人對他使用巫術，他似乎也同樣受癲癇所苦，但那時並沒有很多人在意女巫事件，因此他的指控沒有受到重視。直到 1613 年，法國的一個巫術案例在英國變得廣為人知之後，才開始有人留意到他的指控。民眾開始在意女巫事件後，1616 年，有九名被指控為女巫的人被逮捕並處以絞刑。而國王來到萊斯特郡後傳喚了約翰，不久後，由於約翰 · 史密斯破綻百出，因此國王發現他的指控是假的。當時還有六名女人因為史密斯的指控被關在監獄中，她們再次受審並獲釋，不過其中一個無辜的人在審判期間在牢中過世。

1620 年，波士頓也出現了造假案件，人們發現威廉 · 派瑞（William Perry）受到羅馬天主教神父的指使，靠著吐出「碎布、毛線、稻草和扭曲的別針」來假裝自己被下咒。他差點就靠著黑色尿液騙過了當時調查此案的利奇菲爾德市（Lichfield）的主教湯姆士 · 莫頓（Thomas Morton），後來他被抓到在包皮裡塞了泡過黑墨水的棉花而被識破造假。隔年，在艾塞克斯郡的西漢姆鎮（Westham），凱薩琳 · 瑪帕斯（Katherine Malpas）在指控兩

名女人對她下咒時被抓到造假，但蘭開夏郡的人依然認為使用巫術是一件很嚴重的事。

1633 年，在界石村（Hoarstones）附近的彭德爾森林又有人被判定為女巫。是二十一歲的瑪麗・史賓塞（Mary Spencer），被定罪的原因是她在去水井的路上會把水桶滾下山丘，自己則跑在水桶前面叫水桶跟在身後。指控她的是十歲的男孩愛德蒙・羅賓森（Edmund Robinson），他還說他曾打過兩隻追不上野兔的獵犬，那兩隻獵犬於是變成了女人和男孩。當時他們賄賂愛德蒙不要聲張這件事，愛德蒙拒絕後，女人把他抱到那名男孩身上，接著男孩變成了一匹白馬，把他載到巫魔會去，且羅賓森的父親替他的說詞背書。

不幸的是，男孩並不知道他在巫魔會上看到的那些人叫什麼名字，法庭授權他在郡裡找尋女巫，他每找出一個人就能拿到一筆賞金。他指認的女巫包括珍妮特・迪維斯（Jannet Device），後者的證詞導致十一人在蘭開夏郡的女巫初審中死亡。不過，克立韋克村（Kildwick）的牧師約翰・韋伯斯特（John Webster）質疑愛德蒙的證詞，他直接了當地問愛德蒙：「巫魔會事件到底是不是真的？」答案在後句哈維醫師的質問中揭曉。。

被愛德蒙指控的四人，其中包括瑪麗・史賓塞被送去倫敦，一起去的還有愛德蒙和他父親。國王查理一世（Charles I）的醫師哈維（Harvey），他對這件事十分懷疑，檢查了被告後，他沒有在被告身上找到「惡魔的印記」。哈維質問時，愛德蒙承認整個故事都是他編造的，是父親為了想要賺錢而鼓勵他這麼做的。

「惡魔的印記」指的是形狀特殊的疤痕或斑點，有時長得像蟾蜍腳，又或者長得像野兔、蜘蛛、小狗或睡鼠，惡魔就是用這

種方式標記跟隨者的。這種印記有可能是胎記、疤痕或刺青，在被戳刺時不會流血。男人的印記出現在腋窩、嘴唇、肩膀或肛門。女人的印記通常出現在胸部或被陰毛掩蓋的私處，因此，被懷疑是女巫的人時常必須在眾人面前把衣服脫光，把毛剃掉。

馬修・霍普金斯：
獵巫將軍

接著出現了一位把使用巫術這件事看得更嚴重的男人——馬修・霍普金斯（Matthew Hopkins）。他有一個比較耳熟能詳的稱號叫「獵巫將軍」（The Witchfinder General），知名影星文森・普萊斯（Vincent Price）曾在 1968 年的同名電影《獵巫將軍》（*The Witchfinder General*，有些國家譯為《驅魔降邪》）中飾演這個角色。霍普金斯活躍的時間大約是十四個月，這段恐怖時期因他被定罪和處刑的女巫據說高達兩百人，幾乎是英國其他獵巫者定罪人數加起來的總和。

霍普金斯來自薩弗克郡（Suffolk）的溫漢姆鎮（Wenham），是清教牧師詹姆斯・霍普金斯（James Hopkins）的兒子。他在受訓後成為律師，賺取微薄的薪水，一開始在伊普斯威治鎮執業，後來到艾塞克斯郡的曼寧特里鎮（Manningtree）工作。接著，他在曼寧特里鎮找到了一個能賺大錢的好方法——獵巫。他在 1647 年於倫敦首次出版的著作《探索巫術》（*The Discovery of Witchcraft*）描述自己是怎麼開始這項事業的：「1644 年 3 月，

他發現有七、八個可怕的女巫住在鎮上，那是一座位於艾塞克斯郡，名叫曼寧特里的小鎮。這裡的女巫和其他地方的不一樣，她們每隔六週的星期五晚上會到他家附近聚會，在那裡將邪惡的祭品獻給惡魔。偷窺者聽見其中一位女巫命令她的使魔◆們去另一位女巫那裡，使另一位女巫因此被逮捕。」

　　他的第一個被害者是只有一隻腳的女巫伊莉莎白‧克拉克（Elizabeth Clarke），她的母親先前被判為女巫而被吊死。伊莉莎白‧克拉克被關進牢中，人們發現她有「三個」乳頭，而「不誠實」的女人才會這樣，所以她一定撒了很多謊。雖然刑求是違法的，但監獄的人連續三晚不給她食物也不讓她睡覺。在第四個晚上，她虛弱地承認了女巫和其他指控。霍普金斯記錄道：

　　伊莉莎白告訴霍普金斯與當時在場的斯特恩大人（Stearne），如果他們答應不傷害她，又願意留在監獄裡的話，她將找其中一隻白色使魔在她大腿上玩，讓他們見識到使魔的樣子，但霍普金斯拒絕了。他們在監獄多待了一陣子後，伊莉莎白承認自己和惡魔做愛六、七年了，惡魔每週會出現在她的床邊三、四次，花半個晚上的時間和她上床。他會化身成鄉紳的樣子，戴著蕾絲領子，男人該有的東西他都有。接著他會對她說：「伊莉莎白，我一定要完全擁有妳。」而自己從來沒有拒絕過他。

　　伊莉莎白總共有五隻使魔：白貓霍特、艾鼬紐斯、黑兔子袋糖、西班牙獵犬潔馬拉以及長腿灰獵犬刻薄湯姆，這隻獵犬的頭像公牛，雙眼很寬，尾巴很長。

◆ 使魔：此處原文為 familiar，指受到巫師或惡魔操縱的動物和妖怪。

在這幅 17 世紀的版畫中，伊莉莎白 · 克拉克（右）列出了五個「使魔」。另一名女人可能是安妮 · 威斯特（左）。而兇惡的馬修 · 霍普金斯則站在兩名女人身後。

獵巫行動：那些被封存的迫害史

包括霍普金斯在內，共有八人發誓他們看過這些使魔。克拉克提供了共犯的名字，包括安妮 · 威斯特（Anne West）和她女兒芮貝卡（Rebecca）、安妮 · 李區（Anne Leech）、海倫 · 克拉克

（Helen Clarke）和伊莉莎白・古迪（Elizabeth Gooding）。除了伊莉莎白・古迪之外，每個人都認罪了。她們承認自己和使魔來往，這些使魔名叫伊萊曼札、派瓦克特、佩克因理克勞恩和葛利札葛利迪格特。霍普金斯說：「這不是人類能創造出來的名字，所以她們一定是女巫。」因此，總共有三十二人受此案件牽連。

這些人在 1645 年 7 月 29 日於切姆斯福德鎮開始接受審判。當時英國內戰使一般巡迴法庭中斷而沒有法官，因此由身為長老會教徒的沃里克伯爵羅伯・理奇（Robert Rich）擔任「法庭主席」。這次審判中有二十九人被判罪。十人在切姆斯福德鎮被處以絞刑。其他人則在附近的村莊裡被處刑，這個案件進一步助長了獵巫狂潮。

經歷了切姆斯福德鎮的審判後，霍普金斯很快就成了受人追捧的專家。他自稱「獵巫將軍」，並宣稱英國議會授予他特殊任務，讓英國擺脫女巫。在內戰期間充滿清教徒的東安格里亞區（East Anglia），居民的確覺得到處都是女巫。霍普金斯穿上了時髦的清教徒長袍與斗篷，為了配合不斷增長的獵巫需求，他找了兩男兩女當助手成立團隊。同時，惡名昭彰的「刺巫人」（witch-pricker）傑克・斯特恩（Jack Stearne）是他的副手，瑪麗・古狄・菲利普斯（Mary Goody Phillips）專門負責尋找惡魔印記，愛德華・派斯利（Edward Parsley）與法蘭絲・米爾斯（Frances Mills）則協助他們。霍普金斯很快就開始收取十五至二十三英鎊的費用替城鎮清除女巫。根據推估，他們總共賺進約一千英鎊。在薩弗克郡的斯托馬基特鎮（Stowmarket），當地官員曾為了支付他和助手的費用而課徵特殊稅金。在平均月薪只有六或二點五便士的時代，斯托馬基特鎮勉強湊到了二十八鎊三便士。

霍普金斯經營生意的方法是把含沙射影的小道消息變成正式的指控，他鎖定使用巫術的受害者都是一些窮人、老人或智能不足者，也就是在社會中最無助的那些人。他特別針對那些大眾抱怨、比較不受歡迎的人，很多村莊裡至少都會有一個討厭鬼，那些人便成了他的目標。為了能更順利地完成工作，他有一份「惡魔清單」，裡面用密碼記錄了國內的所有巫師。

　　每當他找到一名受害者，他就會把他們鎖進單獨的牢房中、脫光衣服、不斷毆打、讓他們挨餓而且不准他們睡覺。雖然當時刑求是違法的，但法律允許獵巫人用「穿刺」來尋找惡魔的印記。霍普金斯和助手們把這條規定變成極其痛苦的折磨，使用各種形狀嚇人的別針、縫紉針和刺針來刑求受害者。霍普金斯從來不覺得用詭計證明受害者有罪是件可恥的事，他有時會用刀鋒能伸縮的刀子，這樣戳刺印記時就不會流血。

　　但他們真正需要的還是受害者的自白。他們強迫受害者盤腿坐在桌子或矮凳上，接著用細繩綁住受害者，讓他們維持這種姿勢長達二十四小時。又或者強迫受害者裸體或光腳，在牢房冰冷的石頭地板上不停地來回走動，一秒都不能停下。一旦受害者因為受辱與疲憊而精疲力竭，霍普金斯便開始威脅他們，要求受害者告訴他們是怎麼和惡魔來往的。只要點頭或咕嚕聲就足以被視為承認，霍普金斯的助手們稍後便會補上其他細節。他特別喜歡讓人們承認自己曾和惡魔簽訂契約，同時，他提出的指控還包括下咒導致他人或牲畜死亡、生病或瘸腿，以及討鬼魂或使魔開心，而使魔通常都是被害者家裡養的寵物。

　　霍普金斯也使用「泳刑」（類似水刑）的方式來找出女巫。他會把受害者綁起來丟進水中。如果他們浮上水面，就會被視

為有罪，如果沒有浮上水面則會淹死。使用這個方法的原因是，當時的人認為女巫會拒絕以水受洗，水也會拒絕女巫，所以女巫下水後會以不自然的方式漂浮在水上。雖然英格蘭從 1612 年就開始使用此方法，但霍普金斯進一步將之變成公開展示的事件。他會讓受害者彎下腰，把他們的雙手交叉在雙腳之間、把雙手拇指和雙腳大拇指綁在一起，接著用另一條繩子綁在他們的腰上，找一名男子在旁邊拉繩子，表面上來說，這名男子應該要用繩子防止受害者淹死，但事實上，他們的生死都由拉著繩子的男人掌控。受害者會被放進河流、池塘或小溪中，拉繩子的男人則讓他們下沉再浮上來三次。

切姆斯福德鎮的獵巫審判大獲成功，接著霍普金斯將目標轉移到了柏立聖艾德蒙郡（Bury St. Edmunds），他在該郡的布蘭登斯頓村（Brandeston）發現七十歲的牧師約翰・勞斯（John Lowes）是個實實在在的「骯髒巫師」。勞斯是個喜歡爭論的老人家，教區裡許多人都不喜歡他。他被迫「在護城河中游泳」，連續三天三夜都不能睡，接著又被迫不停來回走動直到雙腳起水泡。他在覺得「活著疲憊不堪，已經弄不清楚自己說了或做了什麼」的狀態下，承認自己使用巫術，被處以絞刑。勞斯拒絕了神職人員提供的服務，在前往絞刑台的路上替自己唸誦了葬禮禱文。

霍普金斯的特殊專長似乎是使養寵物的女士承認自己使用巫術。例如薩弗克郡佛雷辛罕村（Fressingham）被處以絞刑的費絲・米爾斯（Faith Mills）。她承認自己的三隻寵物鳥湯姆、羅伯和約翰其實都是使魔，牠們會製造騷動，用魔法讓牛跳過豬舍破壞推車。

在 1645 年年底，霍普金斯已經在薩弗克郡找出了大約兩百名必須接受審判的人。但他的殘酷與貪婪也逐漸引起當地政府的反彈。有些人甚至開始質疑國會是不是真的如他所說授予了任務給他，這個問題很好，因為霍普金斯從來沒有證實過這件事。當地成立了一個特殊裁決委員會，成員有約翰‧歌德伯特巡佐（John Goldbolt）、幾名當地執法官員、山謬‧費克洛書記官（Samuel Fairclough）和較年長的愛德華‧卡拉彌書記官（Edward Calamy），目的是處理堆積如山的巫術審判案件。委員會命令霍普金斯停止「泳刑」的辨別女巫方式，直到他們把案件處理完為止。委員會很快開始審判並陸續吊死了十八人。雖然當時因為保皇黨的勢力來到了貝德福和康橋，使這一連串的審判一度中斷，但再次開始審判後，他們又迅速處死了五十名女巫。

1646 年 7 月 26 日，霍普金斯抵達了諾福克郡（Norfolk），導致二十名女巫命喪於此。在雅茅斯鎮（Yarmouth）當地政府的要求下，霍普金斯在 9 月抵達該地，在 12 月離開，但沒有紀錄顯示當地的死亡人數。他也去了伊普斯威治鎮、奧爾德堡鎮（Aldeburgh）和京斯林鎮（King's Lynn），接著又前往斯托馬基特鎮，一路上在許多小城鎮與村莊落腳。而人們同樣無法知道他經過東安格里亞時有多少人被處死。

不過，風向漸漸轉向對他不利的方向了。當他試圖轉移陣地到亨丁敦夏區（Huntingdonshire）時，格雷特史道頓鎮（Great Staughton）的教區神父約翰‧高盧（John Gaule）在佈道時公開反對他。霍普金斯寫信給高盧的教區的一位居民回應道：

讚美我們崇敬的主。前幾天我收到一封信，請我到格雷特史道

頓鎮找出極其邪惡之人，也就是女巫（不過我聽說你們的牧師因為無知而反對我的團隊）。聽說他代表教區講了這種荒謬的話後，我決定要立刻過去。我知道薩弗克郡有一位牧師在講壇上佈道時，也反對獵巫人指認女巫，最後因為委員會而被迫在同樣的地方收回自己的言論。我訝異的是，在這種邪惡成員中竟然有一個人（更不用說還是神職人員）每天對罪人們散佈恐懼，要他們起身反抗，對抗那些為國王行事的起訴者（也就是獵巫人），使他們的家庭陷入痛苦，財產陷入困頓之中。我決定要立刻造訪你們的小鎮，原先在本週前往金博爾頓村（Kimbolton）的計畫不變，但我會先去你們鎮上。我會事先瞭解一下，你們鎮上是不是真有那麼多固執的人，又或者你們會像我們去過的許多城鎮一樣，願意歡迎、款待我們，若這樣的話我會向你們揮手致意（我目前還沒打算這麼做）並前往你們鎮上。將來我若留在你們鎮上，並不是為了要控制什麼，而是因為對你們的友好，作為感謝與補償，請容我在此停筆。

任你差遣的僕人，馬修‧霍普金斯

接著，高盧神父在 1646 年於倫敦出版了《道德良心精選案件之女巫與巫術》（*Select Cases of Conscience Touching Witches and Witchcraft*），在書中揭露了霍普金斯的刑求方法。霍普金斯則精明地避開了格雷特史道頓鎮，寫下了《探索女巫》（*Discovery of Witches*）這本小冊子作為反駁，但害怕女巫的時代已經結束了，人們不再需要獵巫人，他便結束這份工作，回到位於曼寧特里鎮的家。而膽小的刺巫人斯特恩，則擔心在曼寧特里鎮會受到各種敵意的對待，於是搬到了伯里聖埃德蒙茲鎮（Bury St Edmunds）。

有人說霍普金斯自己也受到使用巫術的審判與「泳刑」的刑求，但這個故事似乎是虛構的。約翰·斯特恩（John Stearne）在 1648 年於倫敦出版的書籍《巫術的證實與探索》（*A Confirmation and Discovery of Witch-craft*）中寫道，霍普金斯在「長期受癆病所苦後，平靜地逝世」。他在 1647 年 8 月 12 日葬於附近的米茲利村（Mistley）。

在這之後，各地只剩下陸續出現的零星審判。1652 年，美德茲頓市（Maidstone）有六名女巫被處以絞刑。不過索普村（Thorpe）的伊莉莎白·海因斯（Elizabeth Hynes）則被無罪釋放了，她的罪名是差遣兩隻使魔：黑貓卡特和白貓貝絲。但其他被指控使用巫術殺人的人都步上了絞刑臺。

在 1660 年的王朝復辟時期過後，依然有幾個處死案件。在 1661 至 1679 年，諾福克郡的數個審判中有十五個使用巫術的起訴案。有六個案子被否決、八個案子的被告被判為無罪，一個被告死在牢裡。從 1670 至 1712 年，在西瑟克特區（Western Circuit）有五十二個與巫術有關的審判，只有七個案件被定罪，其中一名被判為女巫的人獲得緩刑。英國最後一個被處決的女巫是愛麗斯·莫拉得（Alice Mollard），她在 1684 年於艾克希特市（Exeter）被絞首，這是塞勒姆獵巫行動的八年前。

概括來說，英國大約有一千位女巫死亡。不過英國和美國一樣，女巫通常不會被綁在木樁上燒死，這是叛國者的刑罰。女巫只會被處以絞刑。雖然馬修·霍普金斯的行為毫無節制，且在英國法律的規定下（殖民時期的美國法律也相同）刑求其實是違法的。但歐洲和蘇格蘭的狀況則截然不同，仍有成千上萬人在火焰中喪命。

法國的烈焰

Chapter 4

The Flames of France

The Flames of France

法國的烈焰

　　早在 1245 年，女巫審判就在土魯斯市對純潔教派的迫害中開始了。1275 年，土魯斯市的審判官胡格・巴尼爾（Hugues de Baniols）在審判中得到了一份自白，來自被指控和惡魔做愛的六十歲女人安琪拉・巴特（Angela de la Barthe）。她承認了上述罪名，還說自己生了一個有狼的頭和蛇尾巴的惡魔。由於惡魔靠著吃死嬰維生，所以她殺了幾個孩子，也挖過屍體來養活牠。最後，安琪拉・巴特被判處火刑，而她或許是法國第一個因為巫術而被燒死的女人。

The Destruction of the Templars

聖殿騎士團的瓦解

　　當時的人把巫術指控當作政治武器，造成許多不公平的事件。例如 1278 年，貝葉市（Bayeux）法庭指控該市的主教彼得

（Peter）與姪子對國王菲利普二世（Philip II）下咒。雖然主教也有被指控，但被處決的卻是他姪子。下一個遭殃的是聖殿騎士團。聖殿騎士團由多個名稱演變而成，也稱作貧苦聖殿騎士團（Poor Knights of the Temple），是 1118 年由法國貴族于格‧帕英（Hugues de Payns）為了保護基督徒從雅法市（Jaffa）前往耶路撒冷，和八名十字軍老兵共同成立的禁慾派團體。耶路撒冷是十字軍在 1099 年從回教徒那裡奪得的，自此之後，帶著強烈敵意的阿拉伯人便不斷攻擊基督教的朝聖者。帕英把他們初次駐紮的地點當作團體的名字：耶路撒冷的所羅門聖殿。

　　1128 年，教宗何諾一世（Honorius I）正式認可了這個團體，之後他們較知名的稱呼為聖殿騎士團（Knights Templar，以下簡稱騎士團）。教會為了讓騎士團牽制十字軍，鼓勵他們制止十字軍的任何越軌行為。當時的宗教領袖，也就是克來爾沃市（Clairvaux）的聖伯納德（St Bernard）則形容騎士團是「不可思議的惡棍、污穢聖靈的掠奪者、謀殺犯、作偽證者與通姦之人」，因此，許多被招募進騎士團的人都曾被開除教籍。

　　騎士團成員必須發誓友愛彼此、堅守貧困與貞潔。為了確保貞潔，除了不能親自己的母親，晚上還必須在宿舍點燈且穿戴整齊地睡覺。後來聖伯納德稱這些人為「基督的正當行刑人」，赦免了他們的殺人罪，好讓他們殺死教會的敵人。

　　騎士團成員還要發誓打仗時無論勝算多大都不撤退，在戰場上奮勇殺敵以得到威名。他們就像現代的許多異教團體，要求成員和家庭斷絕聯絡，並在加入時交出所有財產，因此騎士團極為富有。

　　由於騎士團的成立目的是幫助旅行者，因此他們建立了銀

行系統使資金可以安全轉移，同時也投資地產。很快的，地中海與歐洲各地陸續出現聖殿騎士團的獨特圓形教堂和防禦力強大的堡壘。

13 世紀末時，十字軍東征結束了，騎士團也失去了原本創建的目的，但同時也不再需要花大筆經費在中東養一支軍隊。貧困的歐洲國王們紛紛注意到這件事，開始把目光放在騎士團的鉅額財富上，思考著要如何把錢拿到手。

聖殿騎士團一直以來的保密機制造成了他們有崇拜偶像、惡魔，身為同性戀行為的謠言，而被指控使用巫術。1307 年，法國國王菲利普四世因為欠了騎士團銀行的高額債款，下令以異教罪名逮捕騎士團成員，並且逼第一個被放逐到亞維農市（Avignon）的教宗克雷蒙五世接手騎士團的財產。隔年，英格蘭國王愛德華二世（Edward II）接手了騎士團在不列顛群島的財產，之後他們在英國的總部倫敦聖殿也關閉了。

宗教法庭接著準備用刑求讓聖殿騎士團成員認罪。他們很快就蒐集了許多證詞並匯集成一份卷宗，內容指出騎士團做了許多恐怖的事，包括有同性戀行為、對十字架撒尿、崇拜以黑貓型態出現的撒旦、親吻其尾巴。根據騎士團成員的自白，他們會膜拜異教偶像巴風特（Baphomet），是一隻有女人胸部和勃起陰莖的山羊。山羊脖子上有五芒星，皮膚上還塗滿了用死嬰提煉出來的油脂。

事實上，巴風特只是伊斯蘭領袖穆罕默德（Muhammad）這個名字的誤傳。騎士團在中東度過的兩百年的確造成了影響，許多騎士團員會說阿拉伯語，其中至少有一人改信回教。英國聖奧班斯（St Albans）的騎士團員羅伯特（Robert）甚至控制了

一支穆斯林軍隊。

　　在迫害下，1310 年法國有三十六名聖殿騎士團成員在刑求中死亡，有五十四名成員被處以火刑。1312 年，教宗克雷蒙承認他沒有證據能證明聖殿騎士團是異教派，但法國國王菲利普仍堅持要瓦解聖殿騎士團。他們允許騎士團剩下的成員加入其他團體或自由離開，但大團長雅克・莫萊卻因曾在刑求中認罪而被判處終身監禁。3 月 18 日，莫萊被帶到群眾面前要求認罪，但他卻當眾撤回自己的自白，堅持他的騎士團是清白的。最後，莫萊被燒死在木樁上。根據文件的描述，他在死前詛咒菲利普和克雷蒙：「將在一年內受到上帝的審判，且見到即將被燒死的冤魂」。火刑後，菲利普和克雷蒙真的都在一年內死亡了。

因異教罪而被處以火刑的雅克・莫萊（Jacques de Molay，1244 至 1314 年），是聖殿騎士團的第二十三任也是最後一任大團長。他在行刑時對教皇克雷蒙五世（Clement V）與法國國王菲利普四世（Philip IV）大喊：「你們將在一年內受到『上帝的審判』！」這兩人都在不久後死亡。

1314 年，法國國王路易十世（Louis X）聽說德恩格朗・馬利尼（d'Enguerrand de Marigny）的妻子愛麗斯・蒙斯（Alips de Mons）試圖用蠟製娃娃謀殺他。此案又牽連魔法師賈克・德洛特（Jaques Dulot）和他的妻子。最後，德洛特太太被活活燒死、德洛特死在監獄中，德恩格朗夫婦則被處決。依照當時的教規，巫術本身還不算犯罪，只有使用巫術彰顯異教的人才會被懲處。但迷信的教宗若望二十二世依然認為他的敵人們想用巫術殺他，並在 1317 年刑求那些他懷疑的人，逼他們認罪。1320 年 8 月 22 日，他向土魯斯市附近的卡爾卡松鎮（Carcassonne）的審判官下令，對巫師、魔法師和那些召喚惡魔、製作蠟像或辱罵聖禮的人，以異教徒的罪名懲處並沒收所有財產。在 1330 至 1335 年的巫術審判中，有七十四人被控使用巫術，之後類似的審判持續了七十年。

同時，教宗若望二十二世寫信給土魯斯市和納博市（Narbonne）附近的審判官，下令也把施巫術的人當作異教徒審判。隨之而來的幾份教宗詔書更助長了獵巫熱潮。

1335 年，土魯斯市有六十三人因施巫術和咒術受審。其中一位被告是凱瑟琳・迪洛特（Catherine Delort）女士，她承認殺了自己的兩位姑姑，而且參加的巫魔會中有孩子被殺死後吃掉。另一名被告則抗辯說，巫魔會的種種行為是因為「雖然上帝是天堂之王，但撒旦是塵世之主」。「巫魔會」是一種邪惡儀式，通常辦在有一座石頭祭壇且較高的大空地上。空地的一端有片森林或樹叢，祭壇上則有一尊像山羊的撒旦像，它有人類的身體、羊角和勃起的陰莖。參拜者會帶著火把，用撒旦像兩支羊角間的火焰點火。巫魔會的祭司通常是女孩，祈求撒旦

上主拯救自己不受背叛與暴力傷害，接著親吻偶像。有的人說祭司是親吻後臀，有的則說是勃起的陰莖。

接著，祭司會喝下混有迷幻藥的酒後，赤裸地躺在祭壇上，這時由另一名男崇拜者接手儀式扮演惡魔。他會唸一段基督教的經文，不過把經文中的「基督耶穌」改成「撒旦」。接著他們把女祭司支解後燒死，然後開始集體做愛（通常為肛交而非陰道性交），而且還常常和孩子一起進行。

巫魔會的主持人有時是進行純潔派傳統儀式的異教派教士。他們用黑無菁取代聖餐禮中的麵包、用水取代酒、向會眾灑尿液而非聖水，有時還會獻祭小孩。

凱瑟琳・迪洛特和安妮・瑪莉・喬治爾（Anne Marie de Georgel）承認自己把現在與死後的人生都獻給撒旦，二十多年來參加過無數的撒旦聚會（巫魔會），和其他人一起褻瀆聖靈，時間通常在週五晚上且每次的地點都不同。審判官說：「那些男女做了各種令人髮指的行為。同時，凱瑟琳和安妮分開受審後，得到的自白讓我們確信她們有罪。」

安妮・瑪莉・喬治爾描述她是如何進入巫魔會的。她說某天早上到小鎮旁的匹茲戴維山丘（Pech-David）洗衣服時，看到一名龐大的男子涉水走來。他身穿野獸的皮毛、膚色黝黑，雙眼像碳火一樣燃燒著。這隻怪物問願不意願意把自己交給他，她說願意。接著，怪物對她的嘴巴吹了一口氣，「從那時開始，因為他要她去，所以每週六她都會被帶去巫魔會」。她在巫魔會看到一隻巨大的公山羊，她向山羊行禮後便依照牠的命令行事，山羊則教會她各種神秘的咒語作為回報。

宗教法庭描述：「山羊向她講解各種有毒植物的用法、教

她咒術及如何在聖約翰節、聖誕節前夕和每月第一個週五的夜晚下咒。牠還建議她去冒領聖餐，因為這樣會觸怒上帝，將榮耀歸於惡魔。而她全都聽從了這些大不敬的建議。」

安妮・瑪莉・喬治爾還承認，她從與魔鬼接觸到被關進監獄的期間做過許多污穢之事。她用「詛咒之火」煮了一鍋毒草藥，裡面加了一些動物或人類的屍塊，用這鍋東西來施咒。這些屍塊是她以大不敬的態度從神聖的墓園中偷來的，她常在晚上到絞刑樹下偷絞首者的衣服碎片、吊死犯人的繩子，或者是他們的頭髮、指甲或血肉。

審判官說：「她就像真正的撒旦之子，當我們詢問有關使徒的象徵，以及真正的信徒在神聖信仰中會有哪種信念時，她大言不慚地說上帝和惡魔是完全平等的，前者統治天上，後者統治地上。所有被惡魔引誘的靈魂都不再相信至高無上的上帝，這些靈魂將在地上或半空中永遠活著，他們每天晚上都會回到以前住的地方，試圖使自己的孩子或親人渴望服侍魔鬼而非上帝。還有，上帝與魔鬼一直以來都在鬥爭。這場鬥爭沒有終點，有時勝利的是一方，有時是另一方，從如今的情勢看來，撒旦必定會獲勝。」

◆ 修和聖事：此處原文為 Reconciliation，修和聖事有五個步驟：省察、痛悔、定改、告明、補贖。犯了罪的教徒可藉由修和聖事獲得赦免。

審判官繼續說：「她會坐牢是因為被幾位有名望又有證據的人公開指控下咒。一開始，她否認犯下這些可怕的罪行，審問時一直不願認罪。但在逼迫下，她終於承認了一系列的罪名，也認為自己該被判處最嚴厲的刑罰。她發誓已經悔改了，

求教會替自己進行修和聖事◆以得到赦免。雖然教會同意了，但她還是會被交到世俗法庭，那裡的人自有決斷。」

皮埃爾‧迪洛特（Pierre Delort）的妻子凱瑟琳（Cather-ine）也在受審時認罪。根據可靠證人指出，她在昆特教區（Quint）的田中和一位牧羊人發生了違法關係。「那名牧羊人濫用自己的強大力量，強迫她和惡魔簽下契約」。這個噁心的儀式在午夜時，有兩條路交會的樹林邊緣進行。那裡有一個用從教區墓園偷來的人骨升起的火堆，她讓血順著手臂流下，滴進人骨中，並說了一些已經不記得的怪言怪語，使惡魔比利土（可能是指迦南神巴力比利土〔Ba'al-Berit〕）化成烈焰出現。從那時，她便開始做一些能讓男人和野獸死亡的混和液體與毒藥。

她會在每週五晚上陷入詭異的睡眠狀態後被帶到巫魔會，法庭問起巫魔會的地點時，她說在布康森林（Bouconne）的匹茲戴維山丘上，土魯斯市和蒙托邦市（Montauban）之間的一個寬廣鄉村旁邊。有時巫魔會也辦在更遠的地方，例如在「庇里牛斯黑色山脈的山頂或她完全不知道的國家」。她還在巫魔會中膜拜公山羊，並「依照牠和其他宴會中的人的意願行事」。他們會吃晚上從褓母那裡偷來的新生兒屍體，邊吃邊配上「各種令人作嘔的液體」，但巫魔會上的任何食物都「沒有味道」。

法庭問她是否曾在巫魔會上看到認識的人，她回答常看到認識的人，但不說名字，然而宗教法庭很清楚那些人是誰，「有些人已死於自己的惡行、有些則在我們的監控下關進監獄，還有一些人逃跑了，但上主的懲罰將會與他們同在。」

法庭表示：「我們有權使用一些能讓人們說出真話的方法，凱薩琳受到這些方法對待後認罪了。」她被迫承認了所有罪刑，

不過在認罪前「她有很長一段時間堅持自己是無罪的，說了一些我們認為都是謊言的抗辯」。她的罪行清單很長：

> 她使冰雹下在敵人的田地上、用毒霧使他們的麥子枯萎，又用冰霜損壞葡萄園。為了利益，她使鄰居的公牛和綿羊生病，害死牲畜和自己的姑姑們，好繼承姑姑們的財產。她將蠟製娃娃穿上姑姑的衣服後在小火上烤，這樣娃娃融化在火焰中的同時，她們可憐的性命也會跟著消逝。

雖然這些最早用文字記錄下來的指控原因有很多，但最關鍵的還是有關巫魔會的敘述。在這場審判後，有數千人在 14 至 18 世紀間的基督教法庭與世俗法庭上認罪。

1335 年，在土魯斯市受審的六十三人中，只有八人被燒死。但到了 1350 年，土魯斯市和卡爾卡松鎮的宗教法庭審問了一千人，並燒死了其中的六百人。獵巫之火自此開始熊熊燃燒。

第一個審理巫術案件的世俗法庭出現在 1390 年的巴黎，當時巴黎高等法院將巫術與教會之罪都規定進民法中。巴黎的中央刑事法庭叫做大沙特萊（Grand Châlet），這個法庭和一般的教會法庭或世俗法庭不太一樣，該法庭要求人們在作證他人犯下「惡行」（maleficia）也就是用魔法傷害他人時，必須提出具體的指控並經過審判才能判定被告的有罪程度，光指控某些人是女巫是不夠的。大沙特萊法庭通常會舉行公審，大約會有二十四名法官與律師參與聽審。不過，雖然這個法庭比其他法庭嚴謹，但該法庭審判的案件仍可以透過對被告用刑來得到自白。

那一年有兩個案件，第二個案件審理了將近一年。1390 年

10 月 29 日，傑安 · 魯伊（Jehan de Ruilly）指控三十四歲、人稱拉柯狄耶（La Cordière）的珍 · 布里格（Jehenne de Brigue）是女巫，用法術替他療傷。布里格說魯伊當時只剩一週的性命了，他被他兩個孩子的母親吉列特（Gilette）◆下咒。她幫魯伊做了一個吉列特的蠟製娃娃、取了兩隻蟾蜍身上的汁液，為他「去除咒語」後，魯伊便痊癒了。

面對女巫的指控，布里格反駁魯伊根本就不懂巫術，不要亂講話。不過她承認的確認識一位教她使用咒語的女人——來自布里羅札的瑪麗昂（Marion）。教咒語時，瑪麗昂要她絕對不能在週日洗澡還有唸主禱文。她和瑪麗昂還曾用魔法幫助一名丟了錢包的男人。

布里格在 1391 年 2 月 9 日受審。她承認曾向自己的姑姑學習召喚惡魔霍希布特，也承認兩年前曾因為巫術在摩城（Meaux）入獄，但當時她保證會放棄巫術所以被釋放了。不過，她發現魯伊生病時，因為可憐他而召喚出霍希布特。惡魔說吉列特對魯伊下了咒，並在解除咒語時向她收了標準費用：要她死後給惡魔一根手指或一隻手臂，還有一些壁爐裡的煤灰與一捧大麻種子。

布里格被判處火刑，但由於她有五個月的身孕，所以死刑延後了。不過到了 4 月，產婆認為她根本沒有懷孕，只是「體內累積惡露，所以身體腫脹」。

雖然在被捕的八天前，她曾和一名男人睡過，但卻在 6 月 13 日承認她知道自己沒有懷孕。

◆ 吉列特（Gilette）：雖然她為魯伊生了兩個孩子，但他們並沒有結婚，魯伊的妻子是後段提到的馬賽特（Macette）。

三天後，監管者確認了原本的刑罰。不過到了 8 月 1 日，高等法院命令監管者在兩名法庭律師的幫助下重新審查此案。隔天，此案重新開庭，參與審判的有高等法院的三位成員與九位其他高官。

這次布里格承認她兩年前在霍希布特的幫助下，用巫術在聖德尼新城（Villeneuve-Saint-Denis）的小酒館找到藏起來的銀子。不過法庭認為她沒有據實以告，下令要「審問」，也就是刑求她。她大聲抗議說沒有隱瞞，接著就被脫光衣服綁在臺架上，在刑求開始之前，她就認罪了。

她說魯伊的妻子馬賽特（Macette）早就不愛毆打她的丈夫了，馬賽特曾要她對丈夫下咒，這樣自己才能恢復自由並和蓋雷市（Guerat）的助理牧師在一起。兩個女人依照馬賽特說的步驟準備了毒藥，邊唸誦基督教禱詞邊做了蠟製娃娃。

馬賽特被逮捕了。她原本否認布里格的指控，但被綁上肢刑架後就認罪了。不過法庭接著又遇到了法律上的難題：「世俗法庭有權力審判這種案件嗎？」所有律師都一致同意可以，只有一位反對。反對的律師說：「因為這個案件沒有造成實質傷害，被告只犯了異教罪，所以這個案子應該要交給宗教法庭審理。」另一位律師覺得，她們應該受到只能吃麵包和喝水，並戴上木枷六個月的懲罰。其他人則支持火刑。

高等法院在此時介入，再次審查此案件的管轄權。他們也認為此案應該屬於世俗法庭審判的範圍。

1391 年 8 月 11 日，兩名被告再次出庭。她們重複自己的自白，接著由監管者判刑。她們將在夏特雷大堂（Châtelet aux Halles）被當作巫師戴上木枷。接著，會被帶到豬市集上活活

燒死。

　　但這樣的審判結果仍然大有問題。當時監管者必須諮詢三名最高法院的律師。其中一名律師裁決，由於此案中沒有謀殺所以判長期監禁就夠了。不過，監管者出於「嚴肅又重要」的考量，又諮詢了另外三名高級律師，其中包括法院主席。結果，除了一位律師裁決判長期監禁，其他五位律師都贊成處死。

　　在 1391 年 8 月 17 日舉行的另一場聽審中，魯伊說他從來沒有親眼看到妻子對他下毒過。但律師還是列出了許多證物給犯人看，包括一片聖餐餅、三片長春花葉、兩根芥菜葉、一塊木炭、頭髮和蠟。馬賽特解釋了這些東西要怎麼應用在魔法中，但她否認曾用這些東西施巫術。最後，馬賽特和布里格在當天被燒死。7 年後，也就是 1398 年，巴黎大學（University of Paris）宣布女巫和惡魔簽訂的契約不是單純的迷信，而是異教行為。

　　1428 年，宗教法庭開始在瑞士國界旁的各州調查異教行為。他們用殘忍的刑求進行審問，受審者紛紛開始描述崇拜惡魔的女巫們會在晚上於村莊之間飛行。不願認罪的人通常會在刑求中死亡，許多被告為了在審問中活下來而承認自己曾和惡魔簽訂契約，並用撒旦給他們的粉末使男人變虛弱、使女人不孕、使奶牛沒有奶水並對穀物下毒。惡魔通常會以黑色動物的樣子出現，追隨者會在晚上的巫魔會中把別人或自己的小孩殺了並吃掉。在審問後，大約有一到兩百人因此被燒死。

　　在法國的阿爾卑斯山脈，人們開始承認自己曾召喚惡魔。惡魔出現時通常是黑色動物或身穿黑衣的黑男人，不過他和信徒做愛時可以改變自己的性別。越來越多人描述人們會在巫魔會上裸

體跳舞、親惡魔的臀部或陰莖、倒著讀《尼西亞信經》◆。惡魔也開始在受害者的皮膚上留下印記,審判官則用這個特徵來獵巫。在 1428 至 1450 年間,光是在布里昂松區(Briançon)就有一百一十名女人與五十七名男人被當作女巫或巫師活活燒死。

聖女貞德在 1431 年被指控使用巫術,之後被綁在木樁上燒死,不過在這個事件中,政治因素的影響較大。在那之後,她的其中一位追隨者——充滿傳奇色彩的吉爾・雷伊(Gilles de Rais,童話故事中藍鬍子就是以他為藍本創造出來的),在退休後回到位於布列塔尼大區(Brittany)的大宅居住。他在那裡把財產奢侈地揮霍在藝術與和宮廷式生活上。家人們成功請國王下達政令,阻止他繼續販賣或典當繼承的財產,他則在這個時開始使用巫術,找來一群惡魔崇拜者去蒂法格鎮(Tiffauges)的莊園,在地下室進行魔法儀式。他叫僕人波瓦圖(Poitou)想辦法弄一些多為六到十二歲的男孩來,對他們用酷刑並性侵。接著,雷伊和僕人通常會把男孩們在性高潮時殺掉。男孩死後,他們殘缺不全的屍體會再次慘遭性侵,接著在儀式中被燒掉。法庭逮捕了雷伊並指控他施行巫術,在刑求中他承認和追隨者們以撒旦之名殺了八百名孩童。最後,他被判處絞刑,在走向絞刑架的途中,他順從的態度與懺悔的話成為當時非常有名的基督教悔過典範。

大約在同一時間,伯恩市(Bern)有一位名叫彼得(Peter)的法官燒死了大量男女巫師,導致許多人從洛桑教區

<hr />

◆ 《尼西亞信經》:此處原文為 Nicene Creed,「信經」(Creed)是早期基督教會用來宣告信仰要義的陳述,可以說是基督教信仰的一種摘要。尼西亞信經是現代基督教的三大信經之一。

（Lausanne）逃離。當時有一名年輕人與妻子一同被逮捕。在拒絕認罪後，法官把他們放走了，接著卻又逮捕他們。這一次，他們被帶進了不同牢房。年輕人表示：「我覺得我會被判死刑，如果可以赦免我的罪，我願意公佈所有知道的巫術知識。」

審判官向年輕人保證，只要他真的悔改就可以被赦免，於是年輕人「欣然獻出自己的生命，揭露了巫術一開始是如何影響人的」。接著他描述了「惡魔引導他的儀式」：

首先，即將成為主人的準門徒要在週日前往教堂，趁著聖水還沒祝聖之前，在聖靈與聖父的面前拋棄對祂們、受洗禮與教會的所有信仰。接著，他必須對他們的小主人（他們都是這麼稱呼惡魔的，沒有別種稱呼方式）「宣誓效忠」（magisterulus）。之後，他要喝下一罐被殺嬰兒的鮮血，喝完之後，腦中立刻就會出現這個教派的計謀與主要儀式，而且馬上就能理解這些事物。我和太太就是這樣被引導的，她太頑固，寧願忍受火焰也不承認任何罪行。但是，唉！我們都有罪。

審判官相信這名年輕人的說辭，因為他在自白後就悔恨萬分地死去了。但他的妻子在刑求後依然不認罪，最後是因為證人作證而被定罪的。在行刑人為她準備火刑時，「她用最惡毒的話咒罵他，接著就被燒死了」。

諾曼第

　　獵巫行動接著蔓延到了諾曼第大區（Normandy）。1453 年，埃夫勒市（Evreux）的宗教法庭判處聖日耳曼昂萊市（Saint-Germain-en-Laye）的修道院院長紀歐姆・艾德林（Guillaume Edeline）無期徒刑，罪名是和魅魔做愛、用掃把飛行和親山羊的尾巴下方。1456 年，羅伯・奧利弗（Robert Olive）則在法雷茲市（Falaise），因飛去參加巫魔會而被燒死。

　　1459 年，宗教法庭在阿拉斯市（Arras）組織了全面的獵巫行動。不過，宗教法庭依然沒有對巫術作出明確的定義，他們指控瓦勒度派（Waldensians，在法國也稱作 Vaudois）會崇拜惡魔與吃人肉。人們開始用「前往瓦度勒」（Aller en vaudois）來指「前往巫魔會」。

　　當時，被判了死刑的羅比內・沃爾（Robinet de Vaulx）公開指認一名智能不足的女人丹妮絲・格倫西耶（Deniselle Grensières）是女巫。她被審判官皮耶・布魯薩爾（Pierre le Broussart）逮捕，並刑求了數次。最後她認罪了，同時也指認了另外四名女人和畫家耶罕・維特（Jehan la Vitte）是女巫和巫師，後者又被稱作「無意義之父」（Abbé-de-peu-de-sens，英文

為 Father Little-Sense）。維特為了不想指認別人，試圖割掉自己的舌頭，最後卻只割傷了嘴巴。由於他還能寫字，所以被迫用寫字回答問題。根據當時的編年史家雅克・克萊爾（Jacques du Clercq）的紀錄，維特說有多名男女會突然被送到會面地點，惡魔則以人類的外型現身，不過他從不顯現自己的臉。惡魔說他們必須服侍他，要親他的臀部。惡魔給了他們一些硬幣還有豐盛的宴席。之後，火光熄滅了，每個人都要選一個同伴進行「肉體上的瞭解」，接著他們會被傳送回家。當時有人在 1460 年 5 月用拉丁文寫下了一份文件，詳細描述了巫師們的多人做愛狂歡活動。

各種證據被送給康佩市（Cambrai）的法政牧師格雷戈瓦・尼古萊（Grégoire Nicoli）和吉爾・卡帝爾博士（Gilles Cartier）這兩名神學家覆查。他們認為被告沒有殺人或褻瀆神明，建議從寬處理，但審判官布魯薩爾忽視這些建議。

1460 年 5 月 9 日，耶罕・維特、丹妮絲・格倫西耶與她指認的三名女人（她指認的第四名女人在牢裡自殺了）被傳喚到主教宮前面的講壇，接著審判官宣佈她們都是異教徒，逼她們戴上有惡魔裝飾的異教徒冠冕。布魯薩爾詳述了她們的罪名，唯獨沒有宣讀她們和惡魔做愛的指控，因為他擔心「這麼可恥的罪行會髒了清白者的耳朵」。她們踐踏十字架、崇拜惡魔、騎著木棍飛行還堅持自己是無辜的，最後被交到世俗政權的手中燒死。

布魯薩爾從那些被定罪為巫師的人得到了一份名單後，開始圍捕名單上的人。根據克萊爾的紀錄：「許多名人、各種市井小民、瘋女人和其他人都入獄了，他們在殘忍的刑求中受到

可怕的折磨，導致有些人承認的確做了那些被指控的罪行。他們還說自己在夜間聚會上看到了許多上流社會人士、教長、法官和行政官員。」

當時，有許多窮人被燒死，部分有錢有勢的人靠錢擺脫了麻煩。法庭對其他還沒認罪的人承諾，只要認罪就能保住性命與財產。但法庭沒有信守承諾，主教轄區得到了這些人的財物，封建地主則奪走了他們的地產。

不過，輿論開始逐漸反對布魯薩爾。數名教士慫恿他宣布特赦，但被拒絕了。到了年底，鎮上的商人們發現，因為所有財物都被主教轄區拿走了，他們無法完成商業合約，導致阿拉斯市的經濟狀況越來越糟。布魯薩爾向當時的「大善人」勃根地公爵菲利浦（Philip the Good）求助。而巴黎和亞眠市（Amiens）的主教與漢斯市（Rheims）的大主教也都開始駁回巫術的指控，他們認為巫魔會是憑空想像出來的虛構事情而已。

巴黎高等法院堅持要釋放一些布魯薩爾關進監獄中的囚犯後，1461 年，阿拉斯市主教尚 · 朱佛瓦（Jean Jouffrey）從羅馬回到家鄉，釋放了剩下的囚犯。1461 年 7 月 10 日，巴黎高等法院宣布布魯薩爾的行為是「錯誤，又違反了正義原則與價值的」。指責阿拉斯市的宗教法庭進行了「虛偽又不具備正當程序的審判」。高等法院也譴責宗教法庭「不人道又殘忍的拷問與刑求」，例如擠壓四肢、將腳穿著鞋的鞋底放進火中、逼被告吞下油和醋。高等法院還建議眾人為那些被處死的人禱告。

但獵巫並沒有因此停止。1479 年，馬貢市（Mâcon）的一位牧師因為使用巫術和惡魔的騙術而被判死刑。1490 年，國王查理八世（Charles VIII）發佈算命師、妖術師和招魂師的法定

刑罰，即財產將被政府沒收。

15 世紀末，審判官「貝桑松將軍」（General of Besançon）的事業如日中天。貝桑松將軍是一位名叫尚・布恩（Jean Boin）的道明會修道士，他在 1529 年暗地前往弗郎什孔泰區（Franche-Comté）盧克瑟伊市（Luzxeil）轄區的安朱村（Anjeux），記錄了村民之間的流言蜚語。村民們大多都在談論尚・圖爾（Jean de la Tour）二十七歲的妻子德拉・曼森尼（Desle la Mansenée）。雖然沒有任何村民有證據證明那些指控，但討論流言的村民已經多到足以讓布恩採取行動了。列出的控告十分典型：

約四十歲的安朱村村民安東・高汀（Antoine Godin）說他會接受詢問且保證會據實以告。他作證說清楚記得，大約三十年前鄰里都普遍認為德拉・曼森尼是女巫、道德敗壞的私娼和巫師……他還說曾聽德拉的兒子馬澤拉（Mazelin）說，母親會在田野中騎著柳條倒退著去參加聚會。安東也作證他曾聽說德拉曾在工作時，從名叫龐絲（Prince）的女人的線軸上拿走三條線，她說這些線將用在安朱村施展妖術和巫術……。五月時，法庭向他複述這份證詞，他確認了該證詞與自己認為該有的處置。

約有二十多位村民做了相同的指控，到了 1529 年 3 月，德拉被帶到包括盧克瑟伊市市長、當地警正和教區神父等六名男人組成的調查團面前。在冗長的審問過程中，德拉一直堅持自己是無辜的。但布恩不相信她，他把德拉關進監獄，接著讓法國政府用懸停吊刑（squassation）拷問她。

刑求人把德拉脫光，用一條連接在滑輪上的繩子把她的雙手綁在背後。接著，刑求人用那根繩子把她拉上半空中維持一段時間。這種刑罰被稱做吊刑（strappado），當時法庭認為吊刑是二級刑求。該刑求在 1474 年的皮得蒙區（Piedmont）首次出現在女巫審判上。雖然英國已經禁止了吊刑，但當時蘇格蘭依然在使用此刑求。

而懸停吊刑比吊刑更糟，是第三級，也就是最高級的刑求。指的是刑求人在吊刑途中突然讓被害人向下墜落，接著在離地面數呎時突然拉緊繩子，讓受刑人停止下墜。在法國，被害人的腳上會綁上石塊或重物，通常重量在四十至兩百二十磅之間，而馬貢市使用的則是六百六十磅的重物。菲利普・林博克（Philip Limboch）在 1692 年出版的《刑求歷史》（*History of the Inquisition*）對此刑罰做了詳細的描述：

> 囚犯的手臂被綁在背後，腳上綁了重物，接著被往上拉，直到他的頭達到滑輪的高度。他會保持這個姿勢吊在上面一段時間，關節與四肢都會被腳上懸掛的重物拉扯到可怕的程度。接著，他會因為繩子放鬆而突然下墜，但不會摔到地面，這種可怕的下墜力會使手腳關節全都脫臼，讓他感到痛不欲生，接下來的突然停頓會讓下墜力和腳上的重量造成更強大、更殘忍的拉扯。

當時人們認為三次以上的懸停吊刑一定會讓人死亡。

德拉・曼森尼很快就認罪了。她說惡魔答應要給她財富，但沒有信守承諾。她一定要拒絕信仰天主教、在巫魔會上跳舞（她指認了其他參加巫魔會的人）並和像冰一樣冷的惡魔做愛。

她還坐在一隻抹了油膏的木棍上飛行、製造冰雹雨、用黑粉末毒害牲畜。

法庭向政府諮詢後，政府判定她只該因為謀殺、異教罪和拋棄信仰天主教被判刑，不包含巫術。因此，她在 1529 年 12 月 18 日被處以絞刑。但為了預防萬一，她的屍體被燒掉了。

1556 年，在拉昂市（Laon）附近的比耶夫雷市（Bièvres），一名被指控施行巫術的女人，因為行刑人忘記先將她吊死而被活活燒死。但這件事沒有造成太大的影響。根據 1580 年在巴黎出版的《惡魔狂熱》（*Démonomania*）作者尚・波頓（Jean Bodin）的看法，忘記先將女巫吊死，而導致她被活活燒死的這個疏失是神的祕密審判。波頓認為在巫術審判中，「不能遵循普通的起訴規則，因為惡魔的證據很難找到，如果遵循普通法律程序的話，在一百萬名女巫中，我們說不定連一名女巫都抓不到」。而德拉・曼森尼的案件記錄中沒有揭露指控者的名字。

當時的孩子們會被迫指認自己的父母，「除非指控者或線人撒的謊比太陽的明朗更顯而易見（太容易識破了）」，否則被指控的人絕對不可能被判無罪。拒絕判女巫死刑的法官自己也會面臨死刑。審判法官波頓曾刑求過孩童和身心障礙者，他認為沒有任何懲罰對女巫來說太殘酷，提倡用烙印和熱鐵塊來用刑，唯一可惜的是這些女巫的結局來得太快了，燒死一名女巫只要一個半小時左右。

1557 年，土魯斯市又有四十名女巫被燒死。1564 年，普瓦捷市（Poiters）有三名男人和一名女人因為親山羊和背對背跳舞而被認為使用巫術，導致被處以火刑。接著 1571 年在巴黎被處死的魔法師圖爾・伊塞勒（Trois-Echelles），宣稱光是法國就

有十萬名女巫在巴黎被處死。

接著，1572 至 1620 年，亞爾薩斯省（Alsace）的坦恩市（Thann）有一百五十二名女巫被燒死，不過那時亞爾薩斯省並不屬於法國，該省一直到 1681 年才正式屬於法國。直至 1596 年為止，聖阿瑪蘭市（St. Amarin）有兩百多名女巫被燒死。1581 至 1591 年間，洛林大區（Lorraine）的檢察總長尼可拉斯・雷米（Nicholas Remy）親自判處死刑的女巫有九百名。

1579 年，默倫市（Melun）的教會協會宣布：「所有詐欺者、預言家和執行招魂術、火占卜、掌紋占卜和水占卜的人都會被處死。」兩年後，教會協會和盧昂市（Rouen）禁止了所有巫術書籍，違反此規定將會被逐出教會。

1582 年，道明會的審判官塞巴斯汀・米伽利斯（Sebastian Michaëlis）在亞維農市用拉丁文對十八名男女判刑，而這些人可能根本聽不懂拉丁文。他的裁決書值得本書在此全文引用：

推敲了指控的那些罪名後，我們檢視了你們和共犯的證詞、你們照法律發誓時所認的罪，還有證人宣誓作證的內容與其他合法證據，並且以審判期間眾人的言論當作判斷的基礎。

我們根據法律認為你們和共犯都拒絕了三位一體的唯一真神、萬事萬物的創造者與建立者，而去崇拜與人類有深仇大恨的古老敵人——惡魔。

你們曾發誓要把自己永遠獻給他，放棄了最神聖的受洗禮與受洗禮的見證人、放棄了自己在天堂的位置，也放棄上主耶穌基督透過死亡帶給你們和全人類的永恆財產。

在隱藏於人類之間的惡魔面前，你們放棄了上述所有事物，狂

暴的惡魔以水替你們受洗，進入新教，你們也接受了，改變了在受洗禮上以神聖字體寫下的名字，在偽裝成受洗禮的儀式中接受了另一個虛假的名字。

為了宣示對惡魔的忠誠，你們把自己的衣服一角給他，接著身為謊言之父的惡魔將把你們的名字從生命之書上抹去，在他的號令與吩咐下，你們將在他準備的黑書中親自簽名，成為未來要入地獄承受永恆死亡的人。

他將與你們建立強大的連結，使你們背離信仰、褻瀆上帝。他用印記或聖痕標記你們每個人以表示屬於他。你們在土壤上（土壤是上帝的腳凳）畫一個圓圈（這是神性的象徵符號），站在圓圈裡發誓尊敬與服從惡魔的指令，和共犯一起跳起來踐踏上主的圖像與十字架。

你們服從撒旦的命令，把惡魔提供的邪惡油膏抹在木棍上，再將木棍放在雙腿間，這樣就能在最適合犯罪的死寂夜晚飛上空中，並在指定的日期騎著木棍去找惡魔。

你們前往所有女巫、巫師、異端者、咒法家和惡魔崇拜者共用的會堂，點燃污穢之火。為了榮耀宴會主持人別西卜（Beelzebub），你們一起慶祝、盡情跳舞、嬉戲、吃吃喝喝。別西卜像頭畸形的黑山羊，而你們像崇敬上帝一樣崇敬他，雙膝跪地哀求地靠近他，將點燃的樹脂蠟燭獻給他。接著（呸！真可恥），以最尊敬的態度，用褻瀆聖靈的嘴去親他如野獸般污穢的臀部，然後喚他為真神，求他報復那些冒犯或拒絕幫助你們的人。

你們在他的教導下用惡行洩憤、對人與野獸施法、殺了許多新生兒，又在蛇化身的撒旦的幫助下，用詛咒折磨人類、使牛不產奶、罹患日益消瘦的疾病與其他更嚴重的病。

你們這些女巫透過惡行把彼此的孩子悶死、刺死或殺死，最後在夜晚偷偷從墓地把屍體挖出來，帶到上述的會堂與女巫團體中。

接著，把孩子的屍體獻給坐在王位上的惡魔大君，把他們的脂肪留下來做為己用，又切下他們的頭、手和腳，放進桶子裡煮或烤，並在惡魔之父的召喚與命令之下開動，可怕地狼吞虎嚥。

然後你們做了罪加一等的事，男人和女魅魔做愛，女人和男魅魔做愛，還和冷得像冰一樣的惡魔做愛，因此犯下了不可告人的雞姦罪。

最可惡的是，那隻從天堂被驅逐的蛇對你們下令，用極其侮辱、背離信仰與褻瀆上帝的態度，在神的聖潔教堂中拿聖餐並留在口中。你們玷污了我們聖潔的真神，助長了惡魔的光榮、名聲、勝利與國度，又用所有榮耀、讚美、莊嚴、尊敬、權力與仰慕的態度來崇拜、敬重並頌揚他。

其中最嚴重、最令人可惡並且見不得人的罪行是對萬物造主、全能上帝擺出不服從與輕蔑的態度。

所以我們（包括亞維農市的福勞瑞斯兄弟〔florus〕、教士修會會長、聖潔神學博士和神聖信仰的審判將軍）對面前的上帝懷抱著敬畏之心，坐在法庭上，根據尊敬的神學家與法學家制訂的法規，寫下這些最終判決。虔誠地向上主基督耶穌和聖潔的聖母瑪利亞祈禱，說出、宣告、唸誦並以正式的句子陳述你們與共犯都曾經或如今是真正的叛教者、偶像崇拜者、背離最神聖信仰者、全能上主的否認者與嘲笑者、雞姦者、犯下最污穢罪行的罪犯、通姦者、私通者、巫師、女巫、褻瀆神明者、異教徒、邪惡之眼的效勞者、殺人犯、殺嬰者、惡魔的崇拜者、撒旦教徒、惡魔與地獄法規以及墮落與放蕩信仰的追隨者、褻瀆者、偽證者、生活惡名昭彰者、犯下所有邪

惡罪行者與違法者。

　　因此我們藉由此刑罰，真正且全然地將身為撒旦代理人的你們與共犯們交給世俗法庭，根據世俗法庭的世俗規範判處最相稱且合理的刑罰。

　　宗教法庭的標準程序是將被定罪的女巫交給世俗法庭，因為宗教法庭從來不會處決那些他們判定為有罪的人。他們把這些人交給法國政府的同時，會在表面上建議對方寬待罪犯，接著又給出真正務實的建議：寬待罪犯的世俗法官將會被當成異教徒。

　　1584 年，布爾日市（Bourges）教會協會決定所有找惡魔商量問題的人都該被判死刑。但杜爾市（Tours）有十四名女巫向國王亨利三世（Henry III）請願，國王派了他的醫師檢驗這些人後，沒有在這些人身上找到惡魔印記。

　　亨利三世的醫師認為杜爾市的女巫只是「一群精神有問題的蠢蛋」。

　　「我們建議用黑藜蘆淨化他們，而不是懲罰他們，而且巴黎高等法院應該照我們的建議的免除他們的刑罰。」他寫道。

　　結果，國王因此被指控保護女巫。

　　當時，因為使用巫術而被逮捕是一件昂貴的事。在法國的許多案例中，政府不需要支付逮捕、刑求與審判的費用。所有開銷（包括處決後的官員宴會的費用）都要由被告支付，法庭會從他們的財產中扣除，不過話說回來，他們的財產通常也會被沒收就是了。如果被告太窮的話，當地政府就必須補上剩餘的費用。1597 年 11 月 14 日，在南錫市（Nancy）附近的土勒鎮（Toul），卡婷・喬耶斯（Cathin Joyeuse）收到了詳細的帳單，要她為了

不滿一個月的有期徒刑支付一百四十法郎。其中包含：她和守衛喝的紅酒十三法郎、她睡的稻草六格羅斯（gros）、私人用品的運費兩格羅斯、幫她剃頭好讓她準備受刑的女人要收一法郎、刑求是二十法郎、看守她直到她被刑求的守衛要三法郎又六格羅斯，而去南錫市找刑求者過來土勒鎮的人則收了四法郎又四格羅斯。她後來又收到了第二份帳單，要她支付坐牢期間的剩下支出以及自己的處決費。

在當時還屬於羅馬帝國的弗郎什孔泰區，審判的費用很少低於五百法郎。舉例來說，法庭在 1646 年 9 月 11 日處決了亞卓安·德爾（Adrienne d'Heur）之後，當地的旅館主人大衛·摩洛（David Morlot）就因為提供早餐給市長、監管者、法學家、獄卒和四名巡佐而要求二十五法郎，還有十五法郎又九格羅斯要用來付給觀看處決的市民，其他顯貴人士吃的早餐和午餐也要算，外加二十六法郎要拿來分發給其他中階官員做為酬金。

Lycanthropy

狼人

　　1508 年，貝亞恩省（Béarn）出現了大規模女巫審判。接著在 1521 年，波利尼市（Poligny）有三名狼人受審。當時有一名旅人被一匹狼攻擊，他把狼打跑並跟蹤受傷的狼來到一間小屋後，發現米歇爾・維登（Michel Verdung）的妻子正在幫丈夫清理傷口。審判官「貝桑松將軍」（也就是名叫尚・布恩的道明會修道士）被貝亞恩省的人請來裁決。維登認罪並指認牧了羊人皮耶・布傑（Pierre Bourget），布傑也認罪了。布傑說，他的羊群在 1502 年的一場可怕暴風雨中走失了。在找羊途中他遇到了三名黑衣騎士，其中一個人叫姆伊塞（Moyset），他承諾若布傑答應服侍他的君王與主人的話就幫他找羊，沒過多久羊就找到了。一週後，他又遇到那位騎士，騎士說他其實是惡魔的追隨者。布傑因此被迫放棄信仰基督教，透過親吻騎士的手背發誓效忠惡魔，布傑說騎士的手是黑色的，而且冷得像冰一樣。

　　兩年後，布傑漸漸回歸基督教，這時撒旦的另一名僕人米歇爾・維登出現了。他答應布傑若再次成為惡魔的信徒就會給他黃金，之後兩人一起參加了巫魔會。當時出席的每個人都拿著綠色燭火，維登命令布傑把衣服脫掉，在身上抹一種能使他變成狼

的油膏，兩小時後，維登又在他身上抹一種能使他變回人類的香油。布傑在刑求下招供：他變成狼時攻擊過人類好幾次。在攻擊一名七歲的男孩時，因為對方尖叫得太大聲，不得不變回人類的樣貌以避免被抓到。還吃過四歲女孩的肉，那種滋味真好。也曾把一名九歲女孩的脖子折斷後，吃了她的肉。

另一名被指認的男人是菲利貝托・蒙特（Philibert Mentot）。維登、布傑和菲利貝托都說他們和狼做愛過，而且「非常享受，就好像在和妻子做愛一樣」。最後三人都被處以火刑。

之後狼人又在 16 世紀末流行起來。1583 年，有許多狼人在奧爾良市（Orleans）受審。1588 年，奧文尼山區（Auvergne）有一名獵人射傷了一匹狼後，發現那匹狼是貴族的妻子，最後她在希翁市（Riom）被燒死。1597 年，那裡又有兩名男人因為執行結紮術（ligature）而被燒死。結紮術指的是一種咒語，只要在一條長皮革帶上打一個節，就能使男人陽痿，或者防止女人做愛，有時執行結紮術也會用到藥草。根據《女巫之槌》的描述，德國女巫可以把男人的陰莖藏進他們的肚子裡，而在 1590 年，蘇格蘭的珍妮特・克拉克（Janet Clark）和珍妮特・葛蘭特（Janet Grant）則因為把男人的生殖器拿給其他人而被定罪。當時人們之所以會普遍相信這一類的事情，是因為在約 1140 年寫下了教會法（Canon Laws）的法國修道士格拉提安（Gratian）說過，上帝曾透過生殖器給予惡魔力量。

1598 年，智能不足又有癲癇的乞丐雅克・魯萊（Jacques Roulet）被指控殺了十五歲男孩康尼（Cornier）。當時魯萊被發現全身赤裸、沾滿血跡地和男孩殘破的屍體躲在樹叢裡。在審問下他認罪了，還說他先前曾變成一匹狼。他原本被判死刑，但上

訴到巴黎高等法院後，法院特赦了魯萊，判他去到聖日耳曼佩區（St.-German-des-Près）的精神病院療養兩年，同時接受「他在極度貧困中已經忘記了宗教教育」的說法。不過其他人就沒那麼幸運了，雷恩市（Rennes）在同年以狼人罪名燒死了雅克・歐坦（Jacques d'Autun），而巴黎高等法院在 12 月 14 日判定沙隆鎮（Châlons）的一名裁縫是狼人並將他處死。這名裁縫誘拐孩童到店裡，或者在樹林裡殺了他們後啃食。搜查者在他的地下室找到一小箱骨頭，但由於案件細節過於駭人，法官們下令把法庭記錄燒毀。但法官亨利・波格（Henri Boguet）把下述案件記錄保留下來。他曾在侏羅省（Jura）的聖克勞德市（St.-Claude）判定甘迪隆家族（Gandillon）的三名成員為狼人、施行巫術，並判處死刑。

內桑村（Naizan）的十六歲男孩伯諾瓦・比德（Benoît Bidel）爬樹摘水果時，一隻沒有尾巴的狼攻擊了在樹下等他的妹妹。他為了保護妹妹，在和狼打鬥的過程中刀子被奪走了，而且插進他的喉嚨。他死前說，那隻狼的前腳不是爪子而是人的手。民眾在附近找到珮勒內・甘迪隆（Perrenette Gandillon），她承認自己是一匹狼，氣憤的民眾對她百般咒罵。她的妹妹安托妮特（Antoinette）同樣被指控是狼人，她製造冰雹、參加巫魔會、和山羊模樣的惡魔一起睡覺。

她的哥哥也被指控使用巫術、製造冰雹、引誘孩子去巫魔會，以及用狼人身分殺害並吃掉動物與人類。他在受刑時解釋：「撒旦拿一張狼皮給他們穿，他們就變成了四腳著地的生物。接著他們在鄉野中奔跑，有時追逐人類，有時追逐動物，依照當下的胃口偏好而變化。」

在復活節的前一個禮拜四，他們的親人發現二兒子皮耶（Pierre）全身僵硬地昏倒在床上。他們把他叫醒時，他承認自己去了狼人的巫魔會。他的兒子喬治（Georges）則承認把油膏塗在身上讓自己變成狼，還在姑姑們的陪同下殺了兩頭山羊。

法官布傑（Bouget）到監獄去看他們。他寫道：

在紀錄員克勞德・梅尼（Claude Meynier）勳爵的陪同下，我看到了名單上的那些人在房間裡，就像在田野中一樣四肢著地，但他們說因為沒有油膏，而且關在監獄中失去了變身的力量，所以現在無法變身。我還注意到他們的臉上、手上和腳上都是抓傷。皮耶・甘迪隆的抓傷造成外型嚴重受損，看起來幾乎不像是個人，所有看到他的人都十分害怕。

布傑被說服了。三個人都被處以火刑。

1603年，在波爾多市（Bordeaux）的一個村莊中，有三名女孩在照顧羊群時被名叫尚・格尼（Jean Grenier）的男孩嚇了一跳，他說自己是狼人。他告訴其中最大的女孩珍・蓋博利昂（Jeanne Gaboriant）：「有個男人給我一件狼皮披風，每週一、週五和週日他都會用披風裹住我，讓我在隔天黃昏有一個小時能變成狼人。我殺了狗、喝下牠們的血，但小女孩的血濃稠又溫暖，味道比較好，而且她們的肉又軟又甜。」

當時在加斯科尼省（Gascony）的聖瑟韋區（St-Sever）有幾個孩子被殺了，因此羅切夏爾（Roche Chalès）的地方檢察官把這名男孩帶到地方法官面前。尚承認自己是狼人，還說其他人也是。該案被轉交到更高等的法院，法院的人搜查了尚的家想找出

把人變成狼的油膏，但他們什麼都沒找到。雖然如此，尚的父親和鄰居狄萊（Thillaire）還是被逮捕了。雖然尚的父親辯稱說兒子是個白癡，曾和全村的女人都睡過，但尚還是在被處以絞刑之後被燒掉屍體。尚的父親和狄萊先生都在刑求下承認自己曾跟蹤過小女孩，「但不是為了吃掉她們，而是為了跟她們玩」。

波爾多市高等法院在此時介入此案，負責審查的是法官蘭卡（de Lancre）。他寫下了尚的自白：「在我十或十一歲的時候，鄰居狄萊帶我到森林深處，介紹森林之主給我認識。森林之主是一名黑色的男人，他用指甲在我身上畫符號，接著給我和狄萊一罐油膏和一張狼皮。從那時開始，我就可以用狼的樣子在田野間奔跑。」

蘭卡繼續寫道：

當我問起關於他自稱在變成狼時殺掉並吃掉的孩子時，他說有一次在往返聖古特拉市（St.-Coutras）和聖奧萊市（St.-Anlaye）的路上，他走進了一個忘記名字的小村莊的一間空房裡，看到一個在搖籃熟睡的嬰兒。因為沒有人阻止，他便把嬰兒拖了出來帶到花園、跳過樹籬，接著因為太餓而大口吃掉嬰兒的一部分。並把嬰兒剩下的部分送給了一匹狼。另外，他曾在聖安東尼皮松教區（St.-Antoine-de-Pizon）攻擊一個不知名的牧羊女孩。小女孩身穿黑衣。他用指甲和牙齒扯下女孩的肉把她吃了。在被捕的六週前，他在同一個教區狼吞虎嚥地吃掉了石橋附近的一名孩子。他還在伊帕宏市（Eparon）攻擊了米隆先生（Millon）的狗，如果狗主人沒有拿著劍跑出來的話，他當時就會把狗殺掉。

尚說他的財物中有一張狼皮，在他的王，也就是森林之主下令

法國的烈焰

時，他便會去狩獵孩童。他還有一些裝在小鍋子裡的油膏，把油膏抹在身上後就會變成狼，他還會把衣服藏在樹叢裡。

高等法院認為尚正因為惡靈導致的疾病而受到折磨，因此判他終身監禁在當地修道院中。蘭卡在審判中說道：

綜上所述，法院考量男孩年紀還小又智力低下，他的愚笨與癡傻程度使他的智力比不上一般的七、八歲小孩，他從各方面來說都顯得營養不良，不足十歲小孩的身高……這個年輕小伙子被父親拋棄且趕出家門，家裡沒有真正的母親，只有殘酷的繼母，他整天在原野中遊蕩，沒有人照顧，也沒有人對他感興趣，他乞討麵包來吃，從來沒有受過宗教教育，他真正的天性被邪惡的刺激、需求和渴望給敗壞了，因此他被惡魔當成了獵物。

七年後，蘭卡前往波爾多市方濟各教會的修道院，探望被監禁的尚。他發現尚依然身材瘦小、個性內向且不願意直視他的臉。他的眼窩深陷，舉止焦躁不安，牙齒長而突出，指甲有多處磨損又很污黑，他的頭腦一片空白，似乎連最簡單的事物都無法理解。他依然認為自己是狼人、喜歡看狼，也依然想找機會吃掉孩童。尚‧格尼在同一年，也就是 1610 年 11 月過世了，他們說他是個「善良的基督徒」。

A Penitent Woman

懺悔的女人

　　隔年，普羅旺斯區艾克斯市（Aix-en-Provence）爆發了嚴重的修女附身事件，吸引了全西歐的注意，各種報導立刻在翻譯後散佈到各處。宗教大法官塞巴斯汀・米伽利斯以自己的角度描述此事件，出版了一本書。該書的英文版在 1613 年於倫敦出版，書名是冗長的《出色的歷史：一名在法國普羅旺斯鄉村被魔法師引誘的悔過女人以及那名魔法師的結局》（*The Admirable History of a Penitent Woman who was seduced by a Magician in the Country of Provence in France, and the End of the said Magician*）。幸好這本上千頁的審判記錄被巴黎的法國國家圖書館保存了下來，讓我們能一覽當時的紀錄。

　　故事始於 1605 年，在一個富有的普羅旺斯貴族家庭中，十二歲的女兒瑪德琳・迪蒙多・帕魯（Madeleine de Demandolx de la Palud）進入了剛在普羅旺斯區艾克斯市建成的烏蘇拉修道院（Ursuline convent）。那裡只有少之又少，全都是貴族出生的六名修女。修道院的創辦人是神父尚・巴普提斯特・羅米亞（Jean-Bapiste Romillon），他同時也是修道院靈性指導、耶穌會會士和馬賽市（Marseilles）一間修道院的管理人。

在修道院兩年後，瑪德琳變得鬱鬱寡歡，被送回了馬賽市的父母身邊。她在家鄉接受馬賽市亞庫勒教區（Accoules）的神父路易．高弗里迪（Louis Gaufridi）與一名親友的教導後，精神狀況逐漸好轉。高弗里迪出生貧寒，但在該區的富裕家庭中很受歡迎。他個性活潑甚至有些喧鬧，人人都知道他偶爾會在晚餐桌上拿軟起司丟對面的客人。大約有二十多名已婚或未婚的女子都選他作為告解對象，當時的人們認為其中有六名女子愛上了他。

不過，雖然高弗里迪在小姐中非常受歡迎，但他並不像當時的多數神父一樣好女色。舉例來說，依照傳統修道士在初次彌撒後要舉辦派對，支付派對費用的會是當地的一個家庭，該家庭的女兒要在宴會期間擔任新神父的女伴，也就是「瑪琳」（Maraine）的角色，職責包括跳舞、親吻和「其他不良行為」。可是高弗里迪拒絕舉辦這種舞會，於是他的修道士同伴在半路上攔住他，用藏在長袍下的木棍打了他一頓。

十四歲的瑪德琳愛上了三十四歲的高弗里迪，高弗里迪常去拜訪她。一天，他趁家裡沒人的時候和瑪德琳一起在屋內待了一個半小時。瑪德琳說，高弗里迪在這段時間「奪走了她最美麗的玫瑰」。這個消息傳進了馬賽市烏蘇拉修道院的女院長凱瑟琳．古莫（Catherine de Gaumer）的耳中。她對高弗里迪和瑪德琳的母親警告了私通的危險性。

隔年，瑪德琳以見習修女的身分進入了馬賽市的修道院，她在那裡承認高弗里迪神父和她有過性行為。因此，凱瑟琳修女把她送回艾克斯市，這樣高弗里迪就不能再去拜訪她了。一、兩年後，十六歲的瑪德琳開始出現痙攣、劇烈發抖的癲癇症狀，她還看見了惡魔的幻象。在 1609 年的聖誕節前夕，她在告解的過程

中打壞了一個十字架。

羅米亞神父試過驅魔但沒有成功，瑪德琳的情況開始傳染，另外三名修女也開始出現痙攣的症狀。1610 年 6 月，羅米亞神父和另一名神父質問了高弗里迪有關瑪德琳的事情，他說自己從來沒有和她發生過性關係。但在羅米亞繼續驅魔的過程中，瑪德琳開始指控高弗里迪神父拒絕了上帝，給了她一隻「綠惡魔」當作使魔，而且在她十三歲時開始和她發生關係，後來她又說是從九歲開始的。她說高弗里迪神父曾告訴她：「我在妳的愛裡無法自拔，所以我要給妳一種用特殊粉末做成的飲料，喝下後，妳生下的嬰兒都不會長得像我，這樣就不會有人懷疑我們之間有不道德的關係。」

瑪德琳被認為有歇斯底里症，很快的，症狀又出現在另外五名修女身上。露易絲・卡波（Louise Capeau）修女嫉妒比她有錢又有名的瑪德琳，為了得到注意，她用盡方法表現得比瑪德琳的症狀更瘋癲、更發狂。羅米亞神父帶這兩名修女（瑪德琳和露易絲）去見年長的審判官塞巴斯汀・米伽利斯，他在亞維農市燒死了十八名女巫後，仍聲名赫赫。米伽利斯則帶她們去聖巴蒙山（Ste-Baume）石窟中很有名的抹大拉聖瑪麗亞神殿，進行公開驅魔儀式，但這次驅魔和羅米亞的驅魔一樣，沒有任何用處。因此，兩名女孩被帶到了聖馬西鎮（St. Maximin）的皇家修道院（Royal Convent），去見著名的驅魔人法蘭斯瓦・多普修斯（François Domptius），他是法蘭德斯裔的道明會成員。露易絲在一大群旁觀者的面前突然用低沉沙啞的聲音說，附身在她身上的是三個惡魔：弗林（Vérin）、格雷西（Grésil）和索尼隆（Sonnillon），又說附身在瑪德琳身上的是阿斯摩太

（Asmodeus）、亞斯達洛（Astaroth）、巴爾貝利斯（Baalberith）、別西卜、利維坦（Leviathan）和其他六千六百六十一隻惡魔。這對米伽利斯來說簡直是從天而降的禮物，當時他正準備要創造一套排列惡魔位階的系統。

有鑑於惡魔過去全都是天使，因此他們也像 4 世紀排列出來的墮落天使位階一樣，有三個階級。墮落天使（惡魔）的三個階級分別是：由熾天使（Seraphim）、智天使（Cherubim）、座天使（Throne）組成的上級天使，由主天使（Dominion）、權天使（Principalitie）與能天使（Power）組成的中級天使，以及由力天使（Virtue）、大天使（Archangel）與天使（Angel）組成的下級天使。而其中一個附身瑪德琳的惡魔十分友善，願意告訴米伽利斯天堂指派了哪個天使對付哪個惡魔。米伽利斯列出了墮落天使（惡魔）的階級。

上級天使

† 熾天使

別西卜（Beelzebub）：是熾天使大君（Prince of Seraphim）。上帝教導人類要謙遜友愛，他則用驕傲的人性來誘惑人類，在天堂的對手是以謙虛聞名的方濟各（Francis）。他的地位僅次於路西法（Lucifer），雖然路西法被基督下放到地獄後就被鎖在那裡，但他能對所有惡魔下達指令，天堂負責對抗路西法的是施洗者約翰（John the Baptist）。

另外，別西卜、路西法和利維坦是率先墮落的三名熾天

使。第四個墮落的熾天使米迦勒（Michael）在墮落過程中不斷反抗，而且有許多天使跟在他身邊，所以他是天使長。

墮落天使（惡魔）位階表

階級	類別	稱謂	名字
上級天使	熾天使（Seraphim）	天使長	米迦勒
		熾天使大君	路西法
		熾天使大君	別西卜
		熾天使大君	利維坦
		熾天使	阿斯摩太
	智天使（Cherubim）	智天使大君	巴爾貝利斯
	座天使（Throne）	座天使大君	亞斯達洛
		座天使	維林
		座天使	格雷希爾
		座天使	撒尼隆
中級天使	主天使（Dominion）	主天使大君	歐利
		主天使	羅希
	權天使（Principalitie）	權天使大君	維赫
	能天使（Power）	能天使大君	卡羅
		能天使大君	卡尼斐恩
下級天使	力天使（Virtue）	力天使大君	貝利亞
	大天使（Archangel）	大天使大君	奧利維
	天使（Angel）	天使	天使大君

利維坦（**Leviathan**）：是熾天使大君，也是異教徒的首領，用背離信仰的罪惡來誘惑人類，對手是使徒彼得（Peter the Apostle）。

阿斯摩太（**Asmodeus**）：至今依然是熾天使。古代肉類非常珍貴，他便用對奢侈豬隻的渴望來誘惑人類。他色慾薰心，沉浸在蕩婦們的歡愉中成為情慾的囚徒。他的對手跟路西法一樣，是施洗者約翰。

† 智天使

巴爾貝利斯（**Baalberith**）：是智天使大君。他誘惑人類的方式是承諾幫他謀殺生命。他天性好鬥、喜歡爭執、熱愛褻瀆信仰，對手是巴拿巴（Barnabas）。

† 座天使

亞斯達洛（**Astaroth**）：是座天使大君，總想懶惰地坐著，保持安逸的心態。他用惰性與偷懶的人性來誘惑人類，對手是巴多羅買（Bartholemew）。

維林（**Verrine**）：也是座天使之一，他的地位僅次於亞斯達洛，用不耐煩的人性來誘惑人類，對手是道明（Dominic）。

格雷希爾（**Gressil**）：在座天使中排行第三，他用人類不純與不潔的原罪來誘惑他們，對手是伯納德（Bernard）。

撒尼隆（**Sonneillon**）在座天使中排行第四，他用仇視敵人來誘惑人類，對手是司提反（Stephen）。

中級天使

† 主天使

歐利（Oeillet）：是主天使大君，用不遵守基督教的貧困誓言◆來引誘人類，對手是馬丁（Martin）。

羅希（Rosier）：在主天使中排行第二，他用包裹著糖衣的甜言蜜語引誘人類墜入愛河，對手是不聽情色和誘惑之言的巴西略（Basil）。

† 權天使

維赫（Verrier）：是權天使大君，他誘惑人類打破基督教的服從誓言。他能使人的脖子變得和鐵一樣堅硬，像戴著枷鎖一樣無法彎下去，對手是伯納德。

† 能天使

卡羅（Carreau）：是能天使大君，他誘惑人類變得鐵石心腸，對手是文生・斐瑞（Vincent Ferrer）。

卡尼斐恩（Carnivean）：也是能天使大君，他誘惑人類變得淫穢又無恥，對手是傳道者約翰（John the Evangelist）。

◆ 貧困誓言：是一種基督教的誓言，教徒若發了貧困的誓言，就必須放棄追求世俗財富，現在比較少見。

下級天使

† 力天使

貝利亞（Belias）：是力天使大君，用傲慢的人性引誘人類。他的對手是非常溫順又謙虛的方濟各 · 保祿。貝利亞同時也用最流行的衣著誘惑貴族女性，使孩子們整天嬉戲，在他們做彌撒時不斷和他們說話，使他們無法專心侍奉上帝。

† 大天使

奧利維（Olivier）：是大天使大君，他用殘忍無情地對待窮人來誘惑人類，對手是勞倫斯（Lawrence）。

† 天使

尤瓦（Iuvart）：是天使大君，但根據米伽利斯的描述，他並不在瑪德琳體內，而是在盧維耶赫市（Louviers）的另一名修女體內。

根據米伽利斯的著作《出色的歷史》，上述這些就是主要的惡魔。但「總共有多少惡魔」又是另一個棘手的神學問題。亞歷山大的聖麥加利沃斯（St. Macarius）向神祈禱讓他看見惡魔的宿主。他張開眼睛時，看到了「像蜜蜂那麼多」的一大堆人。1459 年，亞爾方索 · 史比納（Alphonsus de Spina）算出有三分之一的天使都變成了惡魔，也就是總共有一億三千三百三十萬六千六百六十八個惡魔。1567 年，另一位惡魔學家算出地獄總

共有六十六名大君在指揮六百六十六萬個惡魔。還有一位惡魔學家說總共有七十九名大君在指揮七百四十萬九千一百二十七個惡魔，另一位則說有七十二名大君和七百四十萬五千九百二十六個惡魔。但在 16 世紀結束之前，這個數字大幅上升，超過了當時世界總人口數的一半。

雖然如此，附身瑪德琳的似乎是別西卜和其他幾個比較主要的惡魔，在驅魔過程中，惡魔透過瑪德琳說：「瑪德琳，妳真的是個女巫，妳已經用非常莊嚴的態度表現出女巫的各種行為了，在三次彌撒中宣佈放棄上帝，一次在夜晚、一次在黃昏，第三次在莊嚴彌撒◆。」

惡魔弗林透過露易絲說話時表明了他們附身的原因：「妳（瑪德琳）被妳的告解神父給騙了。他來自馬賽市，名叫路易……。」

路易・高弗里迪也被傳喚去替這兩名女孩驅魔。對驅魔一竅不通的他，在 1610 年 12 月 30 日抵達聖巴蒙山時，女孩們大肆嘲笑他的無知。接著露易絲指控他是個魔法師。他自信地覺得自己一定不會被定罪，便草率地回應道：「要是我真的是巫師的話，我一定會把我的靈魂獻給一千個惡魔。」

光是這句話就足以使他入獄了。同時，瑪德琳指控他做了惡魔學家知道的每一種無恥的惡行，包括「以不潔的心祈禱」。米伽利斯派人搜了他的房子但什麼也沒找到，或許是因為高弗里迪在卡布新教（Capuchin）的修道士中朋友夠多，所以防止了栽贓。米伽利斯不情不願地把高弗里迪放走了。

◆ 莊嚴彌撒：此處原文為 high mass，指天主教儀式中用唱頌方式舉辦的完整彌撒禮儀。

高弗里迪是一名很受歡迎的神父，許多同事都認為他是無辜的。不過他下定決心要洗清污名，向馬賽市的主教和教宗上訴，並請願要關閉所有烏蘇拉的修道院，尤其是位於聖巴蒙山的修道院，也就是瑪德琳曾去過的那一間。

同時，瑪德琳的狀況不斷惡化。她會唱情歌、大笑、跳舞、看見幻象、像馬一樣嘶鳴、抓住神職人員的四角帽並扯破他們的袍子來阻礙儀式。會說巫魔會的故事，她說參與者會在那裡肛交、吃小孩。別西卜還「使她的骨頭裂開相互磨損」。她吐出像「蜂蜜與瀝青」混和物的泡沫狀物質，且內臟「變得上下顛倒」……人們可以清楚聽見臟腑反常蠕動的聲音。這些像刑求般的折磨結束之後，她會被惡魔強迫陷入深層睡眠或嗜睡狀態，讓她看起來就像死了一樣。

在高弗里迪想要證明自己清白的同時，米伽利斯也在施壓，希望讓被指控的巫師判刑。雖然宗教掌權者們似乎不想讓這個事件繼續下去，但艾克斯市高等法院的院長紀歐姆・維伊特（Guillaume de Vait）是個迷信的人，他在1611年2月召開了聽審。

露易絲和瑪德琳說的是普羅旺斯方言，必須翻譯成法文。但她們在需要翻譯時在法庭上癲癇發作。瑪德琳大言不慚地堅持要在場的神父們展示頭頂，讓她確認他們是不是經歷過剪髮禮的真正神職人員。她在安靜下來的一小段時間裡，承認自己的指控「全部都是想像與幻覺，沒有一個字是真的」。也承認自己愛上了高弗里迪。

「如果他能對我說甜言蜜語的話，那該有多幸福啊。」她說。

接著她突然猥褻地擺動，「劇烈地移動下腹來模擬做愛的動作」。

醫師在她的腳上與左胸下方找到了惡魔的印記，把針戳進去時，不會流血也不會痛，但這些印記會毫無預警地消失。她每天都會否認先前說過的話，先是指控高弗里迪，然後又撤回先前的指控。接著，她變得越來越消沉，還試圖自殺兩次。

同時，高弗里迪神父被帶上了沉重的腳鐐，關進充滿老鼠和各種害蟲的地牢裡。他的健康情形每況愈下。在毛髮被剃光之後，他們在他身上找到了三個惡魔的印記，接著審問便開始了。到了三月底，他承認自己是「會堂裡的大君」。承認用自己的血和惡魔簽訂契約，當時惡魔答應所有女人都會「愛上並追隨他」。接著他詳細描述了一場群交巫魔會。米伽利斯興高采烈地列出清單，寫下高弗里迪承認自己犯下的五十二項邪惡罪行。

等到高弗里迪終於養回一點力氣之後。他否認了米伽利斯那份「認罪清單」中的所有內容。

「這些全是假的，都是他為了讓自己說的話更精彩、更有可信度而捏造出來的。」高弗里迪說。

當然，沒有人理會他的說辭，法庭在 1611 年 4 月 18 日針對他認的罪刑做出了判決，罪名是施法、施展巫術、偶像崇拜和通姦，而且醫師作證瑪德琳修女已經不是處女了。高弗里迪被判用灌木樹枝活活燒死，灌木的燃燒速度比木頭還要慢得多。

4 月 28 日他再次出庭時，否認自己和瑪德琳做愛過，但因為沒有人相信他說的任何一句話，他決定承認他們想要他承認的所有罪名。對，他在巫魔會上吃了烤過的嬰兒，真相再也不重要了。

隔天政府就簽署了死刑執行令，他被送到教會解除神父職位。他們把高弗里迪交還給艾克斯市高等法院，讓法院的人刑求

法國的烈焰

他，藉此獲得其他共犯的名字。在吊刑的過程中，他說：「上帝啊！我不認識任何共犯。啊！我要死了，讓我死吧！」

之後他又被吊刑刑求了兩次，最後他承認：「先生，我可以告訴你，沒錯，我不是基督徒。如果我說我沒有在巫魔會認識瑪德琳的話，那是因為我早就認識她了。」

接著行刑人奧利維先生（Olivier）對他進行懸停吊刑。首先，行刑人把重物綁在他的腳上，將他吊掛在天花板，再讓他下墜到離地只有數英吋的位置，就這樣重複了四次。他的四肢全都脫臼了，但依然沒有給出任何名字。

在左右兩側站了十名弓箭手的狀況下，高弗里迪公開請求上帝與法庭的赦免。接著他被綁在木板上，在艾克斯市被拖著遊街示眾。五個小時後，隊伍抵達了傳教士廣場（Place des Prêcheurs）。在特赦之下（可能是馬賽市主教的特赦），高弗里迪先是被處以絞刑，接著才被燒掉。隔天，烏蘇拉教團的編年史家宣布，瑪德琳・迪蒙多・帕魯的附身已經痊癒了。

但露易絲・卡波沒有好轉。她繼續指控其他人是女巫。一位盲人女孩歐諾黑（Honorée）因為她的指控，在 1911 年 7 月 19 日被處以火刑。艾克斯市聖克萊爾修道院（St. Claire）的許多修女們都被附身了。其中一位名叫瑪莉・桑（Marie de Sains）的修女被送到了里耳市（Lille）的聖畢哲修道院（St. Bridget）。米伽利斯和多普修斯去追捕她，但梅赫倫行政區（Malines）的大主教在這時出手干預。大主教發現瑪莉修女發瘋了之後，便把她關進了土奈市（Tournai）的監獄。

瑪德琳自己則在 1642 年被指控使用巫術，當時她四十九歲。她的家人和她斷絕了關係，但她還是設法用一小筆繼承來的財產

洗清了罪嫌。十年後，她再次受到指控。無數證人到法庭上指認她，醫師在她身上找到了惡魔的印記。1652 年 12 月 12 日，法庭判處她終生監禁，且必須繳交高額罰金。十年後，她被放了出來，在一名親戚的監管下搬到了弗雷瑞斯市（Fréjus）附近的沙托維市（Chateauvieux），並於 1670 年 12 月 20 日在那裡過世，享壽七十七歲。

1631 年，法國東北部的某個教區，有四名孩子和幾名因巫術被定罪的人指控神父多明尼克・高德爾（Dominic Gordel）使用巫術。證詞是在拷問的過程中得到的，拷問停止沒多久，招供的人就死了。在大陸法的規範中，不需要證明高德爾有罪就能起訴他，而高德爾則必須在被起訴之後證明自己是無辜的。他也的確宣稱自己無罪，但法庭已經假定他有罪了，拒絕認罪只是進一步展現他已受到了惡魔的控制。因此，宗教法庭只開放了一條路給他走。西席市（Sitie）的主教 G・古爾耐（G. de Gournay）在法庭上朗讀道：

在我們（西席市主教、洛林大區樞機閣下在土勒鎮的代理主教）的見證下，應前述轄區的推廣者將軍（promoter-general）要求，沃梅庫爾市（Vomécourt）的教區神父多明尼克・高德爾被指控行使巫術、黑巫術與犯下其他罪行，並因此接受刑求審判，項目如下：

— 舉辦口頭聽審來審判上述神父的初步證詞，以及為了證詞導致的指控、認罪、抵觸與否認。

— 審判上述初步證詞之證據所帶來的驗證與比較。指控者包

括因巫術罪而被判火刑的克勞德・凱薩林諾特（Claude Cathelinotte）與貝當庫爾市（Béthencourt）的迪迪亞・高貝爾（Didier Gaubart）的妻子韓莉（Hanry），他們一直到死前都在指控高德爾使用巫術。其他指控者是伊蒙市（Hymont）的克勞頓・培列提耶（Claudon Pelletier）的孩子巴斯廷・克勞德（Bastin Claude）和曼吉提（Mengeotte），還有馬坦庫市（Mirecourt）的尚・諾埃勒（Jean Noël）的孩子圖桑（Toussaine）和珍（Jeane），圖桑和珍都因承認自己施行巫術而被定罪，之後被關進了馬坦庫市的監獄，他們堅定地在面對高德爾時提出指控，說曾在撒旦的聚會上見過他，也說他當時做了殘酷的暴行。

— 證人指控被告用不虔誠行為與召喚鬼魂，法庭依據此指控進行審問。我們參考了他的回應與被告列出的書面證據，也參考了他在抗辯時提出的其他證據，並對證詞與證據的可靠程度進行考究。另外我們還讀了有關案件合法程序與被告今日受刑的報告，其中包括醫師與外科醫師為找出惡魔印記對被告進行的身體檢查。前述推廣者將軍藉由這些報告，在前述審判與所有相關事件中做了判斷。

— 我們在前述流程裡建立了充分的裁判權，在審議過後，摒除了對指控罪名的偏見，我們宣判前述被告高德爾有罪，應該遭受普通與非普通的刑求，包括拇指夾（thumbscrew）、吊刑和老虎鉗，用這些方法強迫他供出資訊、共犯、回答初步訴訟的指控與其他祕密指控。依照前述推廣者將軍的要求，草擬出來的完整報告會被轉送給他，他將會決定被告應受的裁決。

於是，這名不幸的神父就這麼被帶去刑求了。之後他們對著法庭記錄員大聲宣讀刑求報告：

1631 年 4 月 26 日下午 1 點，在圖爾市（Tour）聖公會會堂中一棟名叫若利耶特（La Joliette）的高塔裡，在身兼副主教與土勒鎮教會成員的牧師尚・米多（Jean Midot）、西席市鄉紳的慈善神父安東・德托大人（Antoine d'Antan）與藥學醫師查理・馬提歐（Charles Mathiot）的見證下，我們請土勒鎮的外科醫師尚・馬桑（Jean Marson）協助審判，確保高德爾沒有遭受不合理的暴力。我們嚴正警告高德爾他所受到的指控有多嚴重，並告訴他應該直接認罪，不要逼我們使用準備好的刑求方法。接著，我們要他把手放在我們上主的神聖福音之上，發誓會說實話。他說自己不是巫師，從來沒有私下或公開和惡魔簽下任何契約。

緊接著，我們命令土勒鎮的絞刑者普瓦爾松大人（Poirson）對被告的左手使用拇指夾（且不能對神父替信徒祝福時使用的手指用刑）。被告大喊：「耶穌、瑪莉亞！」並說他從來都不是巫師。接著我們把拇指夾用在右手的同樣手指上，他喊道：「聖尼古拉啊！」

我們問他是否和惡魔簽過任何契約，他說沒有，並說他只希望死在上帝的懷中。接著我們將前述的拇指夾用在他的腳拇指上，這時他說他從未看過或去過巫魔會，並高喊：「耶穌、瑪莉亞！聖尼古拉！」以及「聖瑪莉亞、聖母！親愛的耶穌！」

我們問他是否曾教克勞德・凱薩林諾特如何前往巫魔會，他回答沒有，說他從來沒去過巫魔會。之後，我們把他放上梯子架，將他的手綁在上方，再下令將他腳向下拉到第一級梯階◆。

我們問他是否去過巫魔會並和惡魔簽訂契約，他只回答：「耶穌、瑪莉亞！」接著又說：「我就要死了！」我們問他是否曾使用任何巫術，或者在巫魔會上假裝成神父參加出席者的婚禮，他說沒有。不過我們觀察到，在這段過程中他只會說：「耶穌、瑪莉亞！」並說他從來沒有私下或公開和惡魔簽下任何契約，也沒有去過巫魔會。接著我們下令將他鬆綁，然後再次帶到前述的梯子前，這段時間他不斷重複：「耶穌、瑪莉亞！聖尼可拉！聖母，救救我！」

同樣的刑求持續了好一段時間，刑罰程度越來越殘酷，但高德爾依然否認所有指控，不斷呼求各種聖人幫助他。不過沒有任何聖人出現。當主教要求洛林大區的推廣者將軍宣讀審判的報告時，他有兩個選擇：一是做出最後的決定，二是「基於他追求的正義，而使法庭繼續蒐集更多必要的證據」，他似乎選擇了後者——因此後人普遍認為高德爾在進一步的刑求中死亡。

◆ 梯階：指的是一種古代刑罰，受刑者的手臂高舉過頭，被綁在階梯上，腳則被綁上繩子，連接到梯子下方的輪軸上，輪軸轉動時會把受刑者的腳不斷向下拉伸，導致脫臼等傷害。

Father Grandier in Loudun

盧丹的格朗迪神父

　　1633 年，盧丹鎮（Loudun）的一間小烏蘇拉修道院因為修
女們指控神父奧本 · 格朗迪（Urbain Grandier）施行巫術而聲名
大噪，但格朗迪真正的罪名並非使用巫術，而是得罪了有名望的
人物。1617 年，格朗迪神父被派到盧丹鎮的聖皮耶馬歇村（St.
-Pierre-du-Marché）擔任教區神父。他的目光總是在各家的小姐
身上，而且毫不避諱地讓眾人知道，向他懺悔的其中一名女孩瑪
德琳 · 布胡（Madeleine de Brou）是他的情婦。當地謠傳說就是
他讓盧丹鎮檢察官的女兒菲莉帕 · 川肯（Philippa Trincant）懷孕
生子的。不過，他真正的罪名其實是嘲笑當時暫時不受寵於國
王路易十三世，但依然有權勢的紅衣主教黎塞留（Richelieu）。
1630 年 6 月 2 日，格朗迪神父因行為不道德而被起訴，被帶到
他的敵人波瓦提厄市（Poitiers）的主教面前審判後，他被判定有
罪並受到了停職懲處。但格朗迪在政治圈也有人脈，他找了波爾
多市的大主教索迪斯（Sourdis）為他復職。

　　格朗迪的敵人還包括負責在烏蘇拉修道院傾聽告解的神
父米紐（Mignon）。米紐說服被稱為貝克利女士（Madame de
Béclier）的院長珍妮 · 安吉修女（Jeanne de Anges）和另一名修

法國的烈焰

105

女假裝被附身。她們不斷抽搐，摒住呼吸、改變自己的外表與聲音。在驅魔過程中，她們說附在身上的是格朗迪神父派來的兩個惡魔，阿斯摩太和札巴隆（Zabulon）。但這個用驅魔來陷害格朗迪的陰謀失敗了，索迪斯大主教僅僅只是禁止米紐神父，與同期的神父皮耶‧巴雷（Pierre Barré）進行任何進一步的驅魔。

之後，黎塞留重新得寵。尚‧勞巴德蒙（Jean de Laubardemont）是黎塞留的摯友，同時也是烏蘇拉修道院院長的朋友。他來到盧丹鎮監督當地一座要塞的拆除工程後，發現格朗迪發表了一篇攻擊黎塞留的諷刺作品，還發現其中一名修女克萊爾‧索奇（Claire de Sanzilly）和紅衣主教有關係。勞巴德蒙為了討好他的靠山，找了兩名法官、一名貴族管家和一名政府警正組成了委員會，要以巫師罪名逮捕格朗迪神父。

修女們再次演起了戲，這一次他們找了耶穌會的神父修宏（Surin）、方濟各會的神父拉克坦斯（Lactance）和卡布新教的神父譚齊（Tranquille）來驅魔。格朗迪曾誘惑過和拒絕過的情婦也都站出來指認他。根據當時的描述，「六十名宣誓過的證人作證被告犯下通姦、亂倫、褻瀆神明和其他罪行，地點有時在教堂中最神聖的地方，也就是存放聖物的聖器室，時間則是任何一天的任何時段」。

格朗迪神父知道修女宣稱是因為他而被附身後，便決定要親自驅魔。惡魔附身的其中一個症狀是能夠說方言，格朗迪為了戳破她們的謊話，對其中一名修女說了方言（即希臘語）。若修女不說希臘語就代表沒有被附身，也能證明神父的清白，但這些修女已經受過應對的訓練了。

「你真狡猾。你很清楚我們兩人簽的契約中，第一個條款就

是不能說希臘語。」她說。

在那之後，他再也不敢用希臘語問其他修女問題，但她們不斷激他說希臘語。修女們指控他使用巫術，院長則發誓格朗迪神父曾透過把花束丟進修道院的圍牆內來對她們下咒。

1633 年 11 月 30 日，格朗迪神父被關進了昂熱堡（castle of Angers）的牢裡，不久後身上就被發現有惡魔的印記。另一份記錄指出，找到印記的方法是用尖銳的矛在身上切一個傷口，接著再輕輕碰觸身體的別處。第一次觸碰時，他痛得大叫，第二次觸碰則毫無反應。官方記錄顯示，他的睾丸和臀部有四個惡魔印記。不過來自波瓦提厄市的一位藥師見證了這場騙局，他拿起矛，巧妙地示範了格朗迪神父被刑求時的肉體感知狀態。而替格朗迪神父做刑求準備的外科醫師富爾諾（Fourneau）也作證說神父身上沒有惡魔印記。

從法律上來說，格朗迪神父應該要由世俗法庭審判。他將因此有權申訴到巴黎高等法院去。該法院在處理巫術時通常抱持懷疑的態度，他們早在 1601 年就禁止用「泳刑」的方式辨別女巫與巫師了。不過，紅衣主教黎塞留設置了一個調查委員會，直接避開了所有正式法律流程。

在發現格朗迪可能會喪命後，許多修女改變了心意想要撤回自己的指控，表示她們是受到討厭神父的修道士的指使，才會說出那些證詞的。指控神父的院長甚至在脖子上掛著一圈繩子出現在法庭上，她說因為她打破了第九誡◆做了假見證，所以為了

◆ 九誡：指的是基督教十誡中的第九誡：不得作假見證陷害人。

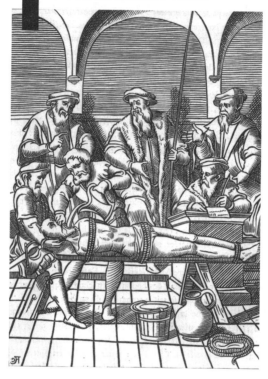

此圖中審判官正在用水刑逼嫌疑人認罪。這是喬斯特・丹霍德（Joost De Damhoudere）在 1559 年於安特衛普市（Antwerp）出版的著作《刑法的實踐》（Praxis Rerum Criminalium）中的版畫。

補償要上吊自殺，但沒有人理她。雖然格朗迪的其他支持者想要出庭為他作證，但勞巴德蒙威脅要以使用巫術的罪名起訴他們，把他們嚇跑了。來自希農市（Chinon）的當地醫師克勞德・奎爾（Claude Quillet）曾挺身而出，公開指出這場驅魔是個騙局，之後勞巴德蒙下令逮捕他，於是他逃到了義大利。勞巴德蒙還申請逮捕格朗迪的三個兄弟（其中有兩人是教區神父），逼這三人

不得不逃離。

　　盧丹鎮執行官組織了一場公眾會議來支持格朗迪，抱怨委員會專斷獨行。勞巴德蒙以叛國罪起訴參加會議的人，說他們是在攻擊王權。此外，他還說委員會已經掌握了格朗迪有罪的關鍵書面證據。他們手上握有格朗迪神父和惡魔簽署的契約，是惡魔阿斯摩太從撒旦的檔案櫃裡偷來的。契約分成兩個部分，兩份都是拉丁文，不過因為惡魔總是反其道而行，所以契約前半部是鏡像書寫。契約寫道：

　　我們（僅次於撒旦的全能路西法、別西卜、利維坦、艾利米、亞斯達洛和其他惡魔）在今日接受與奧本・格朗迪成為盟友的合約，他如今站在我們這一邊了。我們保證會讓他得到女人的愛、處女的鮮花、修女的貞操、世俗的榮耀、享樂與財富。他每隔三天就能私通一次，沉醉在酒精裡。他每年要獻上一次貢品給我們，用他的血在上面做記號。他將會踐踏教堂的聖禮，並對我們禱告。此契約的效力將使他以塵世的人類過上二十年的幸福生活，接著他就會來到我們之中一起詛咒上帝。此契約完成於地獄的惡魔會議中。

　　契約上有清楚的簽名，簽名者是亞斯達洛、別西卜、艾利米、利維坦、路西法和撒旦，見證者是惡魔長與地獄大軍閣下，副署者與記錄者是巴爾貝利斯。

　　第二部分則在格朗迪的手上。上面寫道：

　　我的君王與主人路西法，我承認你是我的神與大君，我保證會在有生之年服侍並服從你。我拋棄上帝、耶穌基督、所有聖人、使

徒、羅馬教會、所有聖禮、所有禱告和祈求，也拋棄其他信徒可能
替我做的禱告與祈求。我向你保證會盡一切可能去做邪惡之事，也
會把所有人都引誘到邪惡的這一方。我放棄聖油（受洗、堅信禮與
聖職受任時使用的神聖油膏）、受洗、耶穌基督的所有榮譽與其聖
人。若我沒有好好服侍、崇敬你，若我沒有每天向你致敬三次，我
就要把我的生命獻給你。日復一日，年復一年，皆為如此。

契約上的簽名是「奧本 · 格朗迪，取自地獄」。

有了這項證據之後，審判只會有一個結果——活活燒死。雖
然如此，他首先要接受一番刑求。1634 年 8 月 18 日，判決下來了：

我們下令前述的奧本 · 格朗迪神父接受適當的審判，罪名包
括施法、犯下罪行，以及使盧丹鎮的數名烏蘇拉修道院修女和其他
非修女的女人被惡魔附身，還有其他由此產生的指控與罪名。為了
讓他贖罪，我們判前述的格朗迪必須光著頭、脖子上掛著繩子、手
上拿著兩磅重的燃燒蠟燭，到聖皮耶馬歇村的教會大門前以及盧丹
鎮的聖烏蘇拉教堂前公開懺悔。他要跪著請求上帝、國王與法律的
寬恕。之後，他會被帶到聖十字廣場（St. Croix），被綁在絞刑臺
上的一根木樁上（屆時我們會為此在那裡立一根木樁），在那裡被
處以火刑，一同燒毀的還有他的契約、使用的魔法物品，以及他所
編著的書籍手抄本，該書的主旨是反對守貞與神父。之後這些灰燼
會被灑在風裡。我們下令他擁有的所有文章都要沒收給國王。我們
要先收取五百里弗爾（livre）的費用來購買一片銅板，刻上這次公
開審判的概要，立在前述的烏蘇拉教堂中的顯眼處，這片銅板將永
遠留在那裡。在此次判決處刑之前，為了找出共犯，我們下令格朗

迪要先接受第一級別與最後級別的刑求。我們將於 1634 年 8 月 18 日在盧丹鎮完成對格朗迪的處決。

　　格朗迪受到的刑求嚴酷到使他的骨髓都從斷掉的四肢流了出來，但在整個過程中，他依然堅持自己是無辜的，也不願意指名任何人是共犯。譚齊神父和其他卡布新教修道士都協助了刑求，他們因為格朗迪的毅力而怒火衝天，砸斷了他的雙腿。他們說格朗迪的沉默恰恰證明了他是有罪的，還說格朗迪在對神禱告的時候，其實是在呼喚惡魔，因為他的神是惡魔。

　　法國政府很同情格朗迪。他獲准能在絞刑臺上發言，此外當地政府還下令要先絞死他再進行火刑，但陪同他去行刑的修道士用大量聖水潑他，使他無法說話。另一段具有爭議的敘述寫道：「修道士為了確保他保持安靜，假借要他親十字架的名義，用沉重的十字架擊打他的臉。他們私下改動了絞刑架，使繩子無法拉緊，因此無法絞死他。拉克坦斯神父親自點燃了火堆，而勞巴德蒙女士則幸災樂禍地看著格朗迪在極大的痛苦中被活活燒死。」負責供應燒死格朗迪神父的木樁和木材的人收取的費用是十九里弗爾又十六蘇（sou），他在 1634 年 8 月 24 日簽署了費用的收據。

　　格朗迪死後，人們並沒有過上幸福快樂的生活。拉克坦斯神父在一個月內就發了瘋，死前的最後一句喃喃自語是：「格朗迪，該為你的死亡負責的人不是我。」譚齊神父也發瘋了，並在五年內死亡。就連宣稱在格朗迪身上找到惡魔印記的刺巫人曼努

◆ 譫妄：醫學上指出現錯覺、幻覺、興奮、不安及語無倫次的一種精神障礙，常發生於發熱、疾病、外傷或精神病患的身上。

利醫師（Mannouri）也死於恐怖的譫妄*。

巴雷神父搬到了希農市，在 1640 年揭露了另一起惡魔附身的案件。但里昂大主教生性多疑，他說那些出了問題的女孩們「只因為你的片面之詞就認為自己真的被附身了，所以她們是因為信任你的言論而受苦」。不久後，巴雷神父和貝洛昆小姐（Beloquin）密謀要指控一名神父在神壇上強暴她。但後來人們發現祭壇布上的其實是雞血，於是把巴雷趕走了。

盧丹鎮因為燒死格朗迪的惡名而聲名大噪，修道院變成了觀光景點。就算格朗迪已經死了，修女們還是會為遊客們展示附身的戲碼。年輕的修女克萊爾是主演明星：

她倒在地上，一邊抽搐一邊說出褻瀆的話，又掀起她的襯裙和貼身內衣，絲毫不以為恥地展示她的私處，同時大聲說著污穢的話。她的手勢太過猥褻，使許多觀眾都移開了視線。她用手撫摸自己，同時一次次地大喊：「快！快！快進入我！」

接著她大喊一名她自稱從沒見過的修道院副院長的名字，乞求他做自己的愛人，這樣的公開附身秀維持了一個小時。

另一份當時的紀錄指出，那些修女用不可思議地速度，用自己的頭垂打彼此的胸與背，好像她們的脖子要斷掉了似的。她們連續扭曲手臂上的肩關節、手肘或手腕兩、三次，還會面朝下趴在地上，用手掌貼在腳掌上，表情變得即為可怕，眼睛眨也不眨地瞪著，讓人連瞥一眼都無法忍受。她們的舌頭會突然從嘴裡伸出來，那些舌頭腫脹僵直、顏色烏黑又布滿小的突起物，但她們又可以在這個過程中繼續說話。她們會往後仰直到頭碰到腳，用

這個姿勢快速行走，而且能維持很長一段時間。還會發出非常響亮的嚎叫，眾人都覺得這輩子從沒聽過這麼嚇人的叫聲。她們的表情極為下流，就連道德最敗壞的男人也會引以為恥，而她們的行為（包括暴露自己的身體與邀請在場者的淫蕩舉動）誇張到就算是國內最低級妓院裡的倡伎也會震驚不已。

另外，來此參觀的英國貴族蒙塔古勛爵（Montagu）因為印象太過深刻而成為了羅馬天主教徒。

不過，紅衣主教黎塞留的姪女艾琪容女爵（d'Aiguillon）在造訪此地時戳破了這個謊言。她認為這些公開附身秀都是騙人的，並把這件事告訴了她叔叔。黎塞留已經對此事失去了興趣，就停止以金錢援助那些指控格朗迪的人。在那之後，附身的狀況就消失了。

盧維耶赫市

　　1647 年，諾曼第大區的盧維耶赫市有更多修女被惡魔附身。其中一位名叫瑪德琳・巴夫（Madeleine Bavent）的修女留下了非常真實的紀錄。瑪德琳是一名孤兒，她從小由住在盧昂市的叔叔和嬸嬸帶大。1620 年時，十三歲的瑪德琳成為了裁縫師安妮女士（Dame Anne）的學徒，裁縫師安排她和其他六名少女在頂樓的房間裡工作，有時會有神父到那裡去視察她們的工作情況。瑪德琳在十八歲時被方濟會的邦當神父（Bontemps）引誘，而且這名神父在此前已經引誘了其他三名女孩。

　　不久後，她就進入了盧維耶赫市的方濟第三會修道院，這間修道院是 1616 年為窮人設立的慈善之家。院長是皮耶・大衛神父（Pierre David）。一份當時的紀錄寫道：「他的生活在表面上看起來宛如聖人，但他私底下卻假借光明會的名義散播毀滅性的教條。」這個教派充滿了神秘與異端色彩，他們就像亞當派（Adamite）和寂靜主義（Quietist）一樣，相信被聖靈充滿或「點了光明」的人不會犯罪，也相信他們應該像亞當一樣裸體崇拜上帝，相信進行內在的「寂靜」或奉獻的人是無可挑剔的。

　　盧維耶赫市的修女應該要赤裸地接受聖餐禮，這是貧困與謙

虛的象徵。瑪德琳要在大衛神父手下當三年的見習修女，一開始她只被要求「腰部以上脫光，坦胸露乳地接受聖餐禮」，其他修女紛紛制止她用祭壇布來遮掩自己，並強迫她把手舉起來。

「最神聖、最貞潔、最忠誠的修女會把全身上下的衣服脫光，並在這樣的狀態下到他（大衛神父）面前跳舞。她們會裸體唱詩，也會裸體在花園裡散步。而且他還讓我們習慣在充滿情慾的擁抱過程中撫摸彼此。接著，我簡直不敢啟齒，接著他要我們做最污穢、最罪惡的可恥之事……我見過他們對一個似乎是用麵糰做的巨大陰莖做模擬割禮的行為，之後有些修女抓住那根陰莖，以滿足她們的幻想。」瑪德琳寫道。

雖然如此，大衛神父並沒有和她們做愛。他藉由「某些猥褻的觸摸與互相手淫」來滿足自己。

大衛神父在 1628 年過世後，主教燒掉了他的異教書籍，馬瑟林 · 皮卡爾（Mathurin Picard）以特遣神父的身分接管這裡，和他一起來的還有助手湯姆士 · 布勒神父（Thomas Boullé）。不過，「淫穢的儀式延續了下來，眾人都很尊重這個儀式」。瑪德琳提到她曾反抗，但在復活節的懺悔中，皮卡爾神父告訴她，他被她深深地吸引，並開始玩弄她。

「在那之後，我再也沒有從他那聽到這種懺悔。」她寫道。「概括來說，我一直以來都保持著得體的穿著，從來沒有像修女們惡意宣稱的那樣脫光衣服。但過程中，他一直玩弄我身體最私密的部位。」

瑪德琳說她一直反抗，但最後她還是懷孕了，而且她不是唯一一個。皮卡爾神父做了愛情媚藥（會讓人墜入情網且想做愛的藥物），把「經血血塊」放進聖餐餅中。在這種魔藥的影響下，

修女們「做了最淫穢的舉動」。他還用死嬰的內臟、斷肢與「從聖餐餅上滴下來的血」做了其他魔藥。

瑪德琳每個禮拜都要參加一、兩次巫魔會。她會在晚上時陷入「某種恍惚或迷醉的狀態」。在巫魔會上,她會見到皮卡爾神父、布勒神父、修道院的三至四名修女、一些教友以及半人半獸的幾個惡魔。神父會閱讀一張「褻瀆神明的紙」來進行黑彌撒。他們在烤人肉並一起吃過大餐後,修女會和大衛神父的鬼魂或其中一個活的神父做愛。瑪德琳說:「有一次皮卡爾神父緊緊握住我的手,同時布勒神父趴在我身上。」

神父會拿一片他們在黑彌撒上用的大片聖餐餅,「在中間戳一個大約半個蘇幣大小的洞,再放到一張牛皮紙或羊皮紙上,將紙裁剪成同樣的形狀,用某種看起來像鞋匠的蠟又含有油脂的黏著劑把它們黏在一起。他們會把這片東西放在生殖器上,讓它碰到肚子,就這樣和在場的女人發生關係」。瑪德琳和皮卡爾神父在巫魔會上發生過五、六次性關係,「但只有一、兩次是用剛剛描述的方式發生的」。

惡魔也會以黑貓的模樣去造訪瑪德琳。

瑪德琳說:「我進房間時,至少有兩次發現一個像貓的可惡魅魔,用我能想像到最不雅的姿勢躺在我的床上,對著我展現人類尺寸的大陰莖。我被嚇得想要逃跑,但它瞬間向我跳過來,把我強拖到床上,接著粗暴地使我陷入激烈的歡愉,讓我體會到最特別的感覺。」

這樣的做愛方式從 1628 年持續到 1642 年皮卡爾神父死去為止。雖然一直以來,每隔一陣子都固定會有神父來接受修女們的告解,而且瑪德琳自己就是修道會的守門人,每週會到鎮上好

幾次，但從來都沒有相關消息流傳出去，一直到皮卡爾神父死後才有人揭露了這種狀況。卡布新教的伊斯佩 · 博斯羅熱神父（Esprit de Bosroger）來到修道院調查時，發現修女們「在過去四年間日日夜夜被恐怖至極的抽搐折磨。在過去兩年間，每個白天都要花三個小時以上接受驅魔，她們的生活常充滿了這種突然發作、持續週期性的發狂、扭動、動物嚎叫、高聲吼叫和尖叫。除了這些極其痛苦的折磨之外，各自都會有專屬的惡魔（折磨者）每天使她們陷入特定的情緒三、四次」。

在盧維耶赫市的五十二名修女中，有十四名被專屬的特定惡魔附身：達貢（Dagon）、格隆亞（Grongade）、普提乏（Putiphar）等，還有四人則只是受到折磨。她們全都說這是瑪德琳 · 巴夫的錯。

群眾們為了觀賞公開的驅魔儀式而湧入教堂，修女們也提供了精彩的戲碼。伊斯佩 · 博斯羅熱神父在佈道中指出，惡魔的惡意就像嗡嗡叫的蒼蠅一樣。

「你是這樣認為的嗎？」其中一名發狂的修女用詭異的聲音說。「蒼蠅！蒼蠅！你很快就會見識到惡魔的蒼蠅擁有什麼樣的力量了！」

這時，修女們開始尖叫與抽搐。不過皇室醫師伊夫林（Yvelin）沒有被這場展示說服，他認為這全都是在演戲。但埃夫勒市的主教佩利柯閣下（Péricaud）前往修道院檢視了這些巫術的徵兆，他在 1643 年 3 月起訴瑪德琳 · 巴夫使用巫術、和惡魔簽訂合約、參加巫魔會、偷聖體以及和惡魔通姦。瑪德琳在情勢所逼下承認了自己是個女巫，被逐出教會。她被判處終生監禁在地牢中，每週只有三天可以吃麵包和喝水。同時，他們還挖出

了皮卡爾神父的屍體並開除他的教籍。

後來皮卡爾的弟弟和姪子發現皮卡爾的屍體被棄置在一座垃圾場後，向政府提起申訴。在皇家調查委員會的建議下，盧昂市的高等法院介入此案，並在接下來的四年進行了國家法庭與宗教法庭的審判。

被關進盧昂市的烏蘇拉修道院後，瑪德琳受到了殘酷的不當對待。埃夫勒市的宗教大裁判官（當地的審判官）曾兩度親自檢查她身上有沒有惡魔印記，手法「粗暴且不得體」，此外他也會在其他時間訪視瑪德琳。瑪德琳試圖自殺，她賄賂一名男孩帶砷劑給她、吞下蜘蛛又用緞帶阻止經血流出。1647 年 8 月，法庭延後了正式判決，將她單獨監禁起來，她在那年以四十歲的年紀逝世。

盧維耶赫市的其中一名證人在因異教罪而被燒死之前，承認自己當初編造了有關瑪德琳・巴夫的巫魔會故事。他說每件事都只是「流言的胡說八道」。不過，其中有一個描述他們在黑彌撒中使用「褻瀆神明的紙」的故事，是他的審訊者，也就是埃夫勒市的宗教大裁判官指使他說的，大裁判官用六蘇幣賄賂他，要他提出對瑪德琳不利的證詞而且敗壞她的名聲，他因為家境非常窮困而答應為這筆錢作偽證。

在皮卡爾神父死後，湯姆士・布勒神父接任了特遣神父一職，之後在 1644 年 7 月 2 日因疑似使用巫術被捕。他在牢中被關了三年，因為類似瑪德琳案的證據被定了罪，不過另外兩名和他一起被起訴的神父則洗清了罪名，原因在於不利於他們兩人的證詞全都來自被定罪的罪犯。

布勒神父在刑求之下給出了共犯的名字，並在「露出頭與雙

腳、只穿一件上衣、脖子上掛著一圈繩索、手上拿著兩磅重的燃燒燭火」的狀態下公開道歉。接著，在 1647 年 8 月 21 日，他被綁在木板上拖行至舊市集廣場（Old Market Square），在那裡被活活燒死，最後他的灰燼被撒到風中。

雖然盧昂市高等法院認為挖出皮卡爾神父的屍體是違法的，但皮卡爾神父依然因為巫術被定罪，他的屍體和布勒神父一起燒掉了。同時被燒死的還有瑪德琳・巴夫指控的另一名神父迪瓦勒（Duvall）。盧維耶赫市剩下的修女則被遣送到其他修道院去滋潤她們「乾枯」的靈魂。

奧森市

　　1658 至 1663 年間，奧森市（Auxonne）烏蘇拉修道院的修
女似乎特別容易被附身，惡魔也時常造訪她們的修道院。不過她
們沒有把這個現象怪罪在告解神父身上，而是怪罪本名芭芭拉‧
布維（Barbara Buvée）的院長聖柯倫貝修女（St. Colombe）。當
時修道院中的女同性戀流言已流傳五年了，在修女們開始被附身
時，有八名修女宣稱她們對修道院的兩名告解神父中，雖然其貌
不揚但較年輕的若弗隆神父（Nouvelent）有性方面的興奮反應。
其中一位修女瑪麗‧巴松（Marie Borthon）「因為神父而受到
強大的肉體誘惑」。其他修女則出現了性幻想，尤其在手淫時特
別嚴重，這些種種現象顯然是巫術導致的。由於若弗隆神父是這
些女人受到誘惑的共通點，因此他認為有人對他施了巫術。而當
地的兩名農夫被以巫術罪起訴並被逮捕，但沒有任何證據證明兩
人有罪，因此他們只被判放逐。不幸的是，他們在離開法庭之後
就被一名暴民抓住並動了私刑。

　　若弗隆神父接著開始在修道院的教堂進行一連串的驅魔儀
式，得到了驚人的結果。丹妮絲修女（Denise）發現她只要用兩
根手指，就能舉起兩名強壯男人都很難移動的沉重花瓶。其他修

女則在進行聖禮時面朝下地趴到地上，四肢向上扭曲。

　　充滿奉獻精神的若弗隆神父繼續替這些修女驅魔，這次的驅魔方式是和她們一起躺在床上保持很近的距離，「修女的臉和神父之間只隔了一片修女的頭巾」。他特別注意克勞汀 · 布爾若修女（Claudine Bourgeot）。兩人一起旅行，還睡在同一個房間裡。

　　當時的院長聖柯倫貝修女反對這些驅魔儀式，她和修道院的兩名告解神父中，較年長的巴松神父（Borthon）大吵一架，而巴松神父有三名姊妹都在這間修道院裡當修女。聖柯倫貝修女受到了一連串的禁食與鞭笞，修道院的人認定她就是罪魁禍首。聖柯倫貝修女在 1660 年 10 月 28 日因施行巫術被正式起訴。11 月 13 日，她腳上戴著沉重的腳鐐，被關入了獨立的牢房。接著在 1661 年 1 月 5 日，她被帶到了迪戎市（Dijon）的高等法院。

　　修女們對聖柯倫貝修女的指控十分一致。亨麗耶塔 · 庫贊修女（Henriette Cousin）告訴法庭，院長曾把手放在她的胸部上並熱情地親她。她拒絕後，院長說她以為自己是在親聖像。安貝爾 · 巴松修女（Humberte Borthon）作證說她看見了地獄的幻象，在地獄幻象中院長在她的私處放了一條蛇、擁抱她並「像男人趴在女人身上一樣地趴在她的身上」。法蘭斯瓦 · 巴松修女（Françoise Borthon）說自己時常被惡魔侵犯，她發誓院長「曾強迫她坐在她的膝上，像男人一樣把手指放進她的私處」。此外，院長還曾在指出某一名修女懷孕後，「將她的手伸進內部，把她的私處掰開，導致她流了許多乾淨的血和凝結的血塊」。夏綠蒂 · 喬伊修女（Charlotte Joy）曾看到院長親嘉貝麗 · 馬洛修

女（Gabrielle de Malo），並把手放進她的袍子裡，而且馬洛修女似乎做了「互相撫摸的動作」。另一位修女看到院長出現在某次的幻象中，她一隻手上拿著偷來的聖器，裡面裝著男人的陰莖，另一隻手上則拿著用麻布做成的人造陰莖，「她用陰莖對自己做不潔的舉動」。

1661 年 3 月 18 日，高等法院下令執行進一步的調查。許多醫師被派去修道院為修女做檢查。其中一名醫師發現修女們全都在騙人，不過他也承認其中有些修女應該是生病了；第二名醫師發現這些修女士真的被附身了；第三名醫師則認為沒有任何證據能證明附身。1662 年 6 月 15 日，巴謝醫師（Bachet）寫了一封官方報告給教長指出：「我可以對閣下保證，這些修女在身體上或精神上的種種表現與症狀，全都是不合理或沒有說服力的惡魔附身徵兆。她們全都不會方言、不知道任何祕密、不曾揭露隱密之事、無法使身體浮在空中，也沒辦法從這個地點瞬間移動到下個地點，而她們肢體極度扭曲的動作也沒有超越一般人能做到的程度。」

聖柯倫貝修女坐了兩年的牢後，在 1662 年 8 月獲釋。她去了另一間修道院，而奧森市修女們的症狀也逐漸消失了，但不是所有人都能這麼輕易地逃脫指控。

1659 年 9 月 21 日，六十歲的湯姆士・盧騰（Thomas Looten）前往「拜約勒市（Bailleul）的市鎮與貴族高等法院」找梅泰朗市（Meteren）的執行官暨政府檢察官雅克・范德瓦勒（Jacques Vanderwalle），向他投案。這位老先生這陣子一直被鄰居當作目標，鄰居指控他拿了施過巫術的李子給一名小孩吃，導致小孩死亡。盧騰希望能藉由受審還自己一個清白，之後他被關

進了大牢裡。

兩天後，檢察官范德瓦勒向上司報告說他找到了十二名證人指認盧騰，由當地市民命擔任的法官命令他去盧騰的房子裡找出油膏和魔法粉。

9月25日，三名證人接受了審查。接著在9月27日，十一名法官（通常法官的人數會在四至十二名之間）開始對盧騰進行公開審問。他們問盧騰的出生地點與日期、父母是誰以及現在住在哪裡。

「我出生在祖博科因（Zuberquin），現在大約六十歲。父親叫梅納（Maillard），母親叫娜內特・赫耶曼（Nanette Heyeman），我結婚後一直住在梅泰朗市。」盧騰說。

法官問他為什麼要自願成為囚犯，盧騰回答：「因為教區的鄰居亞當・懷卡特（Adam Wycaert）的孩子死了，很多人懷疑是我用巫術殺了他，所以我想證明自己的清白。」

接下來的三個禮拜，證人們陸續接受調查，范德瓦勒在10月28日宣布他已經有足夠的證據能證明被告使用巫術了。三天後，其中兩名法官皮耶・博達爾特（Pierre Boddaert）和法蘭斯瓦・希森布蘭（François Hysenbrant）進監獄見了盧騰一面，向他簡單說明了指控內容。他們問盧騰有沒有任何證據能證明自己是清白的，他說他沒有。他們問他想不想要雇用律師，他拒絕了，只說他「無論在言詞或行為上都沒有犯下別人指控的種種滔天大罪，他會接受法官在此案中做的任何判決，但他們應該要非常謹慎地下判斷，這樣才不會在未來的人生中受到譴責」。

盧騰的運氣不佳。11月1日，敦克爾克市（Dunkirk）的官方刑求人正好經過梅泰朗市，此案當時的八名法官請他去檢查犯

人是否有惡魔的印記，他的確找到了。記錄指出（以下為部分摘錄）「……在前述的刑求中，刑求人數次整支把針刺進去，但犯人沒有感覺到針也沒有流血。不過從下方擠壓時，發現惡魔印記的位置會流血。但之後刑求人仍進行宣誓，並指出犯人身上確實有惡魔印記，他說他自己曾審查與處決過五、六百名巫師，因此他很確定發現的是真正的惡魔印記」。刑求人在此結論的宣誓書上簽下的名字是一個十字◆。

發現了惡魔印記後，法官下令對犯人「使用酷刑，逼他宣示並承認所有被指控的罪名」。11 月 2 日，他們讓盧騰「坐在木椅上，雙手展開，兩腳彎折到另一張椅子下緊緊綁住」，同時在他脖子上固定一個鐵箍，用螺絲鎖緊。他在刑求之下承認羅伯・貝克（Robert Beicqué）曾在尚・布因（Jean Boone）的酒館中告訴他：「尚・默拉克（Jean Merlinck）曾說他是個巫師，還說他拿了李子給許多小孩，其中包括亞當・懷卡特的孩子。」他之前就聽說那個孩子生病了，沒過幾天後，那孩子就死了。法官問他為什麼不起訴誹謗罪，他回答說這就是他進了監獄的原因◆。

兩天後，刑求人作證說囚犯的身體強壯，可以接受更嚴厲的刑求。這次盧騰「被放在另一張之前受過祝福的椅子上，他的衣服被脫下來在眼前燒掉，接著讓他穿上另一件受過祝福的衣服。同時，卡布新教修道士馬丁神父（Martin）把聖水噴灑在他身上替他驅魔。法官們都坐在離犯人很近的位置，這樣他們可以在需

◆ 十字：古時文盲因不會寫自己的名字，簽名時大多會畫十字作為代表。

◆ 這就是他進了監獄的原因：此處是指「他想進監獄透過法官的審查，證明自己的清白」。

時找醫師來檢查，確認犯人的狀態。」接著刑求人再次使用頸部絞刑具來刑求他。

　　到了晚上八點，盧騰崩潰地認罪了。他承認自己從八年前開始就是巫師，曾用右手拇指的血和惡魔簽訂契約，肩膀上還有惡魔印記。他說惡魔叫哈拉金（Harlakyn），現身時穿著綠色衣服，還有一雙畸形的腳。盧騰說他曾在三、四名美女陪同下參加過巫魔會，並提供了數個巫魔會的地點。他說他每次至少都會和其中一名美女做愛，還在巫魔會上喝啤酒與果酒，並大吃沒有調味的小牛肉。惡魔給了很多錢讓他買牛和馬，也給了他綠色的油膏，讓他可以隨心所欲地飛到任何地方。盧騰也承認「他給了懷卡特的孩子三個李子。因為他事先在李子上吐了口水，惡魔給了他五枚錢幣」。

　　隔天，在刑求人把盧騰的頸部絞刑具取下來的約十二個小時後，盧騰死了。他斷掉的脖子，是「被惡魔親手勒死的」。法官下令把他的屍體運去行刑臺上燒掉，再把焦黑的遺骸用手推車運到附近的絞刑架旁，綁在輪子上展示。隔天他的屍體便依照法官的指示被處理掉了。

　　范德瓦勒執行官嚴謹地紀錄下了整個過程。他也提到，法官們每次審理案件都能收到兩里弗爾又十帕塔（pattar）的酬金。每次審理案件可能需要一頓飯的時間，也有可能是一整天。在11月1日這一天之內，他們就審理了四次案件。另外，法庭還需要在每次會議支付十帕塔的費用。范德瓦勒自己審查那十六名證人時，每審查一名就能收到二十二帕塔。囚犯的三名守衛每天要收取八帕塔，再加上其他開支，總計高達六十八里弗爾八帕塔。事實上，雖然他們實際工作的天數是四十七天，卻收到了

五十七天的薪水。盧騰還必須支付搜索房子的費用、從拜約勒市被送到梅泰朗市的交通費、審判使用的紙張費、兩名法官陪他燒焦的屍體前往絞刑架的旅費，甚至還要支付燒死他的木頭的費用。盧騰原本還應該要支付他被關在監獄期間的伙食費，但在手稿中，范德瓦勒把這一欄留空了，刑求的費用和絞刑架工匠的費用則是執行官支付的。

光是這些逐條列出的物品所需要的費用，就達到了一百九十七里弗爾又十帕塔，也就是三千九百五十帕塔。法官下令沒收盧騰的財物以支付審判、刑求與處刑的費用。他的公牛分別賣了十、十六或二十帕塔（一里弗爾），而他母牛只賣了五帕塔。范德瓦勒也記錄道，鄰近的卡瑟勒市（Cassel）的勳爵寫信詢問盧騰有沒有在刑求下指控卡瑟勒市的居民。他給出了另外六個名字，但如今沒人知道那些人的下場如何。

在 1669 年，下諾曼第大區的古坦斯市（Coutances）、卡宏坦鎮（Caretan）與拉艾迪皮鎮（La Haye de Puits）等地區爆發了神經疾病。當地的醫師束手無策，於是他們宣稱這場流行性疾病是巫術導致的。諾曼第大區在 1589 至 1594 年，與 1600 至 1645 年，出現過兩次瘋狂的獵巫流行性疾病。當地舉辦了聽審，許多人都說他們見過鄰居參加巫魔會。1669 年 5 月，詹姆斯・布倫傑（James le Boulenger）看到了一群裸體的人在天空上漂浮了半小時。麥可・馬雷（Michael Marais）看到兩百多人在拉艾迪皮鎮附近裸體跳舞。伊薩克・馬雷（Isaac Marais）在樹林中的木屋睡覺時被吵醒，他看到幾名裸體的人手拿蠟燭圍繞在一隻山羊身邊。還有人在其他的裸體聚會上，看到許多神父用頭倒立著舉行黑彌撒。一名神父對於這些證詞十分震驚，他寫道：

這場巫魔會和書裡面描述的一模一樣，會發生在任何時間、任何地點。巫師們會在身上塗油膏，接著一名長著角的高大男人把他們帶到煙囪上。他們的行為都遵循一定的程序：跳舞（他們稱之為「享樂」）、把嬰兒切成碎塊、和蛇一起放到火上煮、拿惡魔的粉末進行惡行、用自己的血和他們的主人簽訂契約、此時出現巨大的山羊，最後點燃黑色蠟燭。拉艾迪皮鎮的巫魔會中，唯一一件比較特別的事情是惡魔為了更保護自己，頻繁地在被附身者身上留下印記。此外，另一個不尋常的現像是巫魔會的參與者指認了一百多名神父。就我而言，我相信審判上眾人所說的一切都是真的，我也相信惡魔幻化成的那隻老鼠，真的向被告中那名十歲的男孩說了話。

　　總共有五百二十五人被指控使用巫術。指認他們的只有九個人。尚・庫特里（Jean le Coustelier）指認了一百五十四人、瑪格莉特・馬格利（Marguérite Marguérie）指認九十人、雅克・加斯托洛（Jacques le Gastolois）指認八十五人、席梅翁・馬格利（Siméon Marguérie）指認七十八人、尚・馬尚（Jean le Marchand）指認四十三人、查理・尚佩（Charles Champel）指認三十五人、安妮・諾埃勒（Anne Noël）指認二十人、瑞涅・馬尚（René le Marchand）指認十五人，凱瑟琳・羅貝德（Catherine Roberbe）指認五人。

　　被逮捕的人大多都因為受刑而認了罪，其中有四十六人被判死刑。但在前十二個人被宣判死刑時，他們的家人一起向國王申請了赦免。路易十四在他的親信大臣克羅瓦西侯爵查理・柯爾貝（Charles Colbert）的建議下，將這些人的刑罰減輕為逐出該

省份並把他們的財產全數歸還。諾曼第大區的高等法院堅持路易十四的決定侵犯了他們的傳統權力，他們從聖女貞德那時就開始燒死女巫直到現在。他們堅持要路易十四取消赦免，路易十四拒絕了，他強迫諾曼第大區服從命令。

火焰法庭事件

雖然如此，法國的巫術審判一直到路易十四身邊的人被波及才真正進入終結，該事件被稱做火焰法庭事件（the Affair of the Chambre Ardente）。1673 年，兩名神父告訴巴黎警察局長尼可拉斯 · 雷尼（Nicholas de la Reynie），他們從有錢人那裡聽說了一連串令人堪憂的告解，許多有錢人告訴神父他們殺了自己的妻子或丈夫。神父不願意違背告解的神聖不可侵犯性，拒絕提供名字，但一絲不苟的警探雷尼決心要詳細調查此事。

法國的 17 世紀中期被稱做「砷的年代」。當時的人不但流行把砷用在化妝品中，還流行用砷來殺人，在上流社會中尤其常見。一開始，雷尼以為他追查的是把所謂的「繼承粉末」賣給貴族的一群罪犯。之所以叫「繼承粉末」是因為它能讓下毒者擺脫不想要的配偶或父母，並繼承財產或貴族頭銜。

最大的嫌疑人是算命師瑪麗 · 鮑斯（Marie Bosse）。雷尼派了一名臥底女警去問鮑斯，有沒有什麼好方法能擺脫煩人的丈夫。鮑斯因為賣了一些毒藥給她而被捕。同時，鮑斯的丈夫、兩個兒子和另一位名叫維古雷斯（La Vigourex）的算命師全都被逮捕了。維古雷斯當時和鮑斯一家與鮑斯的前夫睡在一起，警察在

搜查鮑斯家時，找到了一大堆藏起來的毒藥。維古雷斯和鮑斯一家在面對刑求時，很快就把客戶名單交給了警察，警察發現有許多人都是路易十四宮廷中的人。

1679 年，雷尼說服路易十四設立名叫「武器庫委員會」（Commission de l'arsenal）的調查委員會。由於調查是在一間黑漆漆的房間裡祕密進行的，光源只有蠟燭的火光，因此又被稱做火焰法庭。雷尼在審問中使用「熱椅」（sellette）與「長靴」（Brodequin）。前者是一張從下方加熱的錐形椅，後者又被稱做西班牙靴，穿上時會以錐形尖刺刺入並壓碎腿部。

在「火焰法庭」中，瑪麗・鮑斯和維古雷斯說她們加入了由凱瑟琳・德沙耶（Catherine Deshayes）主導的惡魔崇拜圈中。德沙耶的丈夫是一位失敗的服飾商人，德沙耶的工作則是使用砷化合物來製作皮膚清潔品。她學會了許多化學相關知識後發明了許多種藥水，宣稱可以用來淨化內在。德沙耶的副業是占星，客戶都是有錢人與名流。為了增進自己的占卜能力，她在巴黎社交圈中發展出了女線人網，其中也包括瑪麗・鮑斯與維古雷斯。多數人都使用假名來掩蓋自己的身分，德沙耶女士的化名是「鄰人」（La Voisin）。

德沙耶常在占星過程中預言女客戶的丈夫將神秘死亡。如果客戶聽到這項預言顯得很高興，德沙耶就會賣一些毒藥給女人，稍稍推動她的預言結果。德沙耶發現占星是個發財的好事業，很快就賺夠了錢，花了三萬里弗爾在巴黎一個比較破舊的地區買下一棟僻靜的房子，房子周圍有高牆保護隱藏在高大的樹木中。德沙耶帶著她的丈夫（當時成了成功的珠寶商）、二十一歲的女兒瑪麗・瑪格莉特・蒙瓦森（Marie-Marguerite Montvoisin）和

一位房客、受過專業訓練的行刑者尼可拉斯 • 勒瓦瑟（Nicholas Levasseur）住進房子裡。

雷尼開始監視那棟房子。一名臥底警察恰巧聽到德沙耶的其中一名助手在酒吧裡醉醺醺地描述崇拜惡魔的舉動。那名警察把在酒吧聊天的兩個人都抓了起來。他們在審問下說，德沙耶常和一名六十六歲的老神父阿貝 • 吉布（L'Abbe Guibourg）一起舉辦黑彌撒。在儀式中，他們會讓一名裸體的女人雙腳張開地躺在祭壇前。吉布會穿著一件繡有黑色陰莖的長袍，把他從當地教堂偷來的聖餐杯和聖餐餅放在女人的肚子上。接著他會詠唱天主教彌撒曲，但會把歌詞的「上帝」與「基督」改成「地獄之王撒旦」，並把聖餐餅壓在女人的胸部與陰部。他們會讓孩子尿在聖餐杯中，把這杯尿灑在信眾身上。接下來，吉布會一邊把聖餐餅塞進女人的陰道中，一邊反覆唸誦：「上主撒旦說：『我在騷亂與爛醉中復活。你們當放縱肉體的慾望。肉體的事是顯而易見的，即是爛醉、沉迷、傲慢、私通、奢侈與巫術。我的肉是可吃的。◆』」然後他們會進行濫交。

警察突襲了德沙耶的家。他們在花園的亭子找到了一間黑漆漆的房間，其中一端有一個白色的十字架，裡面還有一個上面蓋著黑布的祭壇，黑布上放著人類脂肪做成的幾根黑色蠟燭。德沙耶的女兒瑪麗在受審時說，他們在那裡獻祭動物並喝牠們的血。接著她又承認，他們也在那裡獻祭人類。她說，在其中一場儀式中，吉布詠唱道：「亞斯達洛、阿斯摩太，我們的大君朋友，我

◆ 上主撒旦說……我的肉是可以吃的：此處撒旦的話大多是用聖經的句子修改而來的。

131

乞求你們接受我現在奉獻給你的這個孩子作為祭品。」

然後，吉布抓著一名嬰兒的腳，割開他的喉嚨，讓鮮血流到裸體女人肚子上的聖餐杯裡。吉布接著把血抹在他的陰莖與女人的陰部，再和女人做愛。

這些用來獻祭的孩子來自法蘭斯瓦較親近的親友，其中也包括德沙耶自己的孫女法蘭斯瓦‧菲拉特（Françoise Filastre）的孩子。其他嬰兒則是由一名產婆提供的。德沙耶還有另一個副業是幫人墮胎，她偶爾會在替那些單純至極的女人墮胎後，把活的胎兒拿來獻祭。他們也把胎兒和嬰兒的內臟拿去蒸，以用在魔法上，剩下的屍體則丟進火爐中燒掉。

菲拉特承認她曾在黑蠟燭圍起的圓圈中向惡魔獻祭了一個孩子，並宣告放棄聖禮。她說，在德沙耶與科頓主持的一次黑彌撒中，她獻祭了自己的新生兒，神父則對著胎盤做彌撒。達沃神父（Davot）會對裸體的女孩做「愛情彌撒」，接著在儀式過程中親吻女孩的私處。呂西尼昂女士（Lusignan）和她的神父用復活節蠟燭舉行了其他「可惡的儀式」（abomination），他們會裸體進入樹林，而杜賀神父（Tourent）會做三次性愛彌撒，過程中他會趴在祭壇上的女孩身上。

由於彌撒的參與者包括國王過去十二年來的情婦蒙特斯龐女爵（Marquise de Montespan）法蘭斯瓦‧阿瑟內‧莫爾馬（Françoise Arthenais de Mortmart），因此調查很可能會引發更大的案件。蒙特斯龐女爵因為擔心自己會失寵於國王，參加過三次愛情彌撒，她試圖透過在裸體站上祭壇來確保自己能一直得寵。另一份文件描述了國王情婦參加的愛情彌撒：

吉布穿著他的長袍、教士綢帶與罩袍唸咒語，同時歐莉小姐（Oeillets）在一旁製造要給國王用的魔藥。陪在她身邊的是一名同樣在唸咒語的男人。此儀式需要男人的精液與女人的愛液，但歐莉小姐當時是生理期無法提供愛液，因此她取了一些經血放進聖餐杯中。和她一起來的男士走到床和牆之間，吉布將他的精液放進聖餐杯中。接著，他把蝙蝠血製成的粉末加進杯中的混和液體中，又加了一些麵粉讓液體變濃稠。吉布神父開始唸誦咒語，將聖餐杯中的液體倒進一個小瓶子裡，讓歐莉小姐和那位男士把瓶子帶走。

路易十四覺得這個事件牽連的人離他太近了感到不適，因此 1680 年 8 月，火焰法庭的調查暫停了。但由於此案證據顯示蒙特斯龐女爵想要用砒來毒害國王與新情婦芳登小姐（Fontanges），所以雷尼繼續進行祕密調查。凱瑟琳・德沙耶被刑求了三次，但什麼都沒透露。總檢察長堅持要切下她的舌頭並剁掉雙手，但法庭認為活活燒死就足夠了。1680 年 2 月 22 日，她被「綁上木樁，並用鐵鍊束縛住」。不斷咒罵的她，被行刑人在身上撲滿乾草，她則連續把乾草甩掉五、六次，不過最後火燒得越來越烈，她還是消失在眾人的視野中了。

在調查期間，有三百一十九人被逮捕，一百零四人被判刑，其中有三十六人被處死、三十四人被放逐、四人被送進槳帆船當奴隸。在這之後蒙特斯龐女爵曾短暫的重新得寵，但她很快就被國王雇來照顧她孩子的中年家庭教師曼特農女爵（Maintenon）給取代了。路易十四在七十歲時，決定要毀掉火焰法庭的調查記錄，文件正本在 1709 年 7 月 13 日被燒掉。不過官方手稿的副本和雷尼的紀錄被保存了下來。

在火焰法庭事件過後，法國立法規範了毒藥的販售的相關措施，並禁止算命師執業。接著，路易十四在 1682 年的法令中宣布巫術是一種迷信，終止了所有巫術審判，高等法院在在 8 月 31 日批准了該命令。基本上，地方的高等法院都很遵守此命令。但是 1691 年，有三名牧羊人因為在羊群中散佈傳染病而在布希市（Brie）被燒死，但他們殺羊的方法其實是用砷下毒。

1718 年（即路易十四死亡的三年後）波爾多市燒死了最後一名巫師，死者是一名被指控替人施行結紮術的男人。1728 年，羅希安市（Lorient）有好幾名男人（包括一名神父）都因為和惡魔簽訂契約而被送進槳帆船。一名涉案的女人只被處以行政申誡。

The Case of Mary Catherine Cadière

瑪麗 · 凱瑟琳 · 卡狄耶案件

不過女巫審判還沒有結束。1731 年，普羅旺斯區艾克斯市高等法院接到了一個特殊的猥褻案件。這個案件之所以能進入最高法院，是因為案件中所謂的巫術造成的後果是通姦罪。涉入此案的是瑪麗 · 凱瑟琳 · 卡狄耶（Marie-Catherine Cadière），她來自一個信仰虔誠的家庭，從小就「擁有異常的禱告天賦」，常會在教堂昏倒。她在成為美麗的十八歲少女後加入了禱告組，接受五十歲的耶穌會神父尚 · 巴普提斯特 · 紀哈爾（Jean-Bapiste Girard）的靈性指導。她渴望能成為聖人，並告訴紀哈爾神父她之所以尋找他，是因為上帝在幻象中推薦了他。

紀哈爾把凱瑟琳當他的特別門徒，凱瑟琳也很喜歡紀哈爾。後來她在作證時說：「每次紀哈爾神父來到家裡，我就感覺到好像有手指在我的內臟移動，讓我覺得很溼。」可惜紀哈爾沒有看出她的神聖之處。凱瑟琳對聖德蕾莎（St. Theresa）和錫耶納的聖加大利納（St. Catherine of Sienna）等神秘人士的生平很熟悉。1729 年 6 月，她說自己「和神進行了親密的交流」。同

法國的烈焰

年 11 月，神告訴她，她將替一名犯下凡間罪孽的靈魂受苦，會抽搐且失去說話的能力。隔年二月，她在為一名死去的修女祈禱時，奇蹟般地恢復了原本的能力。

她的哥哥是道明會的湯姆士・卡狄耶神父（Thomas Cadière），他也同樣希望她成為聖人，一直詳細記錄她的聖傷與幻象。幻象包括流血的心臟和裸體的男女。她也時常因為她對基督的激情而「顯聖容」◆或陷入像死亡般的昏厥，之後變得滿臉是血。出現這些現象的同時，紀哈爾神父從院長那裡獲得了特許，可以私下去找凱瑟琳並撰寫機密信件給她。

一年後，紀哈爾神父依然不相信凱瑟琳具有聖人的特質，他建議凱瑟琳到聖克萊爾・歐立烏修道院（Ste-Claire-d'Olioules）靜修。她在修道院裡受到癲癇、幻覺與歇斯底里症所苦，並且出現了精神錯亂的症狀。土倫市（Toulon）主教把她遣送回家。她的新告解神父是來自聖喬瑟夫（St. Joseph）的三十八歲神父尼可拉斯（Nicholas），是土倫市赤足加爾默羅會（Barefooted Carmelites）的先驅，他開始試著為凱瑟琳驅魔。接著，凱瑟琳宣稱她被紀哈爾神父下咒。她的哥哥說服了紀哈爾神父的另外兩名崇拜者，六十五歲的女人和二十三歲的芭拉提（La Baratille），作證說她們曾受到紀哈爾神父引誘。接著卡狄耶的律師又找到了另外四名崇拜者與四名修女，她們全都說自己和紀哈爾神父有親密關係。

紀哈爾向主教上訴，但芭拉提的朋友們去找了警察，此案於是進入了世俗法庭。國王聽說

◆ 顯聖容：此處原文為 Transfiguration，指祈禱過程中容貌改變，流露出神聖的光輝。

這個醜聞後，下令要艾克斯市高等法院進行聽審，此案的聽審在 1731 年 1 月 10 日開庭。凱瑟琳和哥哥為了增加案件的熱度，在午夜舉辦了驅魔儀式吸引了大批觀眾。她站在那裡「看起來無法感知一切，動也不動，脖子腫脹，接著腫脹往上延伸至她的嘴巴」，同時她哥哥在一旁進行驅魔儀式，他身上「只穿著短袍，脖子上掛著紫色綢帶，一手拿著聖水，另一手拿著他一直小心帶在身邊的儀式書（上面寫著儀式順序）」。其他神父在稍晚抵達，他們都不認為凱瑟琳被附身了。在醫師抵達現場檢查之前凱瑟琳就恢復了，但在隔天晚上的凌晨四點，凱瑟琳在房間裡「滾來滾去，高聲尖叫，就算站在外面的街道上也能聽見」。

凱瑟琳在 1731 年出版的《凱瑟琳·卡狄耶小姐的辯解》（*Justification de demoiselle Catherine Cadière*）中詳述了她的故事。英文版則在 1732 年出版，書名是《瑪麗·凱瑟琳·卡狄耶小姐的案件》（*Case of Mistress Mary Catherine Cadiere*）。她撰寫這本書是為了「教導同為女性的人，必須要隨時對外表看似虔敬的人事物保持警戒」。在書裡，她詳盡地列出了其中的危險，指出紀哈爾：「……彎下腰來，將他的嘴靠近她的嘴，對著她的臉呼吸，這對年輕淑女的思緒造成了強大的影響，以致於她立刻情不自禁地陷入愛情中，同意把自己交給他。就這樣，向他進行懺悔的人被他用巫術改變了思想與愛好。」

凱瑟琳這名年輕女人的「名譽」因被施巫術而獲救。她告訴法庭：「你們眼前看到的是一名二十歲的女孩，她跌入了惡魔的深淵，但她的心依然純淨。」凱瑟琳描述了紀哈爾神父如何一步一步地引誘她，從頭到尾都宣稱這是神的旨意。一名證人作證她曾看到紀哈爾親吻凱瑟琳，把她的手放進他的長袍之中。

「親愛的孩子，我想要引領妳成為完美的人。不要為妳的身體所經歷的事而煩憂。放下顧慮、恐懼和疑慮。透過這個方法，妳的靈魂將會更強壯、更純潔、更光明，獲得神聖的自由。」他說。

凱瑟琳寫道：「我特別記得有一天，當我從嚴重的昏迷咒語中清醒過來時，發現我四肢展開地躺在紀哈爾神父身上，他已經掀開我的衣服了，正用手撫摸我的胸部。」當她問神父在做什麼的時候，神父告訴她這是神的旨意，神要讓她感受到羞辱，這樣才能變成完美的人：「他告訴我，神希望把他的肚子放在我的肚子上。」

她說：「還有一次，我在床上時，紀哈爾神父找到我，鎖上門並躺在我身旁。他把我拖到床沿，把一隻手放在我的臀部下，另一隻手放在我的臀部上。接著他脫掉我的衣服，毫無預警地親我。他常強迫我脫掉衣服，同時用手探索我身體的每一個角落。由於我被下了昏迷咒，所以在這種狀態下，我無法對他的所作所為有任何回應。我只記得我在清醒時就發現自己處於這樣的狀態，而且我很清楚紀哈爾神父對只看著我並不滿足。」

他幾乎每天都會去找凱瑟琳，在最後兩、三個小時和她做愛。身為一名年紀較大的男人，他常會需要一些額外的刺激：

「有時候他會用木棍打我，接著立刻親他剛剛打過的位置。有一天，他說來找我是為了要懲罰我拒絕神的恩典。他鎖上門，下令要我跪在他面前。他把木棍拿在手上，說我犯了罪，所以應該要讓全世界看到他正在對我做的事情，但他又要我虔誠地發誓，對他保證永遠不會提起這件事。我答應他了，但我不知道他想做什麼。他

聽到我的保證後變得很安心，告訴我這是神的旨意、上帝的正義，我拒絕了神的恩典，他便堅持要我脫下衣服裸體站在他面前。我聽到這些話的時候心生反抗的念頭，接著我的腦袋一片空白，毫無知覺地倒在地板上。他把我抬起來，接著我驚訝地發現我因為太暈眩，開始聽話地服從他的所有指令，允許他想做什麼就做什麼。他先命令我拿下頭巾，接著是我的帽子和腰帶，最後是我的長袍。說穿了，他是要我脫掉貼身內衣之外的所有衣物。我在只穿著貼身內衣的狀況下，感覺到他親了我的臀部。我不太確定接下來他做的是哪一件事，但我心中有一種前所未有的悲傷。在這之後，他幫我穿上衣服。他曾不只一次要我躺在床上，接著抽打我，再用毫無節制或禮節的方式親我，他一直告訴我，這是讓我變得完美的新方法。」

　　她說還有一天，紀哈爾神父甚至要她連貼身內衣都脫下來放在床上。紀哈爾神父告訴她，她之前沒有從貼身內衣中解放自己，犯了罪，所以她應該被懲罰，「這時她感覺到自己的私處溼潤而搔癢」。他再次抽打她的臀部，接著輕柔地親臀部。這個時候，「他輕柔地磨蹭她，直到她全都溼了」。

　　她也描述了自己被迫要擺出的其他姿勢。她說神父「命令她爬上床，把祈禱跪墊放在手肘下，抬高她的身體」，她又說：「接下來發生的事不適合在這裡描述，但很容易想像得到。」她說神父使她懷孕，並給了她一種藥水讓她流產。他的信件成了證據，在其中一封信裡告訴凱瑟琳：「做好我說的每件事，就像乖女孩在父親的要求下可以輕而易舉地完成每件事情一樣。」

　　紀哈爾神父盡他所能地反駁這些針對他的指控。他說他有點重聽，這就是為什麼他要把頭往凱瑟琳靠得比較近，他不是在吻

她。他鎖門是因為他想要掩飾她被天使附身的狀況。她的哥哥已經到處宣揚她有多「神奇」了，紀哈爾把凱瑟琳送到修道院，是為了預防其他人在她的神聖狀態還沒成熟之前，就把這件事給曝光。他拿給凱瑟琳的「墮胎藥水」只是普通的水，是他帶來給凱瑟琳解渴用的。他說他的信必須以天國之愛灑下的光來解讀，不能用塵世的角度看待。

接著，他又試圖證明凱瑟琳買通了三個證人作偽證。其中一名女傭說她看到他們在做愛，但奇怪的是，她當時卻只問了紀哈爾神父下一次佈道要穿什麼顏色的聖衣。

他又指出，凱瑟琳「顯聖容」的時間很神奇，正好是 5 月 7 日、6 月 6 日和 7 月 7 日，他說凱瑟琳只是把經血抹在臉上而已。凱瑟琳的律師則反駁說，她在 7 月 20 日也有顯聖容，而女人是不會在一個月內出現兩次「不適」的。接著，凱瑟琳的日記被拿出來當作證物。上面寫著她的月經日期是 3 月 8 日、4 月 4 日、5 月 8 日、6 月 11 日、7 月 4 日、8 月 8 日。這代表了凱瑟琳根本沒有懷孕，所以神父也不可能使她流產。接著神父又做了另一件令人驚訝的事，他拿出了天堂直接送給凱瑟琳的「聖十字」。

他說凱瑟琳不知道用什麼方法，奇蹟似的獲得了聖十字的另一個複製品◆。

此外，還有其他證據證明凱瑟琳隱瞞了真相。在修道院時，凱瑟琳曾宣稱自己要連續禁食數天。但有一天晚上，修女們發現她在花園裡大口吃桃子。她說上帝為了使她謙卑將暴食的罪降到

◆ 他拿出了……複製品：此段是指「凱瑟琳說她是聖人，照理來說天堂送給她的聖十字應該是獨一無二的，但神父卻有一樣的聖物。神父想表達凱瑟琳根本就不是聖人」。

她的身上，等她把水果變少之後樹木會結出更好的果實。紀哈爾的律師認為凱瑟琳只不過是個「狡猾又擅長欺騙的女孩」。他還找來了一個自稱曾和先驅者尼可拉斯神父做愛過的倡伎來作證，藉此證明他們不該相信凱瑟琳起訴紀哈爾的罪名。

雙方最後把爭論的重點放在凱瑟琳身上到處都有她宣稱是聖痕的化膿傷口。紀哈爾神父承認他曾在連續三個月的每天，掀起凱瑟琳的頭巾吸吮脖子上的傷口，也承認自己曾親了左胸下的一個膿瘡。凱瑟琳的律師緊抓住這一點不放。

律師諷刺地指著紀哈爾說：「他可真是個純潔的天使。他告訴我們，在凝視他熱愛的女孩或女人的裸體，甚至抽打她的同時，一點都不激動，靈魂也毫髮無傷，他正在教我們一種藝術啊。真是個守貞的奇才！」

但紀哈爾的律師只是反諷道：「有任何人會相信，膿瘡這種東西可以讓人心中燃起熊熊慾火嗎？」

這個案子審理了九個月。1731 年 10 月 11 日，艾克斯市高等法院送出了裁決。處罰被分成了兩半。有十二位裁判說紀哈爾神父應該要被燒死，另外十二位則說凱瑟琳應該被處以絞刑。決定權在主席勒布雷（Lebret）的手上，他決定紀哈爾身為神父卻行為不檢，應該交給宗教掌權者懲處，而凱瑟琳則應該被送回她母親身邊。群眾們對此並不滿意。紀哈爾受到民眾粗暴地推擠，凱瑟琳的律師則被群眾抬到肩上慶祝勝利。最後，紀哈爾神父被教會驅逐，兩年後在他的故鄉多勒（Dôle）去世。

不過，另一名神父貝特杭・吉約多（Bertrand Guillaudot）就沒有那麼幸運了。1742 年，他因為占卜寶藏的位置而在迪戎市被活活燒死。他供出了二十九名共犯，其中五人在 1745 年於

里昂市被判死刑，其他人則被驅逐或送進槳帆船當奴隸。路易・德巴拉神父（Louis Debaraz）在尋找寶藏的過程中做了許多次褻瀆神明的彌撒，而被活活燒死，他是法國最後一個因為巫術而被處決的人。

德國女巫

Chapter 5

The Hexen in Germany

德國女巫

德國人認為使用巫術很嚴重，他們會用刑求逼嫌疑人承認自己是女巫，當時的刑罰是活活燒死，至少有數十萬人命喪火場。根據布倫斯維克市（Brunswick）沃爾芬比特爾縣（Wolfenbüttel）的編年史家記載，德國在 1590 年燒死的女巫實在太多了，行刑場的木棍「多到看起來像座小森林」。

紅衣主教奧比奇（Cardinal Albizzi）在 1636 年造訪科隆市，他寫道：「映入眼簾的景象恐怖至極。我們在許多城鎮與村莊的牆外見到排山倒海的木樁，無數的貧窮女人悲慘地被綁在木樁上當作女巫燒死。」

在西利西亞區（Silesia）的尼斯市（Neisse）發生同樣駭人聽聞的事。當地的行刑人為了提高效率，在那裡建造了一個烤箱，光是在 1651 年就以女巫之名烤死了四十二名女人與女孩。在接下來的九年間，總共烤死了一千多人，連只有兩歲的孩子都不放過。

當時的德國由三百多個自治邦組成，是神聖羅馬帝國的一部分。不過從 1532 年開始，所有自治邦政府都實施了《加洛林法典》，該法典明文規定女巫要被施以刑求與處決，由各邦的統治

者自行決定是否要執行這些法令。1582 年，新教徒黑森・卡塞爾邦（Hesse-Kessel）的總會議宣布，惡魔只會在人們害怕巫術時擁有力量，會議中有些人認為，若女巫沒有傷害到他人，就可以讓他們自由。

　　不過，並不是所有貴族都聽信女巫迫害者的話。例如：1700年，腓特烈一世（Frederick I）手下的伯爵們想處決一位承認和惡魔做愛的十五歲女孩，腓特烈一世反對此事。而朱立爾斯・柏格區（Juliers-Berg）的新教徒威廉三世伯爵（William III）受到多疑的私人醫師約翰・韋耶（Johann Weyer）所影響，不准有刑求女巫的事情發生。不幸的是，伯爵晚年中風後，解雇了韋耶醫師，仍在 1581 年批准刑求女巫。

　　女巫迫害大多發生在 1570 年與 1618 至 1648 年的三十年戰爭期間，當時正值宗教改革時期，許多城鎮的信仰會在一夜之間突然從新教轉變成天主教，或從天主教轉變成新教。亞爾薩斯省的阿格諾市（Hagenau）有一名女性被指控使用巫術，儘管新教的法官釋放了她，但幾年後她又被逮捕了。在天主教法官們審判的一年中，她被刑求了七次後認罪，最後和另一名共犯一起被燒死。另外，受到牽連的還有六名女人。

　　《女巫之槌》（*Malleus Maleficarum*）的其中一位作者亨利奇・克拉馬是道明會成員，他從 1480 年代開始在提羅爾地區獵巫。但當地人並不支持他，所以他說服了一名放蕩的女人假裝是惡魔，躲在一個窯裡告發了很多人，克拉馬則殘酷地對這些人用刑。最後，比克索（Bixel）的主教終於設法放逐了克拉馬，但到了那個時候，克拉馬已經成功用女巫的話題引起西吉斯蒙德大公（Archduke Sigismund）的興趣了。

耶穌會在馬丁・李奧（Martin Del Rio）等人的帶領下接管了獵巫一事。李奧在 1599 年出版了《巫術研究六冊》（*Disquisitionu-MagicaumLibri Sex*），他指出：「法官們在面對認罪的女巫時，很可能會因為判處死刑而受到良心譴責。但任何反對死刑的人很有可能都是女巫的祕密共犯，所有人都不能要求法官停止起訴。不！替女巫辯護就是使用巫術的證據，替女巫辯護就證實了女巫的故事，而且這些故事絕對不只是騙術或幻覺。」李奧心安理得地認為他們可以殺掉孩子，他說：「神讓我們殺掉孩子的行為並不是殘酷，也不是不義，因為從原罪的觀點來看，這些孩子早在使用巫術時就已經死亡了。」

路德教派的「薩克森設律法者◆」卡普卓夫（Carpzov）說自己曾讀過五十三次聖經，據說他曾燒死了兩萬名女巫。福達市（Fulda）的采邑◆修道院長巴爾札薩・登巴赫（Balthasar von Dernbach）希望能把新教徒嚇得又乖又聽話，所以指派野蠻的巴爾札薩・羅斯（Balthasar Ross）擔任搜巫者。羅斯在 1603 至 1606 年間處決了三百名女巫，他很享受在女人被處以吊刑的過程中，用炙熱的串肉針刺進她們的皮膚。直到新的修道院長約翰・弗里德里希・斯瓦巴赫（Johann Friedrich von Schwalbach）上任，才停止了這些審判並逮捕羅斯。羅斯被關在監獄中等待審判十二年，最終在 1618 年被處決，但他被處決的原因並不是燒死無辜的人，而是因為他將「過高的費用佔為己

◆ 薩克森設律法者：此處原文是「lawgiver of Saxony」，指的是在薩克森邦負責設立律法的人。

◆ 采邑：指的是君主賜予下屬的領地，擁有「采邑」這個封號代表這個人現在擁有君主賜予的領地。

有」。

　　就連大學也對巫術抱持模稜兩可的態度。巴伐利亞邦
（Bavaria）的馬克西米利安一世伯爵（Maximilian I）想要在巫術
審判中對嫌疑人用刑，但他手下的三位議員都反對這個作法，於
是他轉而要求大學裁決。科隆市的大學持反對意見，但夫來堡市
（Freiburg）和殷戈城（Ingolstadt）的大學都贊成刑求。

　　特里爾市的大主教轄區開始了大規模的女巫審判。接著這些
審判從亞爾薩斯省、洛林大區和盧森堡省（Luxembourg）向外擴
散，越過了國界。神學家們責怪布蘭登堡邦（Brandenburg）的
新教徒阿爾伯特（Albert）在 1552 年的攻擊中，把巫術帶了進來。
而在 1572 年，聖馬西鎮的修道院長燒死了五名女人。

　　在采邑大主教約翰・舍南伯爾（Johann von Schönenburg）、
市長約翰・贊特（Johann Zandt）和副主教彼得・賓斯菲爾（Peter
Binsfeld）的帶領下，女巫迫害在 1582 年正式展開。不過，由迪
特里希・弗拉德（Dietrich Flade）管理的特里爾市世俗法庭沒
有像宗教法庭那麼熱衷迫害女巫，因此引來殺機。市長贊特以巫
術罪名逮捕了弗拉德，賓斯菲爾。他還在 1589 年寫下了《論惡
人與女巫的告解》（ *Treatise on Confessions by Evildoers and Witches* ）
來譴責弗拉德。弗拉德被處決的三年後，著名的天主教神學家
哥尼拉斯・洛歐（Cornelius Loos）也站出來指責特里爾市的獵
巫活動。他寫了一本小冊子，名叫《真假巫術》（ *True and False
Sorcery* ），藉此揭露獵巫的各種方法，但教皇大使下令毀掉這本
書，洛歐則被放逐到比利時的布魯塞爾市（Brussels）。賓斯菲
爾則重新出版他的《論惡人與女巫的告解》，特別藉此譴責洛歐。

　　在殘存至今的迫害記錄中，其中一份文件是聖馬西鎮本篤會

德國女巫

修道院長羅列的女巫列表。該列表包括了 1587 至 1594 年間，法庭對三百零六名女巫的詳細審判過程，這些女巫又告發了另外一千五百人。特里爾市外有兩座村莊因為有三百六十八名女巫被燒死，而完全從地圖上消失。還有另外兩座村莊在 1586 年的獵巫行動過後，只有兩名女人存活下來。

特里爾大教堂修士在《特里爾市歷史》（History of Treves）中，描述了既得利益者與大型商業是如何從獵巫中獲益的：

由於很多人都認為連年的歉收是因為女巫在執行惡魔的旨意，所以舉國上下都開始奮力消滅女巫。許多官員想在被害人死後獲取財富而推廣獵巫，因此，所有教區的每個鄉鎮、村莊中的每一個法庭裡，都擠滿了行色匆匆的特殊檢察官、審判官、公證人、陪審員、法官與巡官，所有被起訴的人幾乎都會受到懲罰，無數的男男女女被上述法庭裡的人們拖上審判庭、用刑，燒死。特里爾市的領導人從不赦免女巫。就連法官弗拉德、兩名市長，數位議員和陪審法官也都被燒死了。許多大教堂的成員、教區牧師與農村教長都在過程中被趕走了。經過了這麼長一段時間後，這些憤怒的人們與法庭已經把他們的瘋狂轉變成對鮮血與戰利品的渴望，導致很少有人能避開巫術罪的嫌疑。與此同時，公證人、抄寫員和旅店老闆則變得越來越富有。行刑人荷包滿滿，和法庭裡的貴族一樣騎著純種馬，穿金戴銀。行刑人的妻子則穿著華麗的衣裝，和貴族夫人們爭奇鬥豔。那些被定罪與被判刑者的孩子們慘遭流放，財產則被沒收。農民與酒商紛紛消失，因此各種作物都歉收了。宗教法庭和迫害的毫無節制將特里爾市搞得一團亂，就算未來有可怕的瘟疫或殘酷的入侵者洗劫一番，都不可能使這裡的狀況變得更糟了。目前有很多原因足

以讓人質疑每個人都有罪。女巫審判維持了數年的時間，對於許多主導這些自以為是正義刑罰的人來說，無數的木樁帶給他們的是無比榮耀，但事實上每一個木樁都代表了一名死在火焰中的人。

　　在這之後，火焰依然沒有平息。人民越來越貧困，審判的支出與審判官的利潤開始受到限制，接著，就像戰爭過程中交戰國的資金忽然用完時一樣，迫害者對於獵巫的熱忱突然消失了。

　　不過，天主教並不是唯一曾焚燒女巫的宗教。在新教占多數的薩克森邦，人口一萬兩千人的奎德林堡市（Quedlinburg）中，有一百三十三人在 1589 年的一天之內因為身為女巫而被燒死。但行刑人放過了四名漂亮的女孩，他說惡魔把女孩們偷偷帶走了。

諾德林根市

在斯瓦比亞行政區（Swabia）的諾德林根市（Nördlingen），市長喬治 · 菲林格（Georg Pheringer）和兩名當地律師康瑞 · 格拉夫（Conrad Graf）與塞巴斯汀 · 羅廷格（Sebastien Roettinger）在 1590 年帶頭獵巫。在審判過程中，有三十二名女人的鄰居舉出了對她們有利的證詞，但她們還是被燒死了，在這些人中也包括了市鎮職員和前任市長等當地官員的妻子。其中一位被燒死的女人是芮貝卡 · 倫普（Rebecca Lemp），她的丈夫是受過良好教育的會計彼得 · 倫普（Peter Lemp）。芮貝卡 · 倫普在 1590 年 4 月被逮捕時，彼得 · 倫普出差在外。他們的六名孩子對於母親被捕很擔心，寫信給牢中的母親：

敬愛的母親，在此致上恭敬的問候。我們過得很好，也收到您也過得很好的消息。若一切順利，父親應該會在今天回家，他到家後我們會立刻告知您。願全能的上帝將恩典賜予您，願聖靈在上帝的許可下保佑您平安回到我們身邊。上帝保佑！阿們。

敬愛的母親，願您有啤酒喝、有麵包吃、有湯和小魚能享用。我們剛剛殺了兩隻雞和隆梅爾牧師共進晚餐。您的包包裡有一些

錢，若需要請告訴我們一聲。我親愛的母親，您不在家時不用擔心家務，願您一切都好。

　　信件上的簽名寫的是「妳親愛的女兒，芮貝卡 · 倫普恩（Rebecca Lempin）；妳親愛的女兒，安娜 · 瑪麗亞 · 倫普恩（Anna Maria Lempin）；*tuu samantissimus filius*（拉丁文），約翰 · 康卓德斯 · 倫普恩（Joannes Condradus Lempius）」。年輕的約翰在這裡炫耀地寫了一句拉丁文，意思是「你親愛的兒子」。別的簽名是「你親愛的兒子，山謬 · 倫普（Samuel Lemp）」，最後是彼得 · 倫普二世畫的「✕」記號。他們在信末寫道：「我們一如往常地希望上帝保佑您，晚安。」

　　接著芮貝卡寫信給她丈夫，她擔心丈夫會相信別人對她的指控：

　　我親愛的丈夫，別擔心。就算被起訴了一千條罪名，我也會告訴你我是清白的，否則就讓一千隻惡魔從地獄爬出來把我撕成碎片吧。就算他們摧毀了我、將我切成一千片，我也沒有任何需要認罪的事，所以請別擔心。在我的良知與靈魂面前，我是清白的。我會被刑求嗎？我不這麼認為，因為我沒有罪。我的丈夫啊，若我因任何事物而有罪，那就讓上帝永遠將我放逐到祂看不見的地方吧。如果他們不相信我，那麼全知的、萬能的上帝將會降下奇蹟讓他們相信我。若在我這麼焦慮的狀態還要繼續下去，讓人們不相信我而且沒有降下奇蹟的話，那就代表根本沒有上帝。不要撇過頭無視我，你知道我是清白的。以上帝之名，不要留我孤零零的一個人被痛苦淹沒。

她被刑求了五次後還是認罪了，認罪後她又寫了一封信：

你啊，我的心之所向，儘管我是完全清白的，但為什麼還是必須和你分離呢？若真是如此，願我的譴責永遠糾纏上帝。他們強迫我認罪，殘酷地刑求我，但我和天堂的神一樣清白。若我不知何謂清白的話，願上帝永遠別對我開啟天堂之門。你啊，我親愛的丈夫，我的心就要碎了。我可憐的孩子要成為孤兒了，丈夫，寄些什麼給我吧，否則我就要死了，或者在刑求下斷氣。如果你今天無法寄信，那就明天寄，直接寫信給我吧。

R.L.

她在信的背面寫道：「丈夫，我是你清白的芮貝卡，上帝怎能容忍他們將我從你身邊帶走？如果我是女巫的話，上帝絕對不需要憐憫我。我是被錯怪的，為什麼上帝沒有聽見我的話？寄點什麼給我，否則連我的靈魂都要毀滅了。」

他寄了一些毒藥給她，但在中途被攔截了。接著，法院強迫芮貝卡寫了另一封信給她丈夫，承認自己是個女巫。他回信寫道：

最有智慧又最寬宏大量的，尊敬又可敬的閣下：

最近，也就是 6 月 1 日，我向法院提出了微不足道的請求，希望法院能釋放我親愛的妻子，但被拒絕了，願這一次的請求能有不一樣的結果。在先前被拒絕後，我收到妻子寫來的一份真實記述，信中說她因為沒有犯的罪而被關在牢中，要我去幫她。我是她最親近、最親愛、最要好的朋友，也是她的丈夫、她的伴侶，她要我救

她脫離苦海。老實說，若我不想辦法安撫或幫助她的話，就算不上是基督徒了。

接著他詢問能不能讓他和證人見面，因為他相信妻子是被刑求逼迫才認罪的。

我希望、相信、也知道在我們的一生中，我妻子連想都沒有想過她被指控的罪名，更不用說真的犯下這種罪了。我可以用靈魂發誓，許多認識我和我妻子的可敬人物都像我一樣願意作證，證明她一直都是個信仰虔誠、正派又誠實的主婦，她是所有罪惡的敵人，一直非常忠貞地愛著我，她親愛的配偶。此外，她更是家庭中的好母親，小心翼翼地撫養我們的孩子，除了和我一起教育孩子外，不但教導他們教義問答，更教導他們聖經，尤其是美麗的大衛的詩篇。感謝上帝，我這麼說絲毫沒有吹噓的成分，所有上帝賜予我們的孩子都知道、也能夠背誦許多詩篇，沒有一個孩子例外。

我深信「世界上沒有人會認為我妻子曾做過最微不足道的任何壞事，也不會有人對她有任何一點懷疑」。這就是為什麼，我要以我與親愛的孩子們的名義，永遠讚美上帝，並向你們提出卑微的請求。請看在上帝之愛的份上、看在耶穌基督將會在最後的審判中擔任法官的份上，我乞求你們，以你們無盡的智慧與恰到好處的公權力，相信我親愛的妻子並釋放她。

在法院收到彼得・倫普的請求後，他們再次刑求了他的妻子。接著，她在 1590 年 9 月 9 日被公開處以火刑。在那之後，諾德林根市的獵巫之火越燒越旺，監獄中很快就人滿為患。1594

年，諾德林根市皇冠小酒館的女店主瑪麗亞・霍林斯（Maria Hollin）被逮捕了。她在接下來的十一個月都在臭氣熏天的地牢中堅持自己的清白。在這段時間中，她被刑求了五十六次，是在刑求後還能活下來的人之中被刑求最多次的人。法院認為刑求都是為了她好，畢竟那些被惡魔附身的人只能靠著認罪來拯救自己的靈魂。她最後被家鄉烏爾母鎮（Ulm）所拯救。烏爾母鎮宣布他們擁有霍林斯的審判權，而她不屈的精神，讓當地牧師威漢・魯茲（Wilhelm Lutz）有勇氣站出來以新教教堂之名反對迫害。

「這種事情永遠不會有結束的一天。」威漢說。「有些人告發了自己的岳母、妻子或丈夫，說他們是巫師。這種事情難道能帶來什麼好結果嗎？」

公眾輿論很快就轉為反對女巫審判，迫使諾德林根市結束獵巫。

Bavaria

巴伐利亞邦

不過，巴伐利亞邦的獵巫才剛剛開始。雄高市（Schöngau）的政府行刑人耶格爾 · 加布里爾（Jörg Abriel）藉由找到女巫而變得越來越富有。無論被告的結果如何，只要他在女人身上找到一個惡魔印記，就會要求兩弗羅林（florin）的報酬。有一次他沒有找到印記但還是把那名女人燒死了，他說這麼做是因為那名女人長得像女巫，而那次處刑讓他賺進了八弗羅林。

儘管如此，費迪南公爵（Duke Ferdinand）在 1587 至 1589 年間暫緩了雄高市的女巫審判，之後一口氣把所有被告帶到大型宗教法庭上。最後有六十三名女人在那一場審判中被斬首和燒死。在附近的慕尼黑市（Munich），一名監督法庭程序的律師霍法特（Hofrat）命令法庭的人對一名女人刑求直到她認罪為止。

在不遠處的夫來辛市（Freising）下了一場雹暴後，有一名女人說未來的天氣還會更糟，她因此被逮捕，在經過刑求後認罪並指認了另外兩人，她們也被逮捕並處決。而在維登費斯郡（Werdenfels）的一個高山小鎮上，有四十九名女人在 1590 至 1591 年間的二十個月內被燒死。之後村民們必須為了這場大屠殺支付四千弗羅林。最後是一名特殊法官向夫來辛市的主教轄區

請願，希望能停止女巫審判，他提出請願的理由是，若他們繼續用這種方式起訴女巫的話，這附近很快就要沒有女人了。

1597 年，巴伐利亞邦的威廉五世（William V）讓位給他的兒子馬克西米利安一世。馬克西米利安是在耶穌會的教導下長大的，他在十七歲時就看過殷戈城的女巫受被刑求。馬克西米利安在位的五十四年間針對巫術下了許多法令，他推動了重複的刑求、火刑與財產沒收，或許這是因為他認為妻子不育的原因是結紮術。他曾提到：「那些不贊成燒死女巫的人不配自稱為基督徒。」在他的法令之下，法庭可以逮捕任何譴責刑求的人，若對逮捕表現出恐懼就證明你是有罪的。同時，他也規定被告不得撤回在刑求過程中給出的認罪聲明，這加快了法庭的起訴程序。他在 1622 年將這些法令匯集成嚴厲的法典《巫術指南》（*Instructions on Witchcraft*）。但早在法典成立的三年前，他就在殷戈城的一名女人與她的三名孩子被判無罪時干預結果。根據估計，當時光是在里茲勒（Riezler）這個小鎮上就有一、兩千名女巫被燒死，在奧格斯堡市（Augsburg）與夫來辛市這兩個被其他教派隔絕的聖公會領地中，被燒死的人數也差不多，這一切都要拜馬克西米利安所賜。

巴登市

　　現今的巴登市在當時被稱做歐芬堡市（Offenburg），是神聖羅馬帝國管轄的一座皇城（Reichsstadt），當地學校由耶穌會管控，是個徹底的天主教城市。城市裡的兩、三千居民中，只要有人不參加復活節懺悔活動就得坐牢三天。如果他們沒有在兩週內服刑完畢，就會有進一步的懲罰。在 17 世紀初，一位名叫魯普雷希特・西爾伯拉德（Rupprecht Silberrad）的獵巫議員下定決心要擊垮所有反對迫害的人，而領導反迫害勢力的是議員喬治・勞巴赫（George Laubbach），他的妻子在 1597 年被燒死。1601年 9 月 7 日，西爾伯拉德指控勞巴赫的兩個女兒海倫（Helene）和阿德海德（Adelheid）用巫術殺了他的兒子。接著，在 10 月31 日，起訴書中又多出了第三名女巫，她是烘焙師馬丁・格溫納（Martin Gwinner）的妻子愛莎（Else），起訴原因和兩名乞丐因為偷葡萄被抓到有關。這兩名乞丐被抓時沒有因為偷竊罪被戴上木枷，而是被當作巫師刑求，最後他們認罪了並說共犯是勞巴赫的女兒。他們也告發了西爾伯拉德的嫂嫂和其他有名的女市民，但這些指控卻被忽略了。

　　愛莎被逮捕之後立刻遭到刑求，但她什麼都不願意說。她在

德國女巫

被施以吊刑時害怕地尖叫，但她說的依然只有：「天父啊，原諒他們，他們不知道自己在做什麼。」

接下來被逮捕的是她年輕的女兒阿加黛（Agathe），她拒絕指認自己的母親。愛莎在 11 月 7 日再次被刑求，她手腕被吊起來，腳上綁上重物，但依然什麼都不願意說。一週後，法官們下定決心要有所進展，便對年輕的阿加黛施以殘酷的鞭刑直到她證實法官對她母親的指控。11 月 22 日，那兩名乞丐被處決，而母女兩人則被迫面對面。

「我為什麼沒有在這個不幸的孩子當初受洗時就把她淹死呢？」愛莎說。

「妳當時真應該淹死我！」阿加黛啜泣道。

接著刑求人用拇指夾刑求愛莎，想逼她承認自己曾和惡魔做愛，但她沒有屈服。為了獲得更多資訊，他們把愛莎丟進了冰冷的地牢中。12 月 11 日她第四次受到刑求。在刑求中，精疲力竭的愛莎昏死過去，卻又被淋下來的冰水凍醒。接著她承認自己曾飛去參加巫魔會在那裡和惡魔做愛，並告發了另外兩名女人。兩天後，她撤回了自己的自白，儘管神父不斷慫恿她認罪，但她依然堅稱自己是清白的。12 月 15 日，法官們再次無情地刑求她，這次的目標是讓她精神崩潰，但她一直勇敢地堅持自己是無罪的。1601 年 12 月 19 日，法官們在挫折之下草率地判處她死刑，兩天後，她被活活燒死了。

阿加黛則戴著鐐銬獨自被關在一個狹小的牢房中，雖然她是在受到鞭刑時不得已告發母親的，但父親和其他家人依然決定與她斷絕關係。不過市鎮政府如今又有了新的問題：「就法律上來說，阿加黛太年輕了所以不能被燒死。」在母親過世三

週後，她的父親終於心生憐憫請願要政府放了她。她的確從牢裡被放了出來，但同時也被放逐到了德國的另一個天主教市鎮。西爾伯拉德反對此決定，他認為法庭這麼做只不過是假裝寬容而已，但其他議員卻全都反過來指責他，他因此被逮捕。不過這一次教會希望從輕發落，因此他只是被軟禁而已。不久後，他就被放出來了，後來他成功控告當地政府對自己造成的損失，恢復了原先的地位。在那之後女巫迫害變得更加嚴重，有很大的原因在於法官與所有相關人士都能獲得極大的利益。同時他們開始使用女巫鐵椅來刑求嫌疑人，被告會被綁在鐵椅上慢慢炙烤，直到他們認罪為止。

1627 年，歐芬堡市又開始了新一波的女巫迫害。附近的亞騰堡市（Artenberg）幾名被定罪的女巫說：「布洛克堡市（Blocksberg）的巫魔會上出現了許多來自歐芬堡市的女巫。」因此歐芬堡市的「老鼠」也就是當地市鎮政府，便開始調查此事。由於資金短缺，他們大量逮捕有錢的女巫，在 1628 年 1 月 12 日燒死了其中五人並沒收她們的財產。接下來六個月一切暫時趨緩，同時新教派的瑞典大君佔領了歐芬堡市，但到了 6 月 27 日，「老鼠」重操舊業，他們提供獎賞，只要能讓他們逮捕一名女巫就能獲得兩先令的賞金。

7 月 7 日，有四名有錢女人被燒死。不過當時奧地利擁有歐芬堡市的多數土地，他們說女巫的財產應該屬於奧地利皇帝，因此在釐清這件事之前法庭暫停了女巫的火刑。直到訴訟結束，奧地利放棄了女巫的財產後法庭才又開始燒死女巫。10 月 23 日有四名有錢的女人被燒死，12 月 13 日又有四名，1629 年 1 月 22 日有三名有錢的男人被燒死。這些人在刑求中給出了很多共犯的

在這幅德國的雕刻畫中，女巫們在林間聚集。其中一名女巫飛在空中，背部朝前地
騎在一頭山羊身上。

名字，多到幾乎歐芬堡市的每一個人都被指控是巫師。反對聲浪逐漸升高，但在法庭燒死了兩名帶頭的領袖之後，就沒有人敢再反對了。火刑持續進行：5 月 4 日燒死三名女人、5 月 24 日燒死四名女人和一名男人、6 月 8 日燒死兩名女人和兩名男人、7 月 4 日燒死五名女人和一名男人，8 月 6 日又燒死了五個人。

接著，神職人員宣布沒有拿到沒收財物中理應屬於他們的份額，導致女巫迫害再次遇上障礙。火刑又暫停了，直到 10 月 19 日這個糾紛被解決後，火刑才重啟，這天有四名可憐人被燒死。接著又有另外四人在 11 月 23 日被燒死，但神職人員依然覺得他們拿的錢太少了，開始暗中鼓勵被定罪的巫師們撤回告發，也開始抗議說刑求是不道德的行為。雖然這件事逐漸澆熄了「老鼠」的熱情，但他們依然在短短兩年內燒死了七十九人。

1629 年 1 月 13 日有四名有錢女人被處決，當時阿格諾市的市鎮女巫協會（Hexenschuss）和皇帝代表（Reichsschultheiss）同樣為了瓜分財物而起了爭執。最後解決爭執的方法是把錢分給三方：協會、皇帝和名譽治安官（Oberlandvogt）利奧波德大公（Archduke Leopold）。市鎮紀錄上寫道：「若他們不付款的話，就沒人要燒死女巫，這將是一種對神的侮辱。」

隨著迫害的狀況越來越激烈，人們也變得越來越野蠻。以下是 1629 年在波斯納克鎮（Prossneck）的一名女人被指控施行巫術後，在刑求第一天的完整紀錄：

1. 刑求者綁住她的手、剪掉頭髮、把她綁在梯子上、在她的頭上淋酒，點火把她剩下的頭髮燒光。
2. 他在她的手臂下方與背部放置磷片後點燃。

3. 他把她的手綁在身後，吊在天花板上。

4. 他讓她吊在那裡四個小時，然後這位刑求者趁這段時間去吃了早餐。

5. 他回來後把酒淋在她背上後點火。

6. 他在她身上綁重物後，又把她高高地掛在天花板上。接著他又把她降下來放在梯子上，並把一片釘滿尖矛的粗糙木板放在她身上。這樣安排好之後，他把她往天花板拉上去。

7. 他用老虎鉗夾緊她手腳的大拇指後，把她的雙臂綁在一根木棍上，讓她用這樣的姿勢吊在空中二十五分鐘，過程中她昏迷了好幾次。

8. 他用老虎鉗夾緊她的小腿與大腿，輪流刑求、審問。

9. 他用生皮鞭打她，讓血流滿了她的連身裙。

10. 他又把她手腳的大拇指放進老虎鉗裡夾住，從早上十點到下午一點，就這麼讓她處於刑求的極度痛苦中，在這段時間刑求人和法庭職員去吃飯了。到了下午，有一名職員反對他們這種極其殘忍的行為，但他們再次用駭人的方式鞭打她。第一天的刑求就這樣結束了。

　　隔天，上述程序又重新開始一次。「但第二天獲得的進展沒有第一天多。」一名「法術士」（Hexenmeister）說。

獵巫行動：那些被封存的迫害史

班伯格市

獵巫熱潮抵達班伯格市（Bamberg）的時間比德國其他地區更晚，但在 1609 至 1622 年間，約翰 · 哥特弗利德 · 艾許豪森主教（Johan Gottfried von Aschausen）依然燒死了三百名女巫。光是 1617 年就有一百零二名女巫被殺死。他的繼任者是女巫主教（Hexenbischof）哥特弗利德 · 約翰 · 喬治二世 · 富克斯 · 多恩海姆（Gottfried Johann Georg II Fuchs von Dornheim），他在副主教弗里德里希 · 福納（Friedrich Förner）的協助下，在 1623 至 1633 年主導了至少六百人的火刑。他們打造了一座「特殊監獄（Drudenhaus）」，可以一次容納三、四十名犯人，並同時使用主教轄區內其他城鎮中較小的女巫監獄。在 1626 至 1630 年，女巫審判來勢洶洶，當時其中一名委員恩斯特 · 瓦索特醫師（Ernst Vasolt）燒死了四百名女巫。

班伯格市的大法官喬治 · 哈恩醫師（George Haan）試圖想要緩和女巫審判的激烈情勢，但他卻因此被認為是女巫愛好者。1628 年，他和妻女都被逮捕了，儘管當時皇帝下令說：「逮捕他們違反了帝國的法律，不能容忍。」要求當地法庭釋放他們，但他們最後還是被燒死了。哈恩在被刑求的過程中告發了

班伯格市的大法官與其他五位名聲顯赫的市民，這些人最後都被燒死了。其中一名被燒死的是約翰尼斯・尤尼烏斯（Johannes Junius），他從 1608 年到被逮捕的 1628 年間擔任當地市長。他的妻子不久後也被燒死了。他的審判記錄寫道：

1628 年 6 月 28 日星期三，班伯格市市長約翰尼斯・尤尼烏斯被起訴使用巫術，並在無刑求的狀況下接受審查：我們想知道他是如何陷入邪惡之中的。他今年五十五歲，出生在維特勞縣（Wetterau）的下魏斯鎮（Niederwayisch）。他說自己是完全清白的、對犯罪一竅不通而且這輩子從來沒有放棄信仰過上帝。他說法院在上帝和這個世界面前錯怪了他，他想知道是哪一個人在巫魔會上見過他。

他與喬治・亞當・哈恩醫師當面對質時，哈恩說他可以用性命擔保，一年半前他曾在選舉會議室中的巫魔會上見過尤尼烏斯，他們當時一起吃吃喝喝。但被告全盤否認。

他與僕人艾爾賽（Ellse）當面對質時，艾爾賽指控他曾出席漢普斯莫瓦（Hauptsmorwald）的巫魔會，他們在那裡褻瀆了聖水。尤尼烏斯也否認了他的指控。接著法院的人告訴他，他的共犯都已經告發他了，並給他一點時間好好想想。

1628 年 6 月 30 日星期五，法院再次在沒有刑求的狀況下勸尤尼烏斯認罪，但這次他仍沒有認罪，因此他受到了刑求。

刑求人用拇指夾想逼他招供。他說他從來沒有否認上帝是他的救主，也不會允許自己接受其他種受洗並重申說他願意用性命擔保此事，而且他不覺得拇指夾使自己感到痛苦。

使用腿部鉗子時，他表示自己絕對不會認罪，他沒有犯過任何罪、從來沒有否認過神，也永遠不會這麼做，他絕對不會做出如此罪惡的事情。而且他仍然不覺得痛苦。

被脫下衣服檢查後，他被發現身體右側有一個像是四葉草葉子的淺青色印記，刑求人在印記上戳刺了三下，他不覺得痛也沒有血流出來。

使用吊刑時，他說他從來沒有否認過上帝，上帝是不會放棄他的。如果他真的是個可恥的小人，他絕不會讓自己遭受這樣的刑求。他完全不懂巫術。

7 月 5 日當天，前面提到的尤尼烏斯沒有遭到刑求，但在他人極力說服與勸告他認罪後他終於開始認罪：

1624 年，在羅特韋爾縣（Rottweil）的一場法律訴訟讓他花了六百弗羅林，因此他在 8 月時去了自己位於弗里德里希本恩（Friedrichsbronnen）的果園。坐在那裡沉思時，面前出現了一位看起來散漫的女人，她問他為什麼這麼傷心地坐在這裡。他回答說他沒有傷心，但她卻用充滿誘惑的話語動搖了他的意志……之後這名少婦變成了一隻山羊，咩咩叫著說：「現在你知道你在和誰對話了吧。你必須歸屬於我，否則我會馬上扭斷你的脖子。」這讓他嚇壞了，恐懼得全身發抖。接著，這隻轉變了型態的鬼怪抓住他的喉嚨要他否認全能的上帝，這時尤尼烏斯說：「上帝不容許你的存在。」鬼怪便在這句話語的力量之下消失了。不過它立刻再次出現而且帶了更多人來，它堅持要尤尼烏斯放棄天國的全能上帝，用可怕的方法威脅他說出這句話：「我放棄天國的上帝與祂的國，並從此之後承認惡魔是我的神。」

在放棄信仰後他被那些鬼怪與一開始的那隻邪惡鬼怪說服了，他同意以那隻邪惡鬼怪之名受洗並因此受苦。一個叫做莫豪普頓（Morhauptin）的人給了他一枚金幣做為獎賞，之後那枚金幣卻變成了陶瓷碎片。

他當時被取名為克理克斯（Krix）。他的魅魔名叫薇克辛（Vixen）。在場的鬼怪都以別西卜之名恭賀他並說他們如今是一夥的了。出席這場受洗禮的除了這些鬼怪之外，還有先前提到的莫豪普頓‧克里斯提安納（Morhauptin Christiana）、年輕的蓋瑟林（Geiserlin）、保羅‧格萊澤（Paul Glaser）、卡斯柏‧維地希（Caspar Wittich）和克洛斯‧蓋哈德（Claus Gebhard），後兩者是園丁，在這之後他們就各自離開了。

這時，他的魅魔答應會給他錢還會偶爾帶他去巫魔會。無論何時，只要他想要去巫魔會就會有一隻黑狗來到他的床邊，他會騎在狗身上，狗會以惡魔之名上升到空中並飛走。

兩年前，他被帶到了一間從左手邊入口進去的選舉會議室中。會議室裡有一張桌子，坐在上面的是大法官、市長諾伊戴克（Neudecker）、喬治‧哈恩醫師……（以及另外二十四人的名字）。由於他的視力不太好，所以無法認出更多人。

他們給他更多時間好好思考：

7月7日，我們再次審問尤尼烏斯能不能告訴我們更多資訊。他承認在兩個月前某位犯人被處決的隔天，他在一場女巫舞會上看到別西卜向所有人現身，對所有人說他們必須全部在這個地點被燒死，嘲笑並奚落在場的所有人。然後他又告發了另外四名女巫。

之後的審判紀錄中詳細記錄了他犯的罪：

受到誘惑之後，他的魅魔立刻要求他擺脫他最小的兒子漢斯‧喬治（Hans Georg），並為此給了他一種灰色的粉末。但他下不了手，後來把粉末用在他的棕馬身上。

他的魅魔也常常要他殺掉兩名女兒……他因為拒絕而被打。有一次，他在魅魔的建議下把聖水從口中吐出來給她（魅魔），他有責任要偶爾和他的魅魔做愛。

在被逮捕的一週前，他在前往聖馬丁教堂的路上遇到變成山羊的惡魔，惡魔告訴他，他很快就要被關起來了，但不用煩惱，他很快就會被釋放。除此之外，他可以用自己的靈魂發誓和性命擔保自己不知道其他事情了，他說的都是的真話。

1628 年 8 月 6 日，我們把尤尼烏斯所敘述的自白讀給他自己聽，他發自內心同意、簽下名字並願意以性命擔保這份自白是真的。在那之後，他自願地在法庭上承認了這些罪名。

但就在他被燒死在木椿上之前，尤尼烏斯偷偷捎了一封信給他女兒，敘述了他真正的經歷。信上寫道：

我親愛的、可愛的女兒維洛妮卡，讓我用這封信向妳說成千上萬次的晚安。無辜的我被關進了牢裡、無辜的我遭受了刑求、無辜的我必須死去。無論是誰，只要進了巫師的監獄中就一定會變成巫師，或者被刑求到憑空發明的某些與巫師相關的故事並真的相信自己是巫師，願上帝憐憫這些迫害者。我可以告訴妳我遇到了什麼事。

我第一次被刑求時，在場的是布勞恩醫師（Braun）、科辛道夫醫師（Kötzendörffer）和另外兩名陌生醫師。布勞恩醫師問我：「兄弟，你為什麼會在這裡？」我回答：「因為他人的謊言與我自身的不幸。」他說：「聽聽你自己說的話，你就是個巫師。你要不要主動認罪？如果你拒絕的話，我們會找證人與行刑人來。」我說：「我不是巫師，我問心無愧。就算有一千名證人我也不擔心，我很樂意聽他們要說些什麼。」

接著，大法官的兒子坐到了我面前說他曾見過我，我要求他發誓並接受合法的檢驗，但布勞恩醫師拒絕了。接著大法官喬治・哈恩醫師被帶了過來，他說的話和他兒子一樣。在那之後是霍普芬・艾爾賽（Höppfen Ellse），她說曾看到我在漢普斯莫瓦跳舞，但他們拒絕讓她宣誓此話是真的。我說：「我從來沒有放棄過上帝，我永遠不會那麼做，上帝的恩典使我永遠不會那麼做。我寧願忍受我必須忍受的痛苦。」願最高天國的上帝降下憐憫，接著出現的是——行刑人，他把拇指夾用在我身上，把我的兩隻手綁在一起使血流到指甲上，流得到處都是，使我在接下來的四週都無法使用我的手，妳可以從我的信中看出這一點。

之後他們脫下我的衣服，把我的雙手綁在身後將我吊起來刑求。我還以為天堂與人間都要終結了，他們把我吊起來又讓我墜落，就這樣重複了八次，使我經歷駭人的痛苦。我對布勞恩醫師說：「願上帝原諒你這麼虐待一名無辜又正直的人。」他回答：「你不過是個無賴而已。」

這件事發生在 6 月 30 日星期五，我必須在上帝的幫助下才能忍受刑求。行刑人終於讓我回到牢房時，他告訴我：「先生我求你，看在上帝的份上認罪吧，無論是真是假都好。編一些東西出來吧，因為

你不可能繼續忍受你之前遭受的刑求了。就算你能忍受你也無法逃離，就算你是公爵也一樣，除非你承認自己是巫師，否則刑求只會一個接著一個出現。」他說：「在你認罪之前他們不會放過你的，正如你在過去所有審判中看到的一樣，事實上每一場審判都是這樣。」

接著喬治・哈恩出現了，他說委員們曾說過，采邑主教希望能用我來殺雞儆猴，讓所有人都大吃一驚。由於我處在極度的痛苦之中，因此我求他給我幾天思考並找一名牧師來。他拒絕替我找牧師但同意給我一些時間思考。我親愛的孩子，現在妳知道我過去和現在的處境有多麼危險了。儘管我不是巫師但卻必須說我是巫師，儘管我從沒有放棄過神但現在必須說我放棄神。我日日夜夜都深陷煩憂之中，但最後我總算想到了新主意。因為沒有牧師可以商量所以我非常焦慮，我必須想出如何描述我的罪行，就算我其實沒有真的做出這些罪行。但很顯然的，我最好清楚地描述出這些事件。之後我向牧師認罪，讓那些逼迫我這麼做的人獲得答案⋯⋯。我編造出的認罪描述如下，但這全是謊言⋯⋯。

接著他描述了自己的自白，和審判記錄的內容幾乎一樣：

⋯⋯接著我必須告訴他們，我在巫魔會上見過哪些人。我說我不認識任何人。「你這老無賴，我一定要讓行刑人來對付你。快說！大法官難道不在那裡嗎？」於是我說他在。「還有誰？」我說不認識任何人。接著他說：「一條一條街認。先從市場開始，接著是市場外的那條街，然後下一條街。」我必須指認那裡的幾個人。接著是很長的那條街（die lange Gasse），我說我不認識任何人。但我必須指認那條街上的八個人。然後是辛肯維亞街（Zinkenwert）

——又一個人。接著是過了橋之後的吉奧特街（Georgthor）的兩邊。我同樣一個人也不認識。他們問我：「有沒有看到城堡裡的人，可能會是誰？」要我在指認時不必害怕。他們就這麼繼續訊問我問完了每一條街，但我不能也不願再多說了，因此他們將我交給行刑人，要他把我的衣服脫掉，將我全身上下的毛髮剃光開始刑求。「這個無賴知道市場那裡的那個人，他們每天都見面但他不願意告發他。」他們說的是迪麥爾（Dietmeyer），所以我也指認他了。

接下來，我必須描述我犯下的罪行。我什麼都沒說後，他們說：「把這個無賴吊起來！」所以我說我試圖殺掉我的孩子，但我最後殺掉了馬作為替代。但承認這項罪行沒有用。「我還曾經拿一片聖餐餅並褻瀆它。」我這麼說之後，他們就放過我了。

我親愛的孩子，妳已經知道我的所有經歷與認罪自白了，而我必須因為這些事情而死。但它們全都是謊言和捏造出來的故事，願上帝幫助我，這一切都是他們用我無法忍受的可怕刑求逼迫我說的。他們在犯人認罪之前絕不會停止刑求，無論犯人有多虔誠他都絕對是一名巫師。沒有人能逃離刑求，就算是公爵也一樣，除非上帝能降下真理之光，否則我們的所有親族都會被燒死。天國的上帝知道我沒有犯過任何罪。我將會以個清白殉難者的身分死去。

親愛的孩子，請把這封信祕密收好別讓其他人找到，否則我將會遭受更可怕的刑求，獄卒也會被砍頭。私下寄信是嚴格禁止的……親愛的孩子，請支付這的人一泰勒幣……我花了好幾天才寫完這封信，我的雙手都殘廢了，我的處境悽慘……。

尤尼烏斯敦促他的女兒為了她的生命安全著想，盡可能地蒐集所有財物，假借朝聖的名義離開鎮上。他署名寫道：「晚安了，

妳的父親約翰尼斯‧尤尼烏斯再也不會與妳見面了。」

他在信件的邊緣又寫道：「親愛的孩子，有六個人都指認了我：大法官、諾伊戴克、札納（Zaner）、霍夫麥斯特‧亞瑟（Hoffmeister Ursel）與霍普芬‧艾爾賽，他們告訴我，他們全都是被迫做出這些假指控的，他們在被處決之前懇求我以神之名原諒他們……他們知道我是個全然的好人。他們全是被迫指認我的，正如我被迫指認其他人一樣。」

1631 年 4 月，班伯格市的迫害逐漸減少，不過女巫監獄中依然關了二十二名犯人，其中包括了主教的會計。這些人的財產都已經被沒收了，全部加起來有二十二萬兩千弗羅林。這些錢全都進了采邑主教哥特弗利德的口袋，他已經從過去處決的女巫那裡賺進五十萬弗羅林了。根據聖公會的紀錄，貢獻這些錢財的包括：

— 喬治‧諾伊戴克：十萬弗羅林。
— 芭芭拉‧史洛伊（Barbara Schleuch）：兩千弗羅林。
— 克莉絲汀娜‧米田伯格（Christina Miltenberger）：九千或一萬弗羅林。
— 蒙斯堡市（Münchsberg）的執行官卡斯柏‧康納（Caspar Cörner）：九千或一萬弗羅林。
— 班伯格市的會計沃夫岡‧霍夫麥斯特（Wolfgang Hoffmeister）：五萬弗羅林。

當時有許多原本住在班伯格市的名人都逃到了波希米亞、羅馬或位於雷根斯堡（Regensburg）的神聖羅馬帝國法庭。不過采

邑主教哥特弗利德沒有時間理會皇帝與皇帝法庭，他在後來干預富有市民的妻子多蘿西亞‧布洛克（Dorothea Block）的案件時，也完全忽略了皇帝法庭一事。當時沒有任何文件有紀錄多蘿西亞被指控的罪名為何，而且他們不准她找律師。1630 年 5 月，她像其他被告一樣被燒死了，她的父親則逃走了。

班伯格市並不是當時唯一一個受到獵巫狂潮危害的城市。根據推估，在 1615 至 1635 年間，斯特拉斯堡市（Strasbourg）有五千名女巫被燒死。

法庭通常會很快地處置女巫，安娜‧韓森（Anna Hansen）就是一個很好的例子。她在 1629 年 6 月 17 日因為疑似使用巫術被關進牢中。隔天她拒絕認罪並遭受鞭刑。6 月 20 日，刑求人用拇指夾刑求她後她認罪了。28 日，法庭對她宣讀她的自白。兩天後，她自願確認自己的認罪內容並被判刑。7 月 4 日，她得知了自己要被處行的日期，在 7 月 7 日被斬首並燒死。

除了拇指夾、腿部鉗子、吊刑與懸停吊刑之外，政府也在吊刑途中時不時用鞭刑使被告認罪。被告有時會被放進裝滿了長鐵刺的籠子裡長達六個小時，脖子會被綁上繩子緊到勒住骨頭，他們被迫吃鹽醃鰻魚又不能喝水，或者被迫跪在表面有尖木樁的祈禱凳上。刑求人也常用在沾過硫的羽毛上點火，再把羽毛放在犯人的手臂下方或胯下。他們還會被泡進裝滿了冰水或燙水，又加了石灰的浴缸中。在 1630 年，采爾大街（Zeil）附近有六個人因為上述的刑求而死亡。

犯人被判刑之後，在等待火刑的期間還會受到更多額外懲罰，例如剁掉右手或用燙到發紅的鐵鉗扯下女人的胸部，這種野蠻的作法使批評的聲浪逐漸升高。

「有些人開始對這些不幸的被害者同情不已。」帕德伯恩市（Paderborn）的耶穌會教士海因力克・圖克（Heinrick Türck）寫道。他還寫道：「已經有太多人被處以火刑了，人們開始嚴重懷疑這些死者是否真的全都有罪，懷疑他們是否應該經歷如此可怕的死刑。事實上，許多人認為人類是由基督寶血帶來世上的，用這種方式對待人類太過殘酷，比野蠻人還糟糕。」

杜姆勒議員（Dümler）在他懷孕的妻子遭受了可怕的刑求並被燒死之後，逃離了班伯格市，他告訴皇帝：「人們都在抗議說，班伯格市市民所經歷的絕對是不公正的待遇。」他提議要停止沒收被告的財產。

另一名從「特殊監獄」逃出來的男人芭芭拉・史瓦茲（Barbara Schwartz）向皇帝請願。芭芭拉被關在地牢裡三年，曾被刑求八次但都沒有認罪。1630 年 9 月，費迪南皇帝的耶穌會告解神父說，除非皇帝控制住班伯格市的誇張情勢，否則他拒絕赦免皇帝，他也警告說皇帝的無所作為將會導致民眾不願意選擇他的兒子作為繼任者，因此費迪南調閱了班伯格市的法庭記錄開始調查。他終止了沒收囚犯財產的制度，並堅持未來每一場審判都必須公布指控的根據（通常都是惡意毀謗），此外每位被告都可以找一位律師，不過他並沒有禁止刑求。

1630 年，班伯格市有二十四名女巫被處以火刑，隔年則一個也沒有。一部分的原因在於反對聲浪逐漸升高，一部分原因是支持迫害女巫的福納主教在該年夏天死亡，還有一部分原因則是瑞典國王古斯塔夫在那年 9 月進入來比錫市（Leipzig），帶來了不小的威脅。1632 年，采邑主教哥特弗利德過世，班伯格市的迫害就此結束。

烏茲堡市

不過，哥特弗利德的表親菲利普・阿道夫・艾倫伯格（Philipp Adolf von Ehrenberg）采邑主教在附近的烏茲堡市（Würzburg）做出了更加野蠻的舉動，他在那裡燒死了九百名女巫。烏茲堡市從 1600 年開始出現隨機處刑，但一直到約翰・哥特弗利德・艾許豪森在 1617 年從班伯格市來到此處，這裡才真正開始出現女巫迫害。1623 年，艾倫伯格接手了當地的獵巫行動。

1626 年，一名農民因為常見的流言而被法庭指控曾做出「罪惡行為」。他在刑求之下告發了另外七人。這八人全都被燒死了，其中一人在死前被行刑人用燒紅的滾燙鐵鉗扯下皮肉。隔年，大約有二十九至四十二人被燒死，但記錄並不明確。

1628 年 1 月，三名八至十三歲的孩子認罪說他們曾和惡魔做愛後，兩名孩子被燒死。同年 10 月，一位名叫約翰・菲利普・沙克的男學童（Johann Philipp Schuck）被逮捕。在四十六下鞭打後他依然堅持自己是清白的，又被鞭打了七十七下後他承認自己曾參加巫魔會，指認了其他共犯並在 11 月 9 日被處死。隔天十二歲的雅各・羅素（Jacob Russ）被處死，他在行刑人的重複

毆打下說他曾在巫魔會上見到一名牧師。

1738 年，魔法圖書館（Bibliotheca Magica）出版了一份清單，詳列出烏茲堡市在 1629 年 2 月 16 日的一場大型處決，當時共有一百五十七名被害者被處死。被處決的男女數量相當。許多被害人都是家境富有且地位極高的市民，其中有十三名小於十二歲的孩子。被處決的人包括：

處決次數	人數	名單
第 7 次	七人	一名外地的十二歲小女孩、一名外地人、四名外地女人、一名外地村長。同時在市場被處決的還有一名把幾位囚犯放走的獄卒。
第 8 次	七人	烏茲堡市最胖的市民包納赫參議員（Baunach）、大教堂的院長、一名外地人、兩名外地女人、一名叫作史萊普納（Schleipner）的男人、一名賣遮陽板的女人。
第 10 次	三人	最富有的市民之一施泰納赫（Steinacher）、兩名一男一女的外地人。
第 11 次	四人	大教堂教區牧師施迪亞特（Schwerdt）、倫薩克地區（Rensacker）監管者的妻子、女人絲狄可（Stiecher）、男性小提琴家西爾巴漢斯（Silberhans）。
第 13 次	四人	老霍夫・施密特（Hof-Schmidt）、一名女士、一名九或十歲的小女孩、前面那位小女孩的妹妹。
第 19 次	六人	來自羅騰翰（Rotenham）的貴族兒子六點在市政廳的庭院被處決，隔天他的屍體被燒掉、秘書謝爾哈（Schellhar）的妻子、另一名女人、一名十歲的男孩、一名十二歲的男孩、烘焙師布格勒（Brügler）的妻子被活活燒死。
第 21 次	六人	知識淵博的男人——迪特里克醫院（Dieterich）的院長、史托弗・霍特曼先生（Stoffel Holtmann）、一名十四歲的男孩、斯托茲伯格議員（Stolzberger）的小兒子、兩名神學院學生。

處決次數	人數	名單
第23次	九人	大衛・科特（David Cot）的兒子——還在念高中的十二歲的男孩、采邑主教的廚師分別為十四歲和十二歲，都是還是學生的小兒子、哈赫鎮（Hach）的教區牧師梅爾希爾・海莫曼（Melchior Hammelmann）、新建大教堂的修士尼可迪姆・赫許（Nicodemus Hirsch）、新建大教堂的教區牧師克里斯多福・貝格（Christopher Berger）、一名神學院學生。特別值得注意的是，布倫巴赫法庭（Court of Brembach）的一名官員和一名神學院學生也被活活燒死了。
第25次	六人	大教堂的教區牧師佛德瑞克・巴瑟（Frederick Basser）、哈赫鎮的教堂牧師史塔伯（Stab）、新建大教堂的修士朗布雷希（Lambrecht）、加魯斯・豪斯（Gallus Haus）的妻子、一名外地男孩、女店主施密爾拉（Schelmerey）。
第26次	七人	新建大教堂的修士大衛・漢斯（David Hans）、維登布希議員（Weydenbusch）、鮑姆加登村（Baumgarten）的旅館老闆的妻子、一名女士、維肯伯格村（Valkenberger）的年輕女人被私下處決並放進棺材中燒掉、當地政府官員的小兒子、大教堂的修士華格納（Wagner）被活活燒死。
第29次	九人	維爾特・貝克（Viertel Beck）、旅店老闆克林根（Klingen）、梅格斯海姆（Mergelsheim）的財產管理人、烘焙師歐森蓋特（Oxenn Gate）的妻子、一名肥胖的女貴族、出身高貴的紳士斯達爾・費雪波恩（Squire Fischbaum）、布萊特・霍特（Breit-Hüt）的保羅・維克爾（Paul Vaeker）。特別值得注意的是，哈赫鎮的神學博士梅爾（Meyer）與哈赫鎮的一名修士在早上五點被祕密處決，他們的屍體被燒掉了。

在那之後還有兩次處決。1629 年 2 月 16 日。

獵巫行動：那些被封存的迫害史

當時處決的人數極多，這份名單連冰山一角都稱不上。1629 年 8 月，烏茲堡市采邑主教手下的教士寄出了這封令人毛骨悚然

的信件給一位匿名的朋友：

　　說起來，閣下您先前曾談起的女巫事件最近又出現了，沒有任何言語能洽當描述如今的狀況。這一切是多麼可怕又悲慘啊。城市裡有四百人受到嚴重的指控，這些人的地位有高有低，來自各種階級，男女皆有甚至還有神職人員，他們有可能會在任何時候被逮捕。我很確定一件事，我們仁慈的主教大人的轄區中有許多人，包括各個行政單位與學院中的人都會被處決：文書人員、民選議員、醫師、市鎮官員、法庭評審員還有一些閣下你也認識的人。

　　有好幾位法學院學生被逮捕，采邑主教大人有四十多名學生應該很快就會成為牧師了，但其中有三、四十人被指控是巫師。前幾天有一名教長被逮捕，另外兩名在被傳喚後逃走了。就在昨天，我們的大教堂法庭有一位知識淵博的公證人也被逮捕並被刑求。簡單來說這整個城市中有三分之一的人都一定會受到牽連，最有錢、最有吸引力、最傑出的神職人員全都已經被處決了。一週前，有一名十九歲的女孩被燒死，過去人人都說她是這個城市中最公正的女孩，大家都認為她為人謙虛秉性純潔。在七、八天之內，將會有許多和她同樣傑出且充滿魅力的人被處死。他們毫不畏懼地穿上新作的喪服面對自己的死亡，一點也不害怕火焰。在這之中，有許多人都是因為放棄了神與參加女巫之舞而被燒死，這些人還指控了那些從未被人說過一句壞話的人。

　　在這種種的可怕事件中共有三百名兒童在這三、四年間被指控和惡魔做愛。我曾見過七歲的孩子被處死，也見過只有十歲、十二歲、十四歲和十五歲的勇敢學生被處死。在貴族中……但我不能再描述這些悲慘的事件了。將來還會有許多來自更高階層的人落入這

樣的處境，或許有些是你認識並尊敬的人，你絕對想像不到他們竟然會做出這種事。願正義得到伸張。

接著他又在附注中做了總結：

附注：雖然有許多不可思議又恐怖的事情正在發生，但無論被誣陷與否，毫無疑問的，真的有惡魔和女巫存在。在一個名叫佛・倫伯格（Fraw-Rengberg）的地方惡魔親自現身了，他帶著八千名追隨者舉辦了聚會，在他們面前進行彌撒，在聖餐禮的地點給予參與者們（也就是巫師們）蕪菁的皮。光是寫下如此污穢、可怕又醜陋的褻瀆行為就讓我發抖。除此之外，他們還保證自己的名字不會被登記在生命之書中而是另一本惡魔之書上，而且他們全都同意應該由我與我同事都認識的一位公證人記錄下這個決定。所有人和我們都積極找尋那本惡魔之書。

波昂市和科隆市

　　科隆市大主教的正式居住地波昂市（Bonn）也發生了類似
的事件。在波昂市附近的阿爾夫特村（Alfter）中，一位名叫度
倫（Duren）的神父寫了一封信給維爾納 · 塞姆伯爵（Werner
von Salm）：「我過去很長一段時間都沒有遇到任何詭異的事，
所以已經很久沒有寫信了，但現在他們開始在波昂市燒死女巫。
有一名富有的女性被關進了監牢，她的丈夫庫茲洛可（Kurzrock）
曾是波昂市的地方法官，她是『花朵符號』旅館的唯一擁有人。
我不知道閣下您是否認識。無論如何，她都是一名女巫，每天都
有越來越多民眾希望她被處決，毫無疑問的，這些路德教派的蠢
蛋將會落入和她一樣的下場。」

　　他進一步解釋了迫害的程度：

　　被柴薪燒死的受害人大多是男性，這個城市有過半的人口都
受到牽連，許多教授、法學院學生、牧師、教堂成員和修士都被逮
捕並燒死了。采邑主教閣下有七十名正在接受牧師訓練的神學院學
生，其中一位以音樂天賦聞名的學生在昨天被逮捕，另外兩名也同
樣被當成目標，但他們逃走了。大法官、他的妻子以及私人秘書的

德國女巫

179

妻子都已經被逮捕並處決。在 9 月 7 日的淑女節前夕，他們在這裡處決了一名十九歲的女孩，大家都知道她是全市最可愛、最善良的女孩，她是由采邑主教親自帶大的。我親眼看到大教堂的羅廷薩（Rotensahe）修士被斬首並燒掉。有些三、四歲的孩子被指控找了惡魔當情人。他們在這裡燒死了九歲、十歲、十一歲、十二歲、十三歲和十四歲的貴族學生與男孩。概括來說，這裡的狀況悽慘，每個人都不知道自己還能和誰說話與來往。

科隆市當地的女巫審判數量較少，這是因為當地市政府把權力都用在逮捕上了。在 1626 年，聖克萊爾的修女們被指控使用巫術，當時有一名顧問（是當時十分少見的職業）在教會法庭上指出，法庭不應該准許這個案件中證明某些人被魔鬼附身的證據，顧問用這個方法成功引導凱瑟琳 · 海諾特（Catherine Henot）為她自己辯護。科隆市的大主教費迪南直接下令此案必須重新審判一次，之後再進入世俗法庭，但凱瑟琳 · 海諾特仍在第二次審判中被判有罪並被處以火刑。

1629 年，人們認為克莉絲汀 · 普蘭小姐（Christine Plum）被惡魔附身，她指控許多人使用巫術。有些牧師譴責說，這些證詞顯然只是瘋女人說的瘋話，但這使得他們也被指控使用巫術。大主教鼓勵這些指控，不過科隆市政府限制了逮捕人數，因此該市的迫害程度沒有班伯格市、烏茲堡市和波昂市那麼嚴重。

其他地區在 1629 年的狀況則特別糟糕。在梅因茲市大主教轄區裡人口約三千人的米騰堡鎮（Miltenburg）中，有一百七十八人在鎮上被處決，另外五十六人在附近的村莊中喪命。布格斯提特鎮（Burgstädt）也是一個人口不到三千人的小鎮，

其中有七十七人被燒死。另一個小村莊艾辛布爾（Eichenbühel）也有十九人被燒死。

大概在同一時期，烏茲堡市采邑主教的唯一繼承人恩尼斯・艾倫伯格（Ernest von Ehrenberg），因身為巫師而被定罪並在之後被斬首。如果他能活下來的話很有可能會變成有錢人。他原本是一名前途無量的學生，卻突然放棄了學業開始追求一名女士，他越來越常喝酒且舉止放蕩。耶穌會在調查後發現他參與了各種邪惡的事情，其中也包括巫術。他受到譴責並在私下受審，最後在他不知情的狀況下被判處死刑。

恩尼斯在某天早上七點醒來後，被告知說他將會過上更好的生活，他毫無戒心地讓人把他帶到城堡關進黑漆漆的刑求室中。他在看到刑求工具時昏倒了，有些法官因此心生憐憫，向采邑主教求情。但采邑主教艾倫伯格對此無動於衷，同意了刑罰。恩尼斯因為反抗在搏鬥的過程中被打中頭部。紀錄這個事件的耶穌會修士說：「他沒有露出悲痛的表情，也沒有做出任何宗教性的舉動，就這樣突然倒在地上。願上帝保佑他不要用這種姿勢墜落到永恆的地獄之火中。」

采邑主教艾倫伯格或許因此改變了想法。不久後他就停止了審判，並下令為他燒死的那些人舉行紀念儀式。不斷逼近的瑞典軍隊或許也是他這麼做的原因之一。

1631 年，科隆市采邑大主教手下的巡迴女巫法官法蘭茲・比爾曼（Franz Buirmann）抵達了萊因伯格鎮（Rheinberg）的一個小村莊中。他指控幾位當地知名的市民使用巫術並沒收他們的財產。其中之一是名叫克莉絲汀・柏夫根（Christine Böffgen）的有錢寡婦，由於當地居民都很喜歡她、敬重她，因此七名法庭

德國女巫

評審員中有五名拒絕參與審判。法庭的人為柏夫根夫人驅魔，他們蒙上她的雙眼、脫下她的衣服、剃掉她的毛髮、拿尖刺刺戳她，接著對她使用腿部鉗子直到她認罪。在擺脫了刑求後她立刻撤回自己的認罪，因此再次受到刑求。最後，她因為拒絕指認共犯而在刑求的第四天死亡。直到 1926 年，萊茵巴赫市（Rheinbach）的聖喬治教堂才有人為了讓她的靈魂安息而舉辦彌撒。

比爾曼法官用柏夫根夫人的錢填滿了自己的口袋後，向當地的一名女人示愛但卻被拒絕了。於是他在沒有告知當地法官的狀況下，抓走了這名女人的姊姊皮勒夫人（Peller）並開始刑求她。皮勒夫人的丈夫是一名法庭評審員，他提出抗議後被比爾曼趕出了法庭。他們為皮勒夫人驅魔、脫掉她的衣服、剃掉毛髮並探查她最私密的部位，刑求者的助理還在過程中強暴了她。比爾曼法官為了掩蓋哭叫聲，把泡過油的手帕塞進她的嘴裡。他們要皮勒夫人提供共犯的名字時，她說出的名字實在太多了，連嗜血的比爾曼最後都不再紀錄這些名字。皮勒夫人最後因使用巫術被定罪在乾稻草堆上被活活燒死，這是萊茵蘭地區（Rhineland）常見的處決方式，而她的丈夫也在數個月之後死去。

接下來，比爾曼把目標放在萊茵巴赫市的鎮長李爾森（Lirtzen）與他的小叔身上，李爾森的小叔是法庭評審員。刑求人用腿部鉗子和「鱷魚下顎」折磨李爾森，但他拒絕認罪。接著他被綁在聖安德魯的十字架上，脖子被戴上鋸齒狀的鐵環。十字架不斷劇烈顫抖，鐵環切下他脖子上的許多血肉。他依然不願認罪，接著刑求者把他綁在金屬的女巫椅上並在椅子下點火，在女巫椅上坐了二十四小時後，他還是拒絕認罪。兩天後，他和皮勒夫人一起被活活燒死。

萊茵巴赫市的市長是舒泰斯・史威格醫師（Schultheis-Schweigel），他是個受過教育的有錢人，他反對比爾曼並特別為了克莉絲汀・柏夫根的審判站出來發聲。比爾曼法官在 1636 年返回萊茵巴赫市，以「女巫保護人」的罪名逮捕了史威格醫師。史威格在經過了七小時的刑求後死亡，他們把他的屍體從監獄中拖出來燒掉。他在遺囑中說要把自己的鉅額財產留給窮人，但比爾曼把這些錢拿走了，鎮上的居民因此開始挺身反抗比爾曼，就連當地牧師也公開譴責他。在麥根海姆市（Meckenheim）有一位神父胡伯圖斯（Hubertus）在佈道過程中說他反對這種迫害，卻因此被當成巫師。比爾曼被迫前往西格堡市（Siegburg），抵達那邊後，他發現手下的行刑人是一名巫師，便把他燒死了。

科隆市居民的前景也同樣暗淡無光。在 1631 年的萊比錫戰役（Battle of Leipzig）結束後，瑞典軍隊把一群致力於獵巫的牧師趕出了他們的領地，其中包括了梅因茲市大主教、班伯格市主教、烏茲堡市主教、沃母斯市（Worms）主教、斯派爾市（Speyer）主教與福達市的修道院長，這些人逃到了科隆市後再次開始獵巫。到了 1636 年，迫害的程度達到了最高點，以致於教宗派出了紅衣主教葛萊蒂（Cardinal Giretti）與紅衣主教奧比奇終結這裡的獵巫行動。之後很長一段時間，科隆市依然斷斷續續地出現獵巫活動，最後一次處決發生在 1655 年。

艾克斯提特市（Eichstätt）在 1590 年爆發了獵巫潮，之後又在 1603 至 1630 年間再次出現獵巫活動。記錄指出，在 1603 至 1627 年這二十四年間，共有一百一十三名女人與九名男人被燒死。艾克斯提特市的法官說，光是在 1629 年這一年間，他就在該市主教約翰・克里斯多福（Johann Christoph）的命令下，在

法庭上判定兩百七十四人是巫師。1627 年 12 月 11 日，主教不再沒收那些富有被害人的財產，藉此表明他處決巫師的唯一動機是榮耀上帝，由此可知當時一定也有反對的聲浪。其中一名受害者安娜・凱沙（Anna Käser），在 1620 年、1624 年、1626 年與 1627 年都被告發是女巫。1629 年她被指控參加了巫魔會，並在被刑求四次後認罪，但她之後又和告解神父說她的認罪自白是謊言，她和其他囚犯都是清白的。神父告訴法庭後，法庭直接讓安娜接受更殘忍的第五次刑求。1629 年 9 月 29 日，安娜在被斬首後屍體被燒掉。

1637 年，艾克斯提特市又有人告發一名未記錄姓名的農村女人是女巫。她的審判記錄副本保留至今，不過名字被省略了，當時他們這麼做或許是為了保護相關人士。逮捕者拒絕讓她尋求律師與牧師的協助，她甚至連自己的指控者都沒有見到，這很有可能是因為指控她的人是在刑求之下給出她的名字的。她的審判從 1637 年 11 月 15 日星期一開始。出席者是「學院長先生、醫師先生、秘書先生與記錄者先生」：

名為□□（未記錄姓名）的犯人因疑似施行巫術被監禁，經過法庭公民委員的審慎考慮並由十五人宣誓作證後，我們判斷她應被處死，詳盡審判經過如下：

問：她叫什麼名字？

答：□□，四十歲。她不知道自己的父母叫什麼名字，也不知道他們在哪裡出生、在哪裡長大、何時死亡。她和丈夫同住二十三年，期間生了八名孩子，其中有五名至今還活著。

在三名死亡的孩子中，有一名是在二十一年前因天花而於兩歲死亡，另一名則在八、九年前於六歲死亡，第三名男孩在六年前也死於天花。這一連串死亡充滿疑點，因此她被叫到了市鎮廳來。

問：她是否知道自己為什麼被傳喚到市政廳？

答：她只知道自己被指控是一名女巫。

問：沒錯。否則她不會被帶來這裡。因此她應該要開始承認自己的罪，而非用各種方法尋找藉口。

答：她寧願接受各種折磨也不承認自己是女巫。

接著法官用他所能想到的最強烈的方法試圖使她認罪，但沒有用。於是他們向她宣讀了她的起訴書與證詞。聽見第一份證詞時，她發自內心地哈哈大笑，並說她寧願去死也不會認罪。她說她根本沒有去過證詞提到的地方，並詢問這樣一來她要怎麼承認任何事情。不過她承認自己可能因為第二份證詞的內容而有罪。儘管第三、四、五、六份證詞都指出她曾出現在巫魔會上，但她依然說自己從來沒去過巫魔會。她也否認自己曾出席第十二、十三、十四、十五份證詞所說的場合。她說她沒有責任或義務回答這些指控，並再次重申她寧願死也不會認罪。當我們詢問她是否想要死得像個女巫時，她說上帝希望她怎麼樣，她就希望自己怎麼樣。

問：確實如此。所以她更應該要開始認罪，告訴我們她從多久以前開始做出這些惡行，以及她一開始是如何受到誘惑的。

答：她說：「是的，閣下，我很願意遵照你的指示，但我不是

女巫，我說的都是真的，正如基督曾受刑求並被釘上十字架受苦一樣真實。」

接著我們檢查她是否有惡魔的印記，並在她背部右側接近肩胛骨的地方找到一個印記，印記大約是半個克羅采幣（kreutzer）的大小。接著我們戳刺了印記，發現印記的位置沒有感覺。我們戳刺其他部位時，她立刻表現得像是瘋了一樣。我們之後又找到了許多可疑的印記，再次訊問：

問：她是從哪裡獲得這些惡魔印記的？
答：她不知道。她和惡魔沒有任何關係。

法庭記錄繼續寫道：

由於被告在仁慈的對待之下不願好好回答問題，所以被帶去了刑求室。她被放在梯子上並綁上繩子，接著她說，對，她是女巫。我們把她放下來後，她卻宣稱自己不是女巫，因此她又被放回梯子上。就這樣了一次、兩次、三次，她終於承認自己是女巫後我們便把她放了下來。但接著她立刻又固執地否認自己是個女巫。她再次被綁上梯子而且拉得更緊，最後，她承認自己是在十四年前還沒有結婚時成為女巫的。

問：但是她在作證時說自己已經結婚二十三年了，她怎麼可能是在十四年前才成為女巫的呢？
答：她聽到這個問題時，要求我們把她從梯子放下來她才會說

實話。

問：不行，她必須先開始認罪。她應該要繼續被綁在梯子上。

　　她知道自己會被放下來後，便說大概在十八年前她丈夫曾在喝醉時回到家裡，說希望惡魔把她帶走，當時她才剛生完孩子，於是她心中想著：「惡魔什麼時候會來。惡魔很快就來了。」還有一次，她和一名絞刑人有了違法的性關係，隔天晚上惡魔就變成了那名絞刑人出現在她面前。事實上惡魔在第一天晚上就來過了，但因為當時屋裡的火一直在燃燒使他沒辦法靠近。因為她以為惡魔是那名絞刑人，所以隔天晚上大約十點和惡魔進行了不得體的行為。他的陰莖很冰冷，在第二次做愛後惡魔揭露了自己的真實身分，他說了一些下流的話，要求她獻身也要求她否認上帝、聖母和所有聖人。他不斷威脅她使她不得不順從，但如今她已經悔過了，想要重回上帝的懷抱。

問：惡魔難道沒有要求她做更多其他的事情嗎？

答：惡魔要她到處做壞事。

問：她會用什麼方法做壞事？

答：她被引誘的八天後，惡魔給了她一些綠色粉末與裝在陶盤
　　裡的綠色油膏，她可以把這些東西用在人與野獸身上。

問：惡魔怎麼稱呼她？她怎麼稱呼惡魔？

答：她稱惡魔為古赫汗（Gokhelhaan，公雞），惡魔稱她為
　　辛特倫（Shinterin，碎骨者）。她被引誘的三週後，惡魔
　　把某種東西倒在她頭上替她受洗。

問：她所說的全都是實話嗎？

答：是的。

他們把她從刑求室中放出來。

隔天是 1637 年 11 月 16 日星期二，審判繼續進行。

被告繼續描述她用油膏做出「罪惡行為」的例子，她說她向其中一名受害者介紹了巫術，後來她又否認了這件事。接著她說，她在自己的小女兒身上抹了油膏讓她生病。

隔天她說自己身體側面很痛，但絞刑人馬修斯（Mathess）說不用擔心那種疼痛。接著她說前一天晚上聖母瑪利亞對她顯靈了，祂看起來很美，像雪一樣潔白。

「由於囚犯裝病，並且似乎想要否認自己前一天的證詞，也因為她似乎沒有昨天那麼虔誠了，所以法庭下令把她帶進刑求室中執行鞭刑，使她感到恐懼並誠實地說出證詞。經過三次鞭刑後，她說惡魔昨天晚上和今天早上穿著黑色衣服來到她的牢房。昨天晚上他大約在十一點與十二點之間抵達和她做愛，但她覺得實在是太痛了，以致於她幾乎沒辦法抱住他，她覺得她的背和大腿似乎都要散開了。而且，當時她還答應要把她的身體與靈魂都奉獻給惡魔，不會揭露合約的任何內容，也承諾只會對他說實話並盡她所能地阻礙法官。作為交換，她的魅魔答應會協助她並命令她思考要如何自殺。兩週前她曾接受過放血治療，放血的位置就在右手腕中間的血管，血管上的傷疤如今還很新，她可以輕易地再次製造傷口，於是她不斷用指甲摳右手手腕中間的血管，摳出了半個班薩幣（batzen）寬的傷口想藉此自殺。若她用這個方法殺死自己就不會吸引任何注意力，如此一來她的肉身與靈魂就

都能回到惡魔身邊。」

接著，她作證說惡魔曾告訴她那些油膏是用瘟疫做成的，又揭露了惡魔是如何強迫她獻出自己的。

在接下來的好幾天中，她指認了四十五名共犯，描述了這些人的穿著、職業以及和他們在一起的魅魔個性如何。她承認自己飛行時使用的不是傳統的掃把，而是惡魔提供的乾草叉，也承認自己常常參加巫魔會，她還認罪說自己曾製造暴風雨。

在隔天，也就是 1637 年 11 月 27 日星期六，法庭針對製造暴風雨一事對她進行交叉質詢：

> 被告說她一直都想要製造暴風雨，並說她曾協助惡魔製造過十次惡劣的天氣。她在十五年前的正午到一點之間第一次引起一場暴雨，她在惡魔的要求下在自己家的花園裡使水果掉落，如此一來水果就不會成熟。這是真實發生過的事。
>
> 問：她用哪些材料製造暴風雨？又或者她是用什麼別的方法創造了暴風雨？
>
> 答：她不想要洩漏祕密。

由於她想要撤回先前的認罪自白，所以法庭派絞刑人去和她對話並再次訊問她。

> 問：她想要自願認罪還是在刑求下認罪。讓他們討論此事。
>
> 答：她要自願認罪。

絞刑人離開後，她再次接受訊問。

> 答：她說惡魔拿了一些用孩子屍體做成的粉末給她，惡魔要她

用這些粉末製造暴風雨。她把粉末給了她的共犯□□（未記錄姓名），共犯把粉末埋在地底下但粉末卻噴出來了。接著她自己去埋粉末，但她假裝不知道這種粉末是拿來做什麼的。

1637 年 12 月 3 日星期五，法庭針對她挖出孩子屍體，把屍體拿來製作暴風雨魔法一事進行交叉訊問：

她說大約七、八或九年前，她曾幫忙過一次□□把她自己的孩子從墓園中挖出來。那名在墳墓埋了六年的孩子屍體已經全都爛光了。她們把遺骨拿回家放進罐子裡，花了兩天兩夜攪拌骨頭，接著用鐮刀的把手把骨頭搗成粉末後，將粉末拿給惡魔。□□不是共犯，雖然當時惡魔要求更多粉末，但她拒絕製作粉末，還因此被惡魔毆打。

說完上述這些言論後，法庭懷疑她曾教唆他人犯罪，然後她就被帶走了。

1637 年 12 月 11 日星期六，她說她沒有買通任何人。接著法庭詢問她有關進入地窖的事情：

她說她進入有五個人上了鎖的酒窖大約四十次。提供了和她一起進入地窖的另外兩名女巫的名字。她們會一起用量杯喝酒或直接從桶塞喝。

她也飛進□□的馬廄中並在惡魔的協助下騎在動物身上，想要藉此使這些動物死亡，但牠們沒有死。

她也前往僕人們的房間，誘惑她的僕人□□。惡魔常常要她誘惑他人，讓它在一旁觀賞。

問：她還能想到哪些罪行？她還記得其他事嗎？
答：沒有了。但她的證詞都是真的，她在上帝與世人的面前負起作證的責任。她希望透過這份證詞決定自己的生死，也希望法庭能給出正義的裁決。

之後她被帶回刑求室，我們對她唸出共犯的名單，她也確認了名單。

12月13日星期一、12月14日星期二和12月15日星期三，她再次確認上述的證詞都是真的。1637年12月17日星期五的紀錄只有簡單的一句話，看以來似乎是某種預兆：「她在懺悔中死去。」

這位無名女人被審判的時間點，正好在1618至1648年的三十年戰爭期間。在這之後，林德漢姆鎮（Lindheim）的管理權轉移到了地方法官手上，這名法官叫做蓋斯（Geiss），是一位嗜血的退伍軍人。1661年，他寫信給布倫斯維克市呂訥堡鎮（Lünberg）的高級執行官赫曼・奧恩豪森男爵（Hermann von Oynhausen），說林德漢姆到處都是女巫。赫曼・奧恩豪森男爵找了烏茲堡市大教堂的教長哈特曼・羅森巴赫（Hartmann von Rosenbach）與其他幾位貴族男人一起組成了「統治團」（Herrenschaft）。

「大多數市民都非常生氣，只要閣下有意願燒死那些女巫，

市民們很樂意提供木頭並支付所有開銷。」蓋斯法官說。「閣下可以藉此賺取許多財富，用這些錢把橋樑與教堂修整成更好的狀態。除此之外，閣下獲得這些財富後，未來閣下雇用的官員也能收到更好的薪水。」

於是，「統治團」同意重啟已經中止了八年的女巫審判。1661 年 7 月，蓋斯派了四名以兇惡聞名的助理法官來幫忙，任何女人都會在看到他們時馬上逃跑。被他們抓住的女人將會被刑求到昏迷接著被燒死，燒死人的方式非常可怕，他們把被害人用鍊子綁在距離火源大約十五呎的牆上，讓她們慢慢地變成焦炭。他們通常會在「女巫塔（Hexenturm）」執行這種火刑，後來「女巫塔」成了作家利奧波德 • 薩克 • 馬索克（Leopold von Sacher-Masoch）的財產，馬索克的名字是受虐狂（masochism）這個字的由來。全德國的各個鎮上都出現過這種「女巫塔」。

當時連八歲的小孩都被抓去燒死，不過相對來說少一些，因為這是賺錢的管道，所以通常被選中的會是有錢的成年人。1663 年，蓋斯法官想要得到備受敬重的磨坊主約翰 • 舒勒（Johann Schüler）的財產。舒勒的妻子在前一年產下了死胎，蓋斯找到產婆讓她招供當時是自己用巫術殺死孩子的。產婆同時也指認了六名共犯，他們全都被逮捕了。這些共犯在刑求下，承認自己把孩子的屍體挖出來烹煮製作女巫油膏。但舒勒卻堅持他們不該把孩子的死亡怪罪在這些人頭上，並要求法庭挖開孩子的墳墓證明這些人說的話不是真的。他們在約翰 • 舒勒的陪同下挖開墳墓，發現屍體是完整的。蓋斯以刑求作為威脅，堅持舒勒在隱瞞事實，同時，那名產婆和她的六名共犯都被燒死了，這是因為透過刑求獲得的認罪自白向來都是真的。

該年年底，一位名叫貝克 • 瑪格瑞特（Becker-Margareth）的女人被逮捕。她在知道蓋斯準備如何對待她後，指認了十四名共犯和她一起把舒勒的孩子殺死，其中也包括了舒勒夫人。她被逮捕後，一名哈瑙市（Hanau）的理髮外科醫師◆（barber-surgeon）在她身上找到了一個跌倒後留下來的舊疤痕，說那是惡魔的印記。舒勒立刻趕往烏茲堡市想要請大教堂的教長釋放他妻子。他離開的這段期間舒勒夫人受到刑求，在認罪後指認了自己的丈夫。舒勒先生回來後，蓋斯將他關進了女巫塔的地牢，那裡溫度極低又沒有任何遮蔽物或稻草。

蓋斯特別享受刑求舒勒，找出許多新方法折磨他。舒勒撐了五天後認罪了，但又立刻撤回自己的認罪，因此再次受到刑求。接著他又再次認罪並再次撤回。在蓋斯打算使舒勒崩潰第三次時，林德漢姆鎮的居民暴動了。舒勒和其他人（可惜其中不包含他妻子）在一片混亂中逃離監獄前往斯派爾市，也就是帝國最高法庭的所在地。那些逃出來的女人因為曾受到折磨而使外表顯得駭人，將斯派爾市的居民嚇壞了，一位有名的律師接下了他們的案子。與此同時，1644 年 2 月 23 日，蓋斯把舒勒夫人活活燒死了。但到了 3 月初，暴民們迫使蓋斯和他的繼承人落荒而逃。蓋斯共殺了三十個無辜的人，奧恩豪森男爵因此解雇了他，但蓋斯並沒有因此受到懲罰反而從中獲得了不少好處。蓋斯用獵巫賺進了一百八十八泰勒幣（thaler）又十八艾布斯幣（albus），也獲得了大量家畜，同時他手下的人也獲得了極高的薪水。當政府質

◆ 理髮外科醫師：中世紀的歐洲，理髮師除了修剪頭髮外，還要負責進行簡單的外科手術，因此被稱為理髮外科醫師。

問蓋斯起這件事時，他說在沒收財產後他會扣除開銷，之後只會拿三分之一的標準佣金，剩下的三分之二交給「統治團」了。

1676 年 3 月 10 日，在薩克森邦的瑙母堡鎮（Naumburg），六十六歲的寡婦莎莉娜・布蘭肯斯坦（Chatrina Blanckenstein）的女兒去鄰居家拿油，她沒有錢所以拿她母親做的果醬給鄰居作為交換，鄰居把一些果醬餵給她的嬰兒吃，結果嬰兒身上長出了四隻怪蟲之後便死了，這顯然是巫術。3 月 15 日，當地政府開始調查此案後發現：有一隻野兔在被幾名男孩和幾隻狗追趕時，跑到布蘭肯斯坦夫人家附近然後就神奇地逃脫了、收稅人發現他從布蘭肯斯坦家收回來的錢莫名其妙地變少了、一名守夜人在布蘭肯斯坦家的庭院看見三隻紅眼睛的貓、一位法庭官員前往布蘭肯斯坦夫人家清點財產時（他們預期將會在未來沒收這些財產），他把墨水瓶放在地上的三個麻袋上方，但在他踩著吱嘎作響的地板經過墨水瓶旁時，瓶子無緣無故掉到了地板上。

1676 年 3 月 25 日，當地政府從附近大學的法學院獲得許可，以巫術謀殺罪起訴布蘭肯斯坦夫人，她和女兒因此被逮捕，過程中她女兒不斷反抗。布蘭肯斯坦夫人有四名成年的兒子，全都抗議政府把母親關在牢裡，抗議他們不但不允許支付保釋金讓母親出獄，還不准她雇用辯護顧問（當時已允許女巫審判的被告可以雇用顧問）。負責的政府律師針對每一項薄弱的指控做出詳細的答覆，並把他的訴訟要點呈交給大學。

當地政府在 4 月 28 日再次開庭，讓新證人出庭作證。一名男人作證說他裝滿了貨物的推車在布蘭肯斯坦夫人家的庭院外突然翻覆了，但其實那裡的路並不平坦。一名守衛說，有一位囚犯擔心布蘭肯斯坦夫人會使她的家人蒙羞，這絕對是她有罪的徵

兆。另一名守衛說布蘭肯斯坦夫人似乎一點也不擔心刑求這件事。這些證據也同樣被呈交到大學。

5月時，法學院叫當地政府質詢當時診斷嬰兒屍體的醫師，醫師說那些蟲有紅色的大頭和許多隻腳，這一定是巫術的徵兆。同時，法學院說政府應該要用梯子和靴子刑求布蘭肯斯坦夫人。

布蘭肯斯坦的兒子們設法把母親的刑求日期延後了數天，在這段期間向選侯◆上訴，但他們沒有獲得任何幫助。莎莉娜 · 布蘭肯斯坦在1676年6月9日晚上十一點開始受到刑求。第一次刑求維持了兩小時，他們用上了梯子和靴子和拇指夾折磨她、用粗繩磨去她大腿上的肉，用細繩緊緊絞住她的脖子，緊到絞刑人一度以為她可能會死。她不承認自己曾犯下任何罪，但這一點恰恰證明了她有罪。刑求直到她在梯子上失去意識才停止，紀錄指出她當時睡著了。

該月月底，他們剃掉了布蘭肯斯坦的毛髮，但行刑人沒有找到惡魔印記。

「你想怎麼檢查都可以。」她蔑視地說。「我身上什麼都沒有。我相信上帝是我的創造者，基督是我的救主。」

政府送了更多報告給大學，大學則在6月23日下令撤銷此案。不過布蘭肯斯坦夫人必須承諾《烏爾菲誓言》（*Urfeld*），也就是發誓自己不會試圖報復並且支付高額的刑求費用七十七泰勒幣給法庭。她最終在7月16日獲釋。

◆ 選侯：此處原文為Elector，指有權選舉國王的諸侯。

儘管如此，這個案件已經使她聲名狼藉，她為了逃避流言只

能離開這個小鎮。當地治安官認為逃跑正是她有罪的證據，因此要求政府逮捕她，但大學說他們必須獲得更強而有力的證據才能立案。最後莎莉娜 · 布蘭肯斯坦還是回到了瑙母堡鎮，她在死後被埋進了教堂墓園中。在她死後政府懷疑的目標變成了她的女兒，在布蘭肯斯坦被宣判無罪的十三年後，她的女兒在 1689 年 5 月 1 日因為使用巫術殺死九個月大的嬰兒而被起訴，那名嬰兒的父親曾向布蘭肯斯坦的女兒借了三十泰勒幣。

當地政府還沒獲得大學的許可就展開了聽審。布蘭肯斯坦的丈夫（被告的父親）與她久未聯繫，拒絕拿錢幫她請律師，不過她的兄弟在這時伸出了援手，但一名律師在研究了起訴案件後拒絕替她辯護，聽審接著繼續進行，最後大學批准了這場審判。1689 年 6 月 17 日，被告被帶到了巡官家中刑求。她在看到刑求器具時說：「你想要我承認什麼？」

被問及她是不是殺掉了那名孩子時，她在沉默許久後承認了。接著她也承認自己惡魔海因利希引誘，那名惡魔有黑色的羽毛並時常和她做愛。她放棄了三位一體的神，而且殺過馬和牛，還指認了共犯。兩天後，她想要用自己的皮帶上吊自殺，但卻在臉色轉黑後被救下來，她在醒過來後撤回她對共犯的指控。

大學在檢視了證據後下令要把她活活燒死，被她指控的人則受到祕密調查。

在薩克森邦的另一個地方，十歲的愛瑟 · 阿勒斯（Althe Ahlers）學會了一個魔術戲法，她可以從手帕中變出一隻老鼠。被逮捕時她說她是從六十三歲的艾爾歇 · 內貝林斯（Elsche Nebelings）那裡學會這個小把戲的。內貝林斯抗議說自己根本不知道如何製作老鼠，但他依然在 1694 年 8 月 25 日被逮捕。五天

後有三名小孩在法庭上描述了這個小把戲，9 月 11 日，法庭正式以使用妖術起訴愛瑟。檢察官堅持要判她死刑，並堅決要使用拇指夾和鞭子來獲得真相。

不過由於愛瑟只是個孩子，所以法庭指派了辯護顧問給她。顧問說她的這個把戲只不過是手部的靈巧動作而已，而且就算這真的是妖術，也是一個無害的妖術。1694 年 10 月 1 日，法官將法庭報告上交給大學並提出了許多疑問：「他們是否應該使用拇指夾與吊刑來刑求這名女士和孩子？他們是否應該把刑求工具拿給她們看？他們是否應該尋找惡魔的印記？如果他們在愛瑟身上找到惡魔印記的話要如何懲罰她？如果他們真的要刑求愛瑟，那麼他們應該用哪些手段？」大學下令釋放這兩名囚犯，他們說在監獄裡關六週已經足夠懲罰十歲的小孩了。

1715 年，慕尼黑市附近的瓦瑟堡市（Wasserburg）有九名男學生指控他們的老師卡斯柏・史維吉（Caspar Schwaiger）參加巫魔會。史維吉在經歷第一次的殘酷刑求時拒絕認罪。在第二次刑求過程中他認罪了，並指認了其他人。他曾撤回自己的認罪自白，但又因為無法面對更多刑求而再次認罪。七年後，夫來辛市附近的莫斯堡市（Moosburg）也發生了類似的案件，有幾名男孩指控喬治・普爾斯（Georg Pröls）使用巫術。這些男孩的動機有可能是想要報復。一年前，有十一名青少年在莫斯堡市被處決，其中包括了一名十三歲的男孩和三名十四歲的男孩。在刑求開始之前，法庭的人先用燻香淨化了刑求室並祝福了鞭子，之後才開始鞭刑。普爾斯在刑求過程中認罪，之後又撤回自己的認罪自白。儘管如此，他還是被斬首並燒死了。但政府擔心這種歇斯底里的狀況會流傳開來，因此釋放了其他十三人，其中有些人已

經認罪了。

接下來，烏茲堡市附近的溫特札鎮（Unterzell）出現了另一個案子，被告是六十五歲的修道院院長瑪麗亞・雷納塔・桑爾・莫索（Maria Renata Sänger von Mossau）。修道院在 1745 年將漢堡市（Hamburg）一個義大利家庭的女兒賽西莉亞・皮托里尼（Cecilia Pistorini）接進修道院當見習修女，但院長雷納塔修女並不贊同這件事。當時皮托里尼深受歇斯底里的症狀所苦，會在儀式過程中尖叫、痛苦地扭動並吐出泡沫，其他修女很快也出現了類似的症狀。接著，在皮托里尼臨終前，一名年長的修女指控瑪麗亞・雷納塔修女對皮托里尼使用巫術。附近另一間修道院的院長奧斯華・羅斯切特神父（Oswald Loschert）在後來成為雷納塔修女審判中的評審員，他在記錄中寫道：「有一個惡魔親口說出它附身在一名修女身上，它說在雷納塔還在母親的子宮時，它就已經抓住她了，雷納塔是它的奴隸、是受了詛咒的東西。」

在驅魔過程中，他們發現有六名惡魔附身在六名修女身上，這六名惡魔分別是：阿塔馮斯（Aatalphus）、卡沃（Calvo）、達塔斯（Datas）、杜薩克斯（Dusacrus）、阿拉方塔（Elephatan）、納塔索羅斯（Nataschurus）和納拔史庫羅斯（Nabascurus）。在這之後，羅斯切特神父抱持著謙卑的心想弄清楚，為什麼上天會讓這麼可怕的詛咒降臨在一個日日夜夜致力於讚美上帝與禱告的修道院中。

他說：「無論如何，如今上天授意要我們找出躲藏在這個神聖地點中的邪惡女巫，她在這裡施妖術，上天要我們把她從這個和平的社群裡驅逐出去，無論從精神上或物質上看來，她都不屬

於這裡。」

　　他們搜查了瑪麗亞‧雷納塔修女的房間，找到了女巫的藥膏與有毒的藥草，還有一件黃色的袍子，據說她就是穿這件袍子去巫魔會的。她被連續審問了好幾個月。烏茲堡大學的耶穌會修士建議折磨雷納塔修女，他們用祝福過的生皮鞭子鞭打她二十下後她認罪了。她說她在八歲時和撒旦簽了契約，在十一歲和撒旦做愛，在青少年時期學會了整套撒旦崇拜儀式。接著，她在十九歲進入修道院，目的是把修道院毀掉。她從那時候開始就已經放棄上帝與教堂、學會褻瀆神明、把油膏塗抹在身上、用掃把飛行、和其他人一起在巫魔會上裸體跳舞、任意和惡魔做愛、吸收了三個人成為惡魔的僕人並讓六名修女被附身。

　　在另一份流存至今的法案審判謄本中詳細記錄道，她承認自己過著「不信仰上帝的生活」，這件事實在令人難以置信，儘管她一開始成為修女是因為父母的逼迫，但她已經在修道院生活五十年了。她說在匈牙利戰爭期間，她們全家人到維也納避難，那裡的步兵教會她一種咒語讓她可以使人殘廢。她用自己的血簽下了惡魔之書。她曾多次把聖體丟進糞池和海裡，至少參加過一次巫魔會。每週一惡魔都會到修道院來找她通姦，通常他會停留兩、三個小時，而且不會有人發現他。和惡魔做愛使她感到極度疼痛。

　　她的罪行包括了十三項妖術罪、異教罪和叛教罪。烏茲堡市的主教在 1749 年 5 月 28 日除去了她的聖職，把她交給世俗法庭讓她以女巫的身分被燒死。不過，主教是個富有同情心的人，他說他「考慮到被告在初次受到巫術之罪誘惑時，年紀還很小」，所以要求行刑人先把雷納塔修女斬首再燒掉，好讓她

不被活活燒死。

1749年6月17日，喬治・蓋爾神父（George Gaar）和毛魯斯神父（Maurus）把瑪麗亞・雷納塔帶到了瑪麗亞堡（Marienberg）。由於雷納塔失去了修女頭銜，所以不能再穿修女的衣著，她穿上了黑色長袍、白色圍裙、白色圍巾和黑白相間的頭巾。她在瑪麗亞堡被斬首，當時那位行刑人砍頭的技術精湛，使圍觀群眾不禁大喊：「太棒了！」她的屍體被放在木頭與焦油桶組成的火堆上燒掉。在焚燒屍體的這段期間，耶穌會的蓋爾神父在一旁講道，他解釋了為什麼使用巫術的人要被處決，並詳細描述了瑪麗亞・雷納塔的可怕罪行。他對這次的講道感到無比自豪，後來還把講道內容出版，有德文和義大利文兩個版本。然而這卻帶來了反效果，德國人漸漸厭倦了女巫審判。雖然在1751年的《巴伐利亞刑事法典》（*Bavarian Criminal Code*）中，依然規定和惡魔簽訂契約的人要被燒死，但「罪惡行為」的刑罰則下降為斬首。

巫術的價格

在女巫審判的支出方面，德國就像法國與蘇格蘭一樣，通常都是用女巫的遺產或其親屬的財產來支付費用，而且受益的不只是搜巫者和行刑人，法官、辦事員、刑求人、獄卒、參與判刑的神職人員，甚至連供給火堆木頭的伐木工人都能拿到錢。當地的旅館業者也會因為跑來看火刑的群眾而大賺一筆，被害人剩下的遺產則會落入當地貴族、主教、國王或宗教法庭的手中。因此對政府來說，讓獵巫行動繼續下去是一件有利可圖的事情。不過在1629年，奧芬貝格市（Offenberg）的議員菲利普・貝克（Philipp Beck）在妻子被燒死後，收到了政府提供的一份帳單，他立刻對此提出異議。首先，行刑人說把他妻子從一個監獄轉移到另一個監獄要十巴岑幣（batzen）；其次，兩名在審判期間看守他妻子的值班人員每週的薪水是十巴岑幣加上七份紅酒；再來，每次開庭後法官們都會參與一場宴會，每人的費用是四巴岑幣；另外，每名傳令員還要多收兩巴岑幣。貝克議員因為質疑這些費用而被罰款，罪名是蔑視「老鼠」（當地市鎮政府）。

1595年6月22日，阿朋威爾市（Appenweier）有三名女人被活活燒死。從被判處有罪算起的三天內，她們就已經累積了高

達三十三弗羅林六巴岑幣又六芬尼（pfennig）的費用，這些費用的名目是「囚犯與守衛的生活費」。此外，她們還要支付行刑人的費用十四弗羅林七巴岑幣又十芬尼，以及法官、牧師與律師的娛樂費用與宴會費用三十二弗羅林六巴岑幣又三芬尼。

甚至連無罪的人也同樣必須支付這些錢。1608 年 10 月 8 日，法庭因為缺乏證據而延後了迪特里希夫人（Dietrich）的審判。隔年一月，她的丈夫要求撤銷案件，原因是他再也付不出越積越多的法院費用了。法庭也同樣因為缺乏證據而延後帕布斯特夫人（Pabst）的審判三年之久，直到她在 1611 年 4 月死在精神病院中這件事才有了結果。隔年二月，帕布斯特家因為付不出帕布斯特夫人在監禁期間的費用而必須拍賣他們的財產。

雖然科隆市從 18 世紀開始停止活活燒死女巫，但那裡的人依然會使用刑求、絞刑和斬首，而且依然要求這些犯人為此特權付費！大主教支付給高階行刑者的聘金是八十泰勒幣（reichsthaler）又二十艾布斯幣（albus），此外還要再加上十二莫德◆穀物和四捆木頭。後來大主教指出，由於在 1757 年有一位行刑者要求他支付「高到不切實際」的費用，所以他不得不列出詳細的費用清單：

◆ 莫德：此處原文為 malder，此單字原意為研磨，當時用以指稱研磨一次能獲得的穀物量。

序號	費用項目	泰勒幣	艾布斯幣
1	由四匹馬撕裂並分成四等份。	5	26
2	分成四等份。	4	0
3	分成四等份所需要使用的繩子。	1	0
4	將四等份掛在四個角落，包含必要的繩子、釘子、鐵鍊和運送工具。	5	26
5	斬首和火刑，包含所有相關費用。	5	26
6	必要的繩子、準備木樁與燃燒木樁。	2	0
7	絞刑與火刑。	4	0
8	繩子、準備木樁與點燃木樁。	2	0
9	活活燒死。	4	0
10	在輪子上活活打碎犯人的骨頭。	4	0
11	此過程需要用到的繩子與鐵鍊。	2	0
12	將犯人的身體綁上輪子。	2	52
13	斬首。	2	52
14	斬首所需的繩子與蓋臉的布。	1	0
15	挖一個棄置屍體的洞。	1	26
16	斬首並把屍體綁在輪子上。	4	0
17	必要的繩子、鐵鍊和布。	2	0
18	砍下手或砍下數支手指並斬首。	3	26
19	同上，再加上用熱鐵燒燙犯人。	1	26
20	必要的繩子和布。	1	26
21	斬首與把頭放進洞裡。	3	26
22	必要的繩子和布。	1	26
23	必要的繩子、鐵鍊與布。	2	0
24	絞刑。	2	52
25	絞刑必要的繩子、釘子與鐵鍊。	1	26
26	真正開始執行之前，用燒紅的滾燙鉗子夾犯罪者，不包含在上述的絞刑費用中，各種處決皆適用。	0	26

德國女巫

序號	費用項目	泰勒幣	艾布斯幣
27	把全部的舌頭或部分的舌頭割下來，之後用燒紅的熱鐵燒燙嘴巴。	5	0
28	此過程需要的普通繩子、鉗子和刀。	2	0
29	釘絞刑架、割下舌頭或砍掉一隻手。	1	26
30	針對那些用上吊或溺死或其他方法自殺的案件，取下屍體、搬運屍體以及挖洞棄置屍體。	2	0
31	從城市或鄉鎮流放一名犯人。	0	52
32	在監獄中執行鞭刑，包括鞭子。	1	0
33	杖打。	0	52
34	戴上木枷。	0	52
35	戴上木枷與鞭刑，包括繩子和鞭子。	1	26
36	戴上木枷、使用烙印和鞭刑，包括煤炭、繩子和鞭子，也包括烙印油膏。	2	0
37	在犯人被烙印後做檢查。	0	20
39	把梯子放上掛架，無論同一天放多少個梯子都是同樣價格。	2	0
39	拿出刑求用具恐嚇。	1	0
40	一級刑求（脫衣服、鞭笞、肢刑架等）。	1	26
41	在此級刑求中擠壓並打碎拇指。	0	26
42	二級刑求（吊刑），包括事後固定四肢與過程中用到的油膏。	2	26
43	若一名犯人需要同時用到一、二級的刑求的話，行刑人可以同時進行兩種刑求，在這之後一併固定四肢並使用油膏，行刑人共可以拿到同時使用這兩種行求的費用。	6	0
44	除了處決日與刑求日之外，每日的車馬費與日常開銷費（無論當天有多少名罪犯被處罰都一樣）。	0	48
45	每日的食物。	1	26
46	每一名助手。	0	39
47	租一匹馬包含草料與馬廄，每日的費用。	1	16

這份價格清單上接著寫道：如果刑求或處決的地點在科隆市行刑人就必須直接採用上述費用，不得增加其他車馬費、每日開銷、食物、稻草和馬飼料。如果刑求或處決的地點比德意茲鎮（Deutz）旁那條更遠的河，又或者在梅勒坦墓園（Melaten）附近的話，行刑人只能多收取馬匹的稻草費用。在目前的規定中，第 15、30 與 38 項應由該用具的主人負責，因此應該由他收取這些費用。

如果行刑人要刑求或處決主教的家臣或附屬家臣的話，他應該額外再收取三分之一的標準收費，這是因為家臣和附屬家臣對他的年薪沒有任何貢獻。能獲得此待遇的只有行刑人，家臣或附屬家臣不得雇用其他「外地人」。

清單上的最後幾個條目解釋道：「有許多人抱怨，大主教手下的官員和行刑人會在處決後收取手續費並要求額外費用，或者乾脆拒收手續費並要求對方另外支付高額費用。我們認為這種要求是濫用權力，往後我們會禁止這種行為。我們在此下令，只要執行了處決，大主教手下的所有官員都必須嚴格遵守上述規範，只能支付行刑人規定的費用不得額外多加錢。在這之後，他們必須把自己的帳目與所有相關收據都交給大主教的財政管理者檢視。」科隆市的大主教在 1757 年 1 月 15 日核准了這份收費清單。

德國最後一個被正式處決的女巫是安娜・瑪麗亞・史韋格（Anna Maria Schwägel），在 1775 年死於巴伐利亞邦的肯普騰市（Kempten）。她是一名信奉天主教的女僕，三十多歲依舊單身的她，當時有一名馬車伕答應若她成為路德教徒的話他就會娶她，她因此成為了這名馬車伕的受害者。她前往梅明根市（Memmingen）正式放棄天主教，但馬車伕在成功引誘她之後立

刻拋棄了她。她再次回到天主教的懷抱，向奧古斯丁修會的一名修士尋求寬恕，卻在獲得寬恕後才發現這名修士也曾改信新教。她認為自己被魔鬼欺騙變得神志不清，在鄉間四處遊蕩，最後進入了肯普騰市附近的蘭根鎮（Laneggen）的精神療養院。療養院的女護士安娜・瑪麗亞・卡斯塔勒（Anna Maria Kuhstaller）強迫她承認自己曾和變成馬車伕的惡魔做愛，接著，卡斯塔勒女士向法官告發了史韋格。1775 年 2 月 20 日，安娜・瑪麗亞・史韋格被逮捕並關進監獄。

兩週後，她接受了審判。安娜・瑪麗亞・史韋格似乎沒有遭到刑求，她在神智不清的狀態下承認自己曾和魔鬼簽訂契約，也曾在清醒時與睡夢中和魔鬼做愛。儘管她被指控的罪行不包括「罪惡行為」，但法官依然在 3 月 30 日判處她死刑，不過他們無法決定應該要把她燒死、吊死還是斬首。接著，肯普騰市的采邑修道院長何諾（Honorius）對史韋格做了檢查，並說：「執行正義吧！」（Fiat justicia！）最後，安娜・瑪麗亞・史韋格在 1775 年 4 月 11 日被斬首。

斯堪地那維亞的巫魔會

Chapter 6

Scandinavian Sabbats

斯堪地那維亞的巫魔會

1688 年，瑞典中心的達拉納省（Dalarnas）以摩拉市（Mora）爆發了驚人的巫術潮。該年 7 月 5 日，艾多雷區（Elfdale）的牧師呈報：「十五歲的男孩艾瑞克・艾瑞克森（Eric Ericsen）指控十八歲的葛楚得・史文森（Getrude Svensen）替惡魔偷小孩。」當時還有其他人被指控了同樣的罪名。這些人都說自己是清白的，只有一名七十歲的女人除外。

1669 年 5 月，生性多疑的國王查理十一世（Charles XI）派了委員會用禱告來救贖這些被指控的巫師。他們依據 1608 年路德教派國王查理九世（Charles IX）制訂的《反巫術法》，以及 1618 年他兒子古斯塔夫二世・阿道夫（Gustav II Adolf）制訂的《反罪惡行為法》起訴這些案件。在明訂的法條中，要起訴某人使用巫術時必須要有六名證人，若被告能找到十二位品行優良的證人證明他的品格良好，就可以駁回起訴。

但是，自從克莉絲汀娜女王（Queen Christina）下令禁止獵巫後，獵巫已經消失三十年的時間了。克莉絲汀娜女王認為那些承認自己和惡魔曾簽下契約的人，其實都受到了幻覺或女性心理疾病的影響，除了顯然因謀殺而有罪的人之外，她釋放了所有女巫。女巫審判重新出現後出現了大量歇斯底里症患者，法庭

在 1669 年 8 月 13 日組建委員會後，共出現了三千名證人。隔天，委員會在聽了數名孩子的證詞後找出了七十名女巫，其中有二十三人直接認罪並在兩週內被燒死，剩下被送到附近的法侖市（Falun）的四十七人也在不久後被燒死。

此外，共有十五名孩子被處以火刑。委員會判定另外三十二名九至十五歲的孩子罪行較輕，必須接受眾人的夾道鞭笞♦並在之後一年內的每個禮拜天到教堂大門外接受鞭打。另外還有二十名不到九歲，對巫術「只有一點點興趣」的孩子，要在之後的三個禮拜接受同上的鞭打刑罰。

對他們不利的證據是他們曾參加過一場巫魔會、用魔法飛行並做出「罪惡行為」，儘管他們並沒有造成實際的傷害但這依然是不利的證據。孩子們說女巫會坐在山羊、棍子或睡著的男人身上和他們一起飛行，他們會在惡魔把窗戶的玻璃徹底變不見後從窗戶飛出去。這些女巫告訴孩子們，如果他們想要悔改或者想透露這些女巫的名字的話他們就會被毆打。記錄寫道，當時「法官們無法在他們身上找到被毆打的痕跡」，這時孩子們作證說「女巫說那些痕跡很快就會消失了」。

巫魔會的地點是布羅庫拉島（Blocula）——「一片一望無際的美麗大草原」，草原上有一棟被施過魔法的房子，入口的柵欄門上刷了各種顏色的油漆，在另一片比較小的草原上有許多讓孩子騎乘的動物。他們在那裡做了黑暗之事，在場

♦ 鞭笞：此處原文為 gauntlet，指犯人經過群眾中間接受眾人鞭打或杖打的一種刑罰。

的人都被迫否認上帝，他們要割傷手指用血在惡魔之書上寫下

自己的名字。惡魔替他們進行洗禮，他們被迫發誓自己將會對惡魔忠誠，同時女巫會把飛散的蒲公英丟進水中並吟唱：「這些飛散的蒲公英再也不會回歸原本完整的蒲公英，願我的靈魂永遠也不會回歸天堂。」

他們會舉行宴會，菜餚是「放了甘藍和培根的肉湯、燕麥、抹了奶油的麵包、牛奶和起司」。接著會配合音樂跳舞，這些舞蹈都是以「和別人打架」為結尾，而且他們還會做愛。參與者必須一起建造一棟石房子，讓女巫在審判日可以躲在裡面，但牆壁一直倒塌。

這些女巫對惡承諾魔他們會做壞事，但他們做過最邪惡的事情似乎只是散播偏頭痛。在審判中「艾多雷區的牧師說，有一天晚上這些女巫趁他思考的時候降臨到他的頭頂上，他從那時候開始一直覺得頭痛。其中一名女巫也認罪說，惡魔派遣她去折磨那位牧師。惡魔命令她把一根釘子釘進他的頭裡面，但是她無法把釘子釘得夠深所以牧師才會頭痛。」

此外，她們似乎也不怎麼擅長表現魔鬼的伎倆，當時「委員們一直努力想說服她們表現一些魔鬼伎倆，但卻沒有任何人能做到。她們每個人都說因為她們已經認罪了，所以再也無法使用巫術了。」

就連受過良好教育的聰明人都會陷入對女巫的恐懼中。評審員安德斯・斯提爾霍（Anders Stjernhök）和烏普沙拉大學（Uppsala）的一位教授都相信惡魔曾在某天晚上出現在他們面前三次，另一位當上摩拉市教長的學校老師則宣稱惡魔曾把他傳送到布羅庫拉島。

8月25日，有大量非自願認罪的女巫被燒死，「那天晴空

萬里，陽光普照」，她們被迫承認孩子們的指控是真的。

　　「一開始，多數人都非常頑固，他們沒有流下最後的淚水，否認了指控，不過法庭認為否認指控其實違背了他們真正的意願與意圖。」他們在接受個別訊問時多數人依然「堅決否認」，但否認並不重要，最後他們全都被燒死了。

　　1676 年，斯德哥爾摩市（Stockholm）的居民也開始對女巫感到恐懼，不過在年輕的醫師奧本・亞納（Urban Hjärne）指出這種巫術流行病其實來自於病態的幻想、對他人的惡意與對注意力的渴望之後，恐懼很快就停止了。

　　「這不是很明顯嗎？」一名懷疑巫術的主教說。「人們用那麼多童話嚇唬自己的孩子，以致於這些孩子每天睡覺都會夢到惡魔，接著他們又強迫鎮上的可憐女人承認那些孩子說的話是真的。」

　　巫術流行病從摩拉市往諾爾蘭區（Norrland）擴散，抵達了芬蘭國內兩個說瑞典語的省份。1670 年，政府為烏普沙拉市與赫爾辛基市（Helsinki）成立了特殊委員會，教堂為了抵擋巫術開始提供特殊服務，許多人被關進監獄中，在 1674 年與 1675 年間，光是三個教區內就有七十一人被燒死或斬首。

　　直到 1157 年，基督教才從瑞典傳進芬蘭，在那之後異教徒的傳統又延續了很長一段時間。許多瑞典流浪者的維生方式是唱一些有關芬蘭妖術信仰的歌謠，造訪瑞典的德國工匠以及從三十年戰爭返鄉的芬蘭士兵使異教徒傳統變得更流行，當時還有一些拉普蘭地區（Lapland）的人不斷吹噓自己能引起暴風雨。

　　1573 年，芬蘭當時的首都土庫市（Turku）的教會會議開除了所有巫師與算命師的教會會籍。接著這些人被交給當地政府決

定刑罰，他們的下場通常是被流放。1554 年還有一條法律，要求那些讓女巫住進家裡卻沒有向政府通報的人，必須繳交四十馬克幣的罰金給牧師或治安官。不過，當時芬蘭是隸屬瑞典皇室的大公國。1575 年，瑞典國王約翰三世（Johan III）下令官員到各地尋找女巫，那些被判定有罪的人，若是初犯或二次犯罪的話將會在教堂大門前接受鞭刑，若是第三次再犯的人，他們的處罰則要由法官決定。

在芬蘭做出迷信行為的人通常會被法庭判處監禁、限制麵包與水、鞭刑和夾道鞭笞。不過，芬蘭的學者與科學家都對魔法特別感興趣，神職人員與教授也時常傳閱各種神祕學書籍。馬丁・史托狄斯教授（Martin Stodius）和他的兩名學生因此在 16 世紀晚期在土庫市的大學委員會中接受審判。教長阿拉諾斯（Alanus）的遺孀也在主教耶塞留斯（Gezelius）的指控下受審。不過，芬蘭的犯人只要在社群中聲譽良好並找到品性優良的證人，通常就能成功擺脫指控，一般來說只有窮人和獨行俠會被定罪。

芬蘭的反巫術法律緊隨在瑞典之後。1683 年的《軍法條例》（Articles of War）規定，使用巫術殺人的女人應該要被燒死，男人則應該被吊死。依照 1687 年訂定的新規範，與惡魔簽訂契約或使用巫術的人都應該被判處死刑。但芬蘭沒有設立特殊委員會來審判女巫，也沒有系統性的迫害。那些獨自做出「罪惡行為」的人只會在普通法庭受審。芬蘭禁止刑求，不過有時法庭裁定的懲罰是使犯人肢體傷殘。

芬蘭的第一次女巫審判發生在 1595 年 8 月 1 日，當時有一名女人說她希望某些人遇上厄運，之後她說的那些話成真了，某些人就此生了病，而據說她後來治好了那些病，那名女人因此被

起訴，後來被法庭判處死刑。

接著在 1620 年代，博滕區（Pohjanmaa）和奧蘭區（Ahven-anmaa）這兩個說瑞典語的地區突然爆發了大量的女巫審判。女巫審判的數量在 1650 年代達到高峰，當時芬蘭的其他地區在只審判了十一個女巫案件，而同一時期博滕區的巡迴法庭審判了高達五十五個案件。在芬蘭全國被定罪的女巫中，只有五、六十人最後被判處死刑，而且政府並沒有執行所有死刑。其中大約有三十名被定罪的女巫來自博滕區，共有十個被定罪的人是男性並說芬蘭語，剩下的全都是說瑞典語的女性。

1641 年，上訴法院強烈要求韋赫馬市（Vehmaa）和下薩塔昆塔區（Lower Satakunta）的神職人員在講道的過程中譴責巫術。緊接著，摩拉市爆發了大量巫術案，芬蘭教堂開始進行特殊禱告。神學家紛紛撰寫短文譴責巫術，其中一位神學家安德列亞加斯·哈薩奎斯特（Andreas Hasselqvist）鼓吹人們用火和劍消滅惡魔的僕人。

1666 至 1678 年間，奧蘭區的女巫迫害狀況變得非常極端。從審判紀錄中可以看出德國帶來的影響，其中有些過度熱忱的原告還會引用德國惡魔學家的話。1666 年 4 月，一名乞丐的妻子卡琳·珀斯多特（Karin Persdotter）在芬斯特隆市（Finström）的特殊會議上被判處火刑。她指控了十三名其他女人，其中有九人跟她一樣被綁上木樁燒死。

儘管斯堪地那維亞其餘地區的人民都和芬蘭人一樣，認為有些人能製造暴風雨還會參加巫魔會，但挪威的女巫審判數量卻只有二十多件。1592 年，歐洛夫·古達爾（OlufGurdal）在貝爾根市（Bergen）被判處死刑。兩年後克斯汀·傑德（Kirsten

Jyde）的妻子安妮・克努茲達特（Anne Knutsdatter），與身為朱特人（Jute）和法蘭德斯人（Flemish）的約翰・楊斯達特・弗朗斯克（Johanne Jensdatter Flamske）在貝爾根市被燒死，與此同時，第三名女巫狄提絲・倫克（Ditis Røncke）則被流放。在那之後，一直到1622年才再次出現女巫審判，那時被指控的女人被眾人稱做席妮瓦（Synneve），她在牢中等待審判的期間上吊自殺，之後她的屍體被燒掉了。

1650年，二十六歲的凱倫・托斯達特（Karen Thorsdatter）承認她曾為名叫路西法的男人工作。路西法教導她如何用魔法偷牛奶，施法的方法是把刀子插進牆壁裡。他也教了她幾種咒語讓她用來保護家畜。她曾坐在貓的身上飛越天空，陪她一起飛行的是當地鎮長席斯・莫特森（Sidsel Mortensen）的遺孀，飛行工具是撥火棒，她們的領頭人是騎在小牛身上的克麗絲汀・克洛德（Christen Klod）。她們三人曾試圖殺死兩名法官，但因為兩名法官都很虔誠而且其中一人在脖子上戴著金十字架，所以她們失敗了。凱倫・托斯達特指控的另一名女人博迪爾・克瓦姆斯（Bodil Kvams）也承認自己曾騎在撥火棒上並曾試圖殺死那兩名法官。她還跟著凱倫一起指控另一名女人製造了暴風雨，被指控的女人被逮捕時正和一名鄉鎮法官舉辦婚禮。這名女人受審時，她的丈夫主張法庭不應該單靠那兩名認罪的重罪犯的證詞，就判定她妻子犯下了這麼重的罪行，法庭同意了她丈夫的說詞。最後，博迪爾・克瓦姆斯和凱倫・托斯達特在克里斯提安桑市（Kristiansand）被判處火刑。

1667年，特倫赫姆市（Trondheim）的萊斯特朗自治區（Leinstrand）舉辦了一場洗禮宴會，艾瑞克・克文納德（Erik

Kveneld）在宴會上毀謗歐萊・尼本（Ole Nypen），說他是巫師。艾瑞克說歐萊使他雙手罹患風溼病，又威脅說若歐萊不把他治好的話，就要「讓他被火燒」。歐萊・尼本則說艾瑞克・克文納德這麼做是想要聯合鄰居和牧師一起對付他，兩人大打出手。他們在 1670 年 4 月 30 日，也就是三年後告上了法院。歐萊・尼本指控艾瑞克・克文納德毀謗，克文納德則指控尼本和他妻子莉絲貝特（Lisbet）使用妖術。數名證人出庭證實此指控，莉絲貝特承認自己使用鹽和咒語來治療疾病。

克文納德說，尼本夫婦曾對他下過咒語使他無法抬起雙手，又使他的胸部變得和女人一樣大。此外，他妻子的眉毛曾變很長，長到她看不到前方，她的耳朵則曾像狗耳朵一樣下垂到肩膀的位置。數名證人作證說他們看到莉絲貝特一邊唸咒語一邊把鹽巴放在傷口上摩擦，那些被她治癒病人會給她一小筆錢。

莉絲貝特說，治療的力量不在於鹽巴而在於她以神之名說出來的話語。她用治癒感冒的「祈禱」作為例子：

基督手上拿著一本書走進教堂裡。接著聖母瑪利亞走進來。「我蒙福的兒子，你為什麼臉色蒼白？」「我得了嚴重的感冒。」「我治癒你嚴重的感冒，咳嗽的感冒、肚子的感冒、背部的感冒、胸部的感冒，從血肉和骨頭直到陸地與岩石，奉聖父、聖子與聖靈之名。」

4 個月後，法庭在 1670 年 8 月以瀆神祈禱的罪名起訴了莉絲貝特，眾人依然認為她是個女巫。有四名證人說她使用施了咒的鹽，又描述她如何把他們變成其他人或動物藉此消除他們的痛楚。

當地的教區牧師說，他曾聽說尼本夫婦在過去數年間一直在非法交易巫術。法庭也認為當地人「不能否認，關於尼本夫婦的流言在過去數年間一直存在，許多人都因為害怕而餵食他們的家畜。」

法庭詢問莉絲貝特是否曾使用被禁止的禱告來服侍撒旦。她說她沒有，又說她過去講的任何一句話都不應該被誤認成是服侍撒旦的禱告，接著她又說她之所以會被誤解都應該怪自己太愚蠢。接著法庭下令要她詛咒撒旦，她照做了。

然後法庭問起她曾幫助過或傷害過的人與動物。她說她只曾透過上帝的力量幫助他人，從沒有傷害過人何人。法庭問她除了安妮 · 佛格斯塔（Ane Fergstad）之外，她在這個地區或別的地方還有沒有認識別的禱告者？她說除了安妮之外她只認識另一位禱告者，又說她曾聽安妮做過凍瘡的禱告。

接下來法庭開始追問他人指控的「罪惡行為」。法庭問，那個毆打女孩的惡魔是為了她而毆打女孩，還是為了女孩的女主人卡爾雅 · 奧克斯塔（Kari Oxstad）而打女孩？莉絲貝特堅持自己是無辜的，跟這件事毫無關連。

1670 年 8 月 27 日，法庭舉辦第三次聽審。法庭傳喚被惡魔毆打的女孩，她發誓自己是因為卡爾雅 · 奧克斯塔的咒語才跛腳的，莉絲貝特則認為奧克斯塔曾毀謗中傷她的女兒們。接著，當地省長漢斯 · 艾文森（Hans Edvardsen）用四項罪名起訴了歐萊 · 尼本和莉絲貝特 · 尼本：

一、根據證詞，他們在牧師與本區居民間的名聲很差，被認為是邪惡的人。

二、他們把惡魔從自己身上轉移到別人身上（若失敗的話則會

轉移到動物身上），藉由這種方法治療他人。

三、他們傷害鄰居，使他人發瘋、殘廢、外表受損或眼盲，且
　　有時會在對自己有利時幫助他人。

四、他們濫用上帝的名字。

17 世紀的女巫火刑木版畫（作者為無名氏）。

斯堪地那維亞的巫魔會

省長建議法官先對兩名被告用刑獲得完整的認罪自白，之後再處決並燒掉。雖然兩名被告都不願認罪，但之後依然被定罪了，最主要的罪名是邪惡的名聲和濫用上帝的名字，法庭判處兩人火刑，不過歐萊會先被斬首。

克里斯提安桑市的法庭也在 1670 年召開了巫術審判。議員尼爾斯・佩德森（Niels Pedersen）在哥本哈根出差時突然覺得非常痛苦，失去了說話的能力。他一定是被施了巫術！在冗長的審問後，凱倫・史尼克斯（Karen Snedkers）承認她先是把自己變隱形，然後把精鹽灑在議員的衣服上用這種方法傷害議員。她和共犯多蒂・弗迪維克（Dorthe Fudevik）一起飛到哥本哈根，趁議員睡著時把一小罐鹽倒進他嘴裡。她還曾變成烏鴉，把骨頭、指甲、毛髮和羽毛拿去市辦事員喬漢・沃爾姆（Johan Worm）的花園裡埋起來，使沃爾姆的雞和其他家畜生病。她說那些毛髮是她從「她的孩子白鵝（Whitegoose）身上」拔下來的，又說白鵝「長得像小馬，每當她需要趕到某個地方時，就會騎到白鵝身上」。許多證人都作證指控她有罪。

她在後來的聽審中，承認自己曾像烏鴉一樣和另外兩名女巫一起飛行，並召喚暴風雨來毀掉佩德森議員的船。其中一名女巫降落在橡膠筏上，另外兩名女巫降落在圍欄上，但因為議員手上拿著一本祈禱之書所以女巫無法傷害他。最後凱倫・史尼克斯和她指認為女巫的另外六名女人都被處以火刑。

1680 年，色德墨爾區（Sondmore）又有一名女巫被處決。1684 年，一位名叫因格布里格（Ingebrigt）的男人承認自己曾在惡魔面前進入墓園中倒著走三圈，用這個方法發誓放棄基督教信

仰。他在多夫勒山（Dovrefjeld）的巫魔會上用兩根牛尾巴打鼓，他還為了對家畜下毒而偷了聖餐餅。他在耶德倫區（Jaederen）的審判中指認了許多人，接著又撤回這些指認，最後被處以火刑。

1687 年，法庭判處一名女孩死刑，原因是法庭認為這名女孩的身體被鬼魂佔據了，而這個鬼魂是十四年前被殺死的一名女孩。這名鬼魂藉由女孩的身體帶領法庭人員前往犯罪現場並認了罪。1701 年，在卑爾根市（Bergen）的一間高中也出現了鬼魂附身的案例，被告當時也認罪了，不過高中校長認為這只是一場騙局。

除了挪威在 18 世紀初突然出現了大量的鬧鬼事件之外，斯堪地那維亞的女巫現象大多在 18 世紀結束。除了不幸的窮人因為「巫術」被燒死之外，斯堪地那維亞的獵巫狀況顯得相對溫和，不像德國和法國的獵巫充滿了極端的惡意與歇斯底里的症狀，不過西班牙的狀況又是另外一回事了。

西班牙
宗教法庭

Chapter 7
The Spanish Inquisition

西班牙宗教法庭

　　西班牙宗教法庭和西班牙「信仰實踐儀式◆」中的大量火刑是有關連的。西班牙法庭一開始是因為想要擺脫異教派的伊比利亞半島，所以才會開始關注巫術。1359 年，西班牙在亞拉岡區（Aragon）的道明會審判官初次針對巫術訂定規範，到了 1370 年，法庭宣布預言家與詢問預言家的人都是異教徒。不過依據 1387 年的法律規定，普通教徒應該由政府審判，只有神職人員才要交給基督教法庭審判。當時法庭不斷用各種方法設立更嚴格的巫術規範，但仍有許多人在討論招魂數和妖術算不算是異教行為。

　　1436 年，神學家阿隆索・托斯塔多（Alonso Tostado）認為參加巫魔會是藥物導致的幻覺。不過到了 1467 年，亞爾方索・史比納堅持這種幻覺是惡魔製造出來的。他的著作《信仰堡壘》（*Fortalium Fidei*）是第一本討論巫術刑罰的書。儘管後來才改信基督教的史比納自己就是猶太人，但他卻在書裡譴責猶太

◆ 信仰實踐儀式：此處原文為 auto-da-fé（葡萄牙文），指的是罪犯在被法庭定罪後當眾懺悔的一種儀式。

人與穆斯林，寫了許多反猶太人的故事，也或許他這麼做正是因為從猶太教改信基督教的關係。判斷巫術的最終方法來自《魔法信仰之書》（*Opus de Magica Superstitione*），這本書在往後的1世紀都是西班牙的經典妖術之作。書中指出女巫飛行是一種幻覺，但會出現這種幻覺是因為女巫和惡魔簽訂了契約，書中也說儘管巫術不是真正的異教行為，但應該要把巫術當作異教行為來審判與處罰。

13世紀末，西班牙人把穆斯林趕跑後，亞拉岡區和卡斯提區（Castile）的政府開始想辦法把統治權延伸到國內其他區域，他們在1478年說服了教宗思道四世（Sixtus IV）批准他們成立獨立的西班牙宗教法庭。法庭在1481年於塞維利亞市開始運作，舉行了第一次「信仰實踐儀式」，數百人被活活燒死。西班牙宗教法庭野蠻到連教宗都曾下令禁止，但西班牙政府認為宗教法庭是強大的政治工具，於是重啟法庭並重新任命自己的宗教法庭長。政府任命的是道明會的托馬斯・托爾克馬達（Tomás de Torquemada），在他往後十五年的法庭長生涯中，有兩千多人因他被綁上木樁燒死。

知名神學家胡安・托爾克馬達（Juan de Torquemada）因推廣教宗無誤論（papal infallibility）◆而成為紅衣主教，上述的宗教法庭長托馬斯正是胡安的姪子。托馬斯從小就是個虔誠孩子，以優異的成績完成學業後加入了道明會。他的父親是一名貴族，一直希望兒子能結婚並傳遞

◆ 教宗無誤論：並不是指教宗說的每一句話都是對的，指的是教宗代表教會所做的解釋與宣告都不能有錯誤。

家族的香火，托馬斯加入道明會讓他很失望。

　　神學家托爾克馬達在塞哥維亞市（Segovia）的聖克魯斯修道院（Monastery of Santa Cruz）隱居，過著極度儉樸的生活。他拒絕吃肉，也拒絕像其他道明會成員一樣在粗糙的外衣裡面再穿一件亞麻衣。他好像覺得外衣造成的擦傷還不夠似的，常改穿剛毛襯衣又總是光腳行走。

　　托爾克馬達的虔誠名聲漸漸流傳開來，並因此成為西班牙恩里克四世（Henry IV）的妹妹伊莎貝拉（Isabella）的告解神父。他設法讓伊莎貝拉承諾，若她成為女王的話，就會重新恢復宗教法庭。她後來的確成為了女王，也信守承諾地恢復了宗教法庭，並任命托爾克馬達為法庭長。

　　托爾克馬達不像許多神職人員一樣，是為了財富與權力而加入教會的。也正因如此，他比其他人更加危險。他想做的事是強迫其他人跟他一樣過上苦行的生活，他一點也不在乎要如何達到這個目的。他還獲得了「猶太人的苦難」這樣的稱號。他的祖母是猶太人，但他卻指控猶太人是異教徒，甚至連那些改信基督教的猶太人也一樣被他指控。事實上，被指控的人有可能並不是猶太人，但只要有一名證人作證你是猶太人，你就一定是。指控女巫的程序也很相似，在西班牙引領獵巫的人正是像托爾克馬達這樣的道明會成員。

　　成為宗教法庭庭長後，托爾克馬達立刻制訂了一套新規定，寫下二十八篇文章，使西班牙宗教法庭的運行方式變得和德國或法國的宗教法庭完全不同。宗教法庭每抵達一個新的地點，就會找一名能言善道的神父或宗教法庭的神父來佈道。佈道結束時，虔誠的基督徒們會走上前對宗教法庭宣誓他們的忠誠之心，並保

證他們會為法庭努力勞動。接著，宗教法庭會開放三十至四十天的期限，讓那些失去信仰或做過異教行為的人（包括巫師、猶太人和剩下的穆斯林）到宗教法庭來認罪。只要這些人誠心悔改，承認自己的罪接著再指控鄰居們的罪，他們就不會被當作異教徒處置，也就是不會被綁在木樁上燒死。

不過想當然爾，他們必須接受處罰。處犯了上帝的神聖律法的人不可能逍遙法外。他們必須為贖罪而苦行，放棄珠寶與精緻的衣服、不能騎馬或持有武器，而且應該要把部分財產上繳給伊莎貝爾女王與費迪南國王，用這些錢協助他們在格拉納達市（Granada）和穆斯林打聖戰。

被判定為異教罪或判教罪的人（也就是接納了巫術的人）若沒有在限定時間內自首，而是時限後自首的話，也會受到寬容的對待。他們只要放棄所有財產並接受終生監禁就行了，不會被燒死。就算你事先把財產都贈與別人，宗教法庭也會從你贈與的對象那裡把財產拿回來。

被定罪者的奴隸全都能獲得自由，這使得奴隸們有很大的動機告發自己的主人。法庭格外寬待那些因父母的教導而成為異教徒的孩子。如果孩子們向宗教法庭告發父母犯下了異教罪，他們只會被判處比較輕微的苦修刑罰，法庭將會派人教導他們真正的信仰。宗教法庭會把被定罪者的孩子送到修道院去。照理來說，法庭會給女孩們一小筆嫁妝讓她們結婚，但事實上這種事卻很少見。

因異教罪或叛教罪被逮捕的人可以要求教堂為他實施修和聖事，但首先他們必須證明自己是誠心認罪的，而唯一能證明自己誠心認罪的方法是告發朋友。如果法庭判定被告並沒有誠心認罪

的話，被告將會被交給政府判處死刑。

如果嫌疑犯逃跑了，法庭會在該區的所有教堂門口公告他的名字。他有三十天的時間能到宗教法庭自首，否則他就會被判定犯下了異教罪。若有人成功逃離了，法庭會燒掉逃犯的畫像，這對逃犯來說幾乎是一件不痛不癢的事。

想逃過宗教法庭的人是沒辦法躲在西班牙國內的。如果有伯爵或公爵拒絕讓宗教法庭進入他的領地的話，法庭會判定他犯下了協助異教罪與慫恿異教罪。就連死亡也無法讓被告逃離宗教法庭。若有人在死後被定罪，法庭會把他們的屍體挖出來綁在木樁上燒掉，這些死者的地產自然也會被沒收。

根據規定，宗教法庭的官員不得收取嫌犯的禮物，法庭會從收取禮物者那裡沒收價值兩倍的財產並開除教籍，也就是說他會丟掉能夠賺進不少收入的教堂工作。托爾克馬達同時也有權能因為其他較不嚴重的不法行為解雇審判官。

托爾克馬達對異教罪的定義很廣泛。除了身為巫師或猶太人是異教罪外，由於婚姻也是聖禮的一種，所以他認為重婚也是異教罪。肛交的懲罰是火刑、未婚的普通人到處留情不會受到處罰，不過發生關係的雙方絕不能四處宣揚說他們這麼做沒關係，因為這種話和神說的話互相矛盾。

未婚私通不會受罰的其中一個原因在於，西班牙神職人員的生活極其放蕩。以亂倫和奢侈的群交宴會聞名的教宗亞歷山大六世（Alexander VI）正是來自波吉亞家族（Borgia）的西班牙人。在16世紀之前，告解神父與告解者之間並沒有網窗把兩者隔開。網窗出現之前，放蕩的神父會引誘年輕的女人進入告解室。托爾克馬達很希望能用宗教法庭掃蕩教堂中的這種放蕩行為，但當時

的教宗是自尊心極高、有妻室兒女卻又聲名狼藉的英諾森八世，他和孩子一起住在梵蒂岡。

當時有一名神父被派去修道院當告解神父，他毫不遲疑地引誘了修道院的五名修女，因此被帶到了宗教法庭。但他向宗教法庭辯解說，教會要他去修道院照顧那些修女，而他是善良又虔誠的上主的僕人，一定要遵照指示行事。宗教法庭還抓到另一名神父和他負責照顧的十四歲男孩肛交。由於他是神父，所以處罰是在修道院裡關一年。但那名男孩並不是神父，因此他的處罰是戴上滿是羽毛的異端者冠冕並接受鞭刑，最後傷重不治。

若法庭懷疑某人犯了異教罪，他們會把那個人叫到至聖部◆。只要有兩個證人作證，法庭就可以將被告定罪。法庭不會透露證人的名字，以免他們遭受報復。理論上來說，應該要有一名律師做為被告的代表。但事實上，沒有律師會傻到願意挺身對抗宗教法庭。

至聖部外面沒有守衛，被告可以直接走進去，但這麼做的人會被教會當作異教徒定罪。一旦被宗教法庭起訴，就不太可能擺脫罪名了。教會和政府都希望能打造一個純天主教的國家，而財政部則渴望能沒收越多財產越好。

法庭通常都在晚上抓人。宗教法庭的「法警」（Alguazil）會先敲門，如果屋裡的人反抗的話，他們會強行進入屋內。他們會叫被害人穿好衣服，接

◆ 至聖部：此處原文為 Holy Office，指羅馬教會中負責保護信仰與道德的分部，如今演變成教廷教義部（Congregation for the Doctrine of the Faith）。

著立刻帶他離開。「法警」喜歡悄無聲息地行動，他們抓人時

會隨身攜帶可怕的塞口物，以免有人想要大聲哭叫或警告鄰居。塞口物的外型長得像梨子，他們會把它塞進被害人的嘴裡，接著會用螺旋栓來擴張它迫使被害人張開嘴巴。祕密且安靜的行動使「法警」的恐怖策略變得更有效率。每個人都覺得自己有可能會被抓走。

至聖部裡的每樣物品都是設計來恐嚇嫌犯的。「審判」的舉行地點是一個漆黑的房間。審判官會穿戴白色外衣與黑色兜帽，坐在一張鋪黑絨布的桌子前，桌上會放著一個十字架、一本聖經和六支蠟燭。

法庭審判犯人的房間是法官私室，社會大眾不能進入。秘書會站上講壇宣讀罪名。接著會暫停很長一段時間。托爾克馬達下令審判官在對嫌犯說話之前，要花一段時間閱讀文件，用這種方法使嫌犯覺得越來越恐懼。

他們會先詢問嫌犯的姓名與地址。接著問他們是否知道自己為何被捕。如果犯人說不知道的話（通常他們都不知道原因），審判官必須依照命令，再次當著犯人的面閱讀文件。

經過一小段時間後，他們會詢問犯人是否有任何敵人，或者他們是否常去教會告解。他的教區在哪裡？告解神父是誰？最後一次告解是什麼時候？

托爾克馬達要求審判官不可以因為犯人的任何反應而心軟。他們應該要忽略任何啜泣、哭泣、乞求或令人心碎的敘述。異教徒向來狡猾多詐，他們過去一直假裝自己是個善良的天主教徒，在暗地裡做出異教行為，不是嗎？他提醒審判官，將一個異教徒定罪等於拯救了上千人。畢竟那些異教徒不但自己做出了異教行為，未來還會說服其他人跟著他們一起做出那些可怕的舉動。

如果犯人固執地在恐嚇之下依然不願意認罪，那麼審判官應該要依照命令露出溫和的表情。審判官會說：「你們這些犯人其實是迷途的孩子，而我們就像父親一樣，只希望能讓孩子承認自己做了錯事。教堂已經原諒你們了，很歡迎你們回到教會中。但在此之前，你們必須先藉由認罪減輕靈魂的負擔，並誠心懺悔。」誠心懺悔指的當然是要指認誰和他們一樣犯了罪。許多人都落入了這樣的陷阱中，為審判官提供了更多迫害其他人的資料。

　　如果犯人依然拒絕認罪，法庭將會把他們帶回監獄中，讓他們好好想一想。如果嫌犯繼續保持固執，審判官將會告訴他們，雖然他們看起來好像是清白的，但獄卒並不相信他們，所以他們必須繼續留在監獄中，不過審判官會讓他們搬到比較舒適的牢房並允許訪客探視。這些訪客都是由宗教法庭派來的，目的是促使犯人在談話的過程中卸下心防。訪客會告訴犯人，只要他們認罪法庭就會從輕判刑，懲罰會只是苦修。同時，會有一位宗教法庭的官員躲在旁邊監聽所有對話，這些官員會從犯人的對話中尋找能夠用來判定異教罪的蛛絲馬跡。有時候，和犯人住在同一個牢房的人會是宗教法庭的間諜，那名間諜會假裝自己曾犯下異教罪並公然談論這些事情，希望能使犯人落入陷阱中。

　　如果這些手段都失敗的話，法庭會把囚犯帶回先前的宗教法庭上，用迅雷不及掩耳的速度進行交叉質詢。質詢過程冗長又累人。審判官會在這時候努力迫使嫌犯說出自相矛盾的話。有些犯人的頭腦夠聰明，避開了審判官設下的陷阱，他們將因此獲得一項大獎——刑求室。

　　宗教法庭之所以會出現刑求，很大一部分要歸功於托爾克馬達的貢獻。他下令要法庭的人把刑求使用在「半證實」的異教罪

案件上。基本上就算被告不認罪，只要有人提出異教罪指控，就已經算是半證實的案件了。換句話說，宗教法庭出面審理的案件就已經是半證實的了。但是托爾克馬達是個善良的基督徒，他說不能使人流血。儘管如此，他卻承認常有人在刑求過程中死亡。若有犯人死了，審判官必須立刻找一起工作的神父赦免他的罪。在托爾克馬達的授權下，他手下的所有神父都有權力可以赦免他人的謀殺罪。

想當然爾，審判官也不會使用「刑求」這樣的字眼。他們只是對嫌犯進行「訊問流程」（The Question）。「訊問流程」有五個精心設計的階段。第一個階段是威脅。儘管囚犯已經聽說過宗教法庭會使出多麼殘酷的手段了，但審判官依然認為他們有必要提醒囚犯他們將要面對多可怕的危險，希望能用這種方法使囚犯變得恐懼又脆弱。

第二個階段是帶去刑求室的路途上，審判官會點亮蠟燭，像舉行儀式一樣帶領被害人列隊前進。路上將會有燃燒的火盆照明，而火盆本身也具有令人害怕的象徵意義，讓刑求室裡面看起來漆黑又慘澹。審判官會給被害者一點時間環顧四周，讓他們看清楚未來要使用在他們身上的駭人刑具。同時他們會看到其他不願認罪的人正在被刑求，也會看到刑求人（通常頭戴挖了兩個窺視孔的黑色頭罩）。

在第三階段，他們會抓住囚犯並脫下他的衣服。這將會使囚犯全身赤裸，覺得自己處於弱勢。第四階段則是向囚犯介紹等一下要用在他們身上的特定用具，並把他們綁到刑具上。到了第五階段，也就是最後一個階段，囚犯才會開始真正體會到痛苦。

依照法律的規定，審判官不可以重複使用「訊問流程」。若

1520 年，描繪西班牙宗教法庭的繪畫。畫家詳細繪製了當時比較受歡迎的幾種刑求，包括吊刑、水刑與其中一種西班牙椅，在不幸的被害人坐上西班牙椅後，刑求人會在他們的腳上抹油，再用火烤他們的腳。

被害者在刑求過後活下來了，審判官就不能再次刑求他。不過，並沒有法律規定刑求的時間上限。他們可以日復一日、週復一週地刑求同一個人，把中間的暫停時間稱做「暫緩執行」。

　　宗教法庭除了使用肢刑架之外，最常使用在犯人身上的還是吊刑與懸停吊刑。如果這幾項刑罰沒有用，他們會接著使用水刑。水刑指把被告綁在一個傾斜的支架上，使被告的雙腳高於頭部並用金屬環把頭固定住。接著他們會用木夾封住鼻腔，再用鐵塊強迫犯人張開嘴。接下來，他們把一塊亞麻布放在犯人的嘴巴上方，往犯人的喉嚨裡倒水，使亞麻布跟著水一起掉進嘴裡。被害者會反射性地吞嚥，把亞麻布吞到食道中。他們會因此咳嗽和

乾嘔，進入半窒息的狀態。他們會在掙扎的過程中被繩子割傷，接著會有越來越多水倒進他們的嘴裡。有時刑求人使用的水會達到八罐之多。

他們有時也會使用西班牙椅。西班牙椅是一種鐵椅，上面有金屬環能固定住被害人使他們無法動彈。刑求人會把被害人光著的雙腳放到火盆旁邊的腳枷中，並在腳上抹油開始用火焰慢慢烤，抹油是為了不要讓肉太快烤焦。有時候，被害人會因為雙腳完全燒焦，導致在參加「信仰實踐儀式」時必須坐在椅子上讓別人把他搬去儀式地點。刑求人也會使用鞭刑並切斷被害人的手指或腳指，通常每天只會切一支指頭。

有一名改信基督教的猶太人曾為了懲罰一名偷竊的僕人而鞭打他，後來這名僕人告發他，使他被送到了宗教法庭。他不承認自己曾犯下異教罪，行刑人便在他頭上緊緊綁上亞麻布袋，他差點就因此窒息。接著他們把布袋拿下來，要他認罪，他拒絕了。他們把他的拇指緊緊綁在一起，緊到鮮血從他的指甲下噴出。接下來，他們把他的手臂綁在滑輪上，再用繩子猛力拉扯使他脫臼，然後他們用極大的力道杖打他的小腿，使他痛苦得昏了過去。

最後他被緊緊綁起來，緊到繩子都割進肉裡，一直到刑求人擔心他會因為失血過多而死才把繩子鬆開。他們擔心的原因並不是在意犯人的性命，而是因為若犯人會死亡的話，最好讓他們死在「信仰實踐儀式」中。若想要使人民越來越恐懼神的話，公眾火刑是非常有效率的方法。這名犯人的命運沒有火刑那麼悲慘。他被迫在往後的兩年間穿上「悔過服」（sanbenito），接著從塞維利亞市被放逐。

在馬拉加市（Malaga），一位名叫威廉·利索（William

Lithow）的蘇格蘭人被指控是間諜。由於他是新教徒，所以被帶到了宗教法庭以異教罪受審。他拒絕改信天主教，因此法庭往他的腿壓上極重的重物，他因為這次的刑求而無法走路。接著法庭把他關進充滿害蟲的監獄中，他的鬍子、眉毛和眼皮上滿是害蟲，使得他連眼睛都幾乎張不開，每隔八天就會有人把害蟲從他身上趕走。每隔一天他會拿到一品脫的水。他的牢房裡沒有床、毯子、枕頭和窗戶。

經過四十七天後，他們用拖車把他帶到刑求室，用肢刑架刑求他五個小時。他的刑求人手腳太笨拙，不小心從他腳後跟割下了一英吋的肉。從那天開始，拖車會在每天早上的固定時間來到他的牢房外，讓他覺得自己會被帶回去綁在肢刑架上。他依然拒絕改信天主教，這次審判官往他的臉踢了幾腳，下令要讓他遭受十一種不同的刑求。最後，他被帶到格拉納達市等待火刑。

法庭派了兩名奴隸（一名土耳其人和一名女性黑人）去照顧他，直到他康復到能夠接受火刑為止。那兩人對他非常和善，另一名法蘭德斯裔的年幼男僕被他的勇氣感動，把這件事告訴了英國大使，英國大使最後把他救了出來。

審判官們特別喜歡刑求漂亮的年輕女人。哥多華市（Cordova）有一名十五歲的少女被脫掉衣服遭受鞭刑，直到她作證指控她的母親為止。

托雷多市（Toledo）有一位名叫艾維拉・坎波（Elvira del Campo）的女人，被指控不吃豬肉並在週六把乾淨的亞麻布掛在屋外。她因為害怕被刑求，承認她所做的事是犯罪，但她說那些作為和異教罪無關。審判官對她的回答並不滿意。他們把她送去刑求時，她雙膝跪地乞求他們告訴她，希望她說什麼。

她被帶到刑求室後，他們要她說真話，但她無話可說。她被脫下衣服，再次被要求說出真話。托雷多市的宗教法庭詳細記錄了她所受的痛苦。

「閣下，他們指控我的事情，我全都做了，我已經因為不想陷入這種麻煩而做了偽證。上帝啊，我懇求祢，我沒有做過任何壞事。」她說。

審判官告訴她，她不需要作偽證，只要說真話就夠了。他們開始綁她的雙手。

「我已經說過真話了，你們還要我說什麼？」她問。

他們把綁在她手臂上的繩子不斷絞緊，直到她放聲尖叫。

「我不知道該說什麼，告訴我你們想要我說什麼。」她說。

這樣的刑求維持了一段時間，這名不幸的女人只能不斷乞求他們告知她應該為什麼事認罪，她對此毫無頭緒。

接著審判官再次要她說出真相，這次以水刑作為威脅。她回答說她沒辦法說出真相並說她是罪人，接著，行刑人把亞麻布放在她的嘴上。

「把這東西拿走！」她尖叫道。「我要窒息了。我生病了。」

他們把一罐水倒進她的喉嚨中。之後，審判官要她說實話。她乞求審判官讓她認罪，她快要死了。審判官告訴她，刑求將會繼續下去直到她說實話為止。她必須說實話。接著她再次接受交叉質問，但她什麼都沒有說。審判官注意到她已經因為刑求而精疲力竭，所以下令暫停。

這些全都是當時參加刑求的秘書記錄下來的。這一次，艾維拉‧坎波似乎躲過了一劫。她的喉嚨裡只被倒進了一罐水，根據秘書的精確記錄，她並沒有尖叫或大叫太多次。但她的折磨還

16 世紀的法審判庭。行刑人在眾多法庭成員面前,用重物和滑輪刑求被告。由於被告通常寧願說謊來躲過刑罰的痛苦,所以在刑求過程中獲得的認罪自白通常都不是真的。

此圖是版畫複製品,原作是 J‧密勞斯(J. Millaeus)的木刻版畫。

遠遠沒有結束。

　　她被關了四天後四肢已經變僵硬了，因此重新接受刑求將會使她感到加倍痛苦。她再次被帶回刑求室，這一次，她在衣服被脫掉時徹底崩潰了，乞求他們讓她把身體遮住。但她的哀求沒有任何幫助，審問與刑求依然繼續下去。這一次她的回答甚至比上一次還要更沒有條理，最後，她承認自己是猶太教徒，她說自己非常後悔並乞求憐憫，刑求再次暫停。

　　從法律上來說，在刑求中獲得的認罪自白是沒有效的。因此，在二十四小時後，她被帶回至聖部，審判官在那裡閱讀她的認罪內容。她要發誓確認審判官說的所有細節都是正確的，他們才不會繼續刑求她。她發過誓之後，教堂會在「信仰實踐儀式」中和她和解◆。

　　當時還有其他更可怕的刑求。人們在托雷多市的宗教法庭監獄中，找到了一座聖母瑪利亞的雕像，上面滿是釘子和刀片。刑求人會用槓桿把被害人拉起來，使聖母瑪利亞的手臂環抱住被害人，而被害人沒有衣服遮蔽的皮肉將會被用力推向雕像上尖利的釘子和刀片上，這種刑求簡直像是對信仰的惡意嘲諷。但或許其中最令人作嘔的刑求是把老鼠放在被害人的肚子上的那一種。在這種刑求中，刑求人會把碗倒過來放在被害人肚子上，把老鼠關在裡面。接著他們會在碗的上方點火。隨著碗內越來越熱，老鼠陷入了恐慌，想要從碗中逃走。而對老鼠來說，唯一能逃走的方法就是在被害人的皮肉上挖出一條隧道。

◆ 和解：此處原文為 reconcile，指教會與教徒的關係從疏離與敵意轉為善意與信任。

至聖部獲得認罪自白後，他們把被害人「拋棄」給世俗法庭，並依照慣例要求世俗法庭從寬處理。但是俗法庭當然不敢從寬，從寬處理的人很有可能會被拖到宗教法庭中接受審判。

就連審判官自己都承認他們曾犯過錯。共有上千名善良的天主教徒被他人不實指控，之後因刑求而認罪，最後在「信仰實踐儀式」中遭受到不公正的處死。但這是死者的榮幸，他們能夠為了信仰而死，這種光榮的死法能讓他們直接進入天堂，所以他們不該有怨言。

有時教會會大發慈悲。那些與教會和解並獲得饒恕的人，必須在每週五到當地教堂外的街上列隊，以半裸的狀態接受鞭刑，藉由這樣的行為表現懺悔之意。從此之後他們再也不能獲得任何爵位或官職，也不能穿戴珠寶或精美的衣物。他們還要把五分之一的財產交給宗教法庭沒收。但那些沒有和教會和解的人則必須在「信仰實踐儀式」中被當眾燒死。

「信仰實踐儀式」（auto-da-fé）是葡萄牙語，原本的意思是「信仰實踐」。在西班牙語中，「信仰實踐儀式」寫作「auto-de-fé」，不過多數英語使用的都是葡萄牙語的版本。這種可怕的儀式通常會在週日或其他宗教節日舉辦，這是因為這種日子才有比較多人有空觀看儀式。在舉辦「信仰實踐儀式」的前一晚，法庭的人會把被告帶到宗教法庭，告訴他明天能活下去或會被處死。法庭會分派兩名神父給被判死刑的人，讓神父試著拯救他們的靈魂。雖然這些人雖然被判了死刑，但神父依然有可能拯救他們的靈魂。若神父成功拯救了他們的靈魂，並讓他們和教會和解的話，他們將能先被吊死再被燒掉。

每個有罪的人都必須戴上長的像主教冠冕的高帽子，叫做

「悔過冕」（coraza），並穿上「悔過服」。「悔過服」是用黃色粗麻布做成的寬鬆外衣，長度到膝蓋，通常是給悔過者穿的衣服。法庭會判處罪行較輕的犯人連續數週或數個月在每週日穿上「悔過服」。「悔過服」上面通常縫有血紅色的十字。但在「信仰實踐儀式」中，犯人穿的「悔過服」上面的裝飾則是火焰以及用草叉撥動火焰的惡魔。如果火焰向下，宗教法庭就會表現得比較寬容，讓犯人先被絞死。但如果火焰向上，被害人就會被活活燒死。

在「信仰實踐儀式」當天早上六點左右，被害人會穿著「悔過服」在監獄外排成一列，脖子上掛子繩子，雙手綁在一起。接著，他們由戴著綠色十字架（宗教法庭的標誌）、身穿黑色長袍的神父帶領列隊前進。接下來出場的是「法警」。「法警」的職責除了逮捕嫌犯、訪視監獄裡的被害人與要求他們悔過之外還要保護審判官，因為社會大眾有時並不喜歡審判官。

下一個出現的是一名拿著聖器的神父。他身邊會有四人為他在頭上撐起一頂金色與紅色交錯的遮棚。神父抵達時，群眾中的男女與小孩都必須下跪，沒有下跪的人可能會被叫到宗教法庭受審。

接著出場的是更多「法警」，之後則是人數較少的罪犯，有些人身上還有刑求的傷痕。下一批出場的人是即將被燒死的被害人，每人身邊都有兩名身穿白色法衣與黑色罩帽道明會修士。通常在這個時候，他們依然還在努力試著拯救被害人的靈魂。接下來出現的是那些死後被定罪的人，法庭把他們的屍體從墳墓中挖出來處罰。接在屍體後面的是為了逃避宗教法庭而逃離西班牙的人的雕像，他們會被放在綠色桿子上，和其他犯人一樣身上穿著

「悔過服」，頭上戴著「悔過冕」。

　　下一批出場的人是審判官。他們兩側都有人舉著旗幟，一側的旗幟上繡的是由費迪南與伊莎貝拉的紋章纏繞著的教宗紋章。另一側則是宗教法庭的紋章。他們身後是更多「法警」與其他位階較低的官員。這群人的左右兩側是拿著長戟的士兵，他們率領身後的群眾們前往教堂廣場。

　　抵達目的地後，法庭會閱讀罪行清單給每一位被害人聽，接著進行佈道。通常被害人的數量會高達數百人，因此閱讀罪行會花上一整天的時間。他們會讓被害人坐在鋪了黑色縐布（一種有摺紋的紡織品）的長凳上，長凳則位於高臺上，如此一來群眾才能看見那些有罪的人。身為稱職天主教徒的群眾會辱罵被害人使被害人感到羞愧，常有人會在這時候往猶太人的鬍子上點火，他們將這種行為稱做「替新基督徒刮鬍子」。與此同時，神父與修士依然在努力勸說被害人，希望能在最後一刻使他們悔過。

　　審判官坐在另一個高臺上，身邊圍繞著穿著黑色長袍、戴著綠十字架的神父。這時他們會開始燒燻香，通常四周有許多剛挖出來的屍體，因此這是個明智的預防措施。

　　接下來他們會舉辦彌撒並再次佈道。佈道結束後，大審判官會站起身領導群眾宣誓，觀眾必須下跪，發誓他們會為至聖部抵禦所有敵人、無論生死都會誠心信仰至聖部、會執行至聖部要求的任何事情，然後他們要發誓，就算至聖部要求他們挖出雙眼並砍掉雙手他們也會照做。（費迪南和伊莎貝拉則無須說出最後這段誓言。繼任的西班牙帝王也一樣，只有狂熱派〔zealot〕的菲利普二世除外。）這個時候，教會會替被害者洗手。教會已經為這些罪人盡過所有努力了。如今教會只能放棄這些人，把他們交

給世俗政權來處罰。這一次換成世俗法庭當眾閱讀受害人的指控。接著，大審判官會在大眾面前虛情假意地請求法庭寬待這些罪人，要世俗法庭在處罰這些犯人的過程中別使他們流血。事實上這些犯人的確是不會流血——他們會被燒死。

被害人接著會被帶到執行火刑的「焚燒場」（quemadero）。法庭會事先在那裡架設木樁，堆起高高的柴薪，把被害人綁在木樁上，問他是否想要獲得赦免，比較幸運的人會先被絞死再被燒掉，此時修士們會唱起聖歌，民眾會開始歡呼，審判官則會假裝他們對於這個邪惡的世界感到很震驚，而空氣中將會瀰漫著烤肉的氣味。

托爾克馬達用這種儀式處死了兩千人後，在1498年躺在床上安詳逝世。他這一生過得很幸福，親眼見證了西班牙人把穆斯林趕出格拉納達市，而他主導的迫害則在1492年把猶太人趕出了西班牙。當時有許多人都說他是「西班牙救世主」。事實上，的確有許多繼任的大審判官比他還要糟糕。在西班牙審判法庭的全盛期，他們在西班牙、墨西哥和秘魯設置了十四個法庭。接著西班牙審判法庭在1517年到西西里島（Sicily）設置法庭，之後又試圖在義大利的那不勒斯市（Naples）與米蘭市（Milan）設置法庭，卻沒有成功，到了1522年，皇帝查理五世（Charles V）把宗教法庭引進了荷蘭，希望能藉此消滅新教，使荷蘭人民繼續奉他為皇帝。

雖然托爾克馬達最主要的興趣在於燒死異教徒，但到了1494年，宗教法庭開始主張，真的參加過巫魔會的女巫應該是叛教者，那些在幻覺中參加巫魔會的女巫才是異教徒。無論如何，這兩者都是有罪的。西班牙宗教法庭在1498年燒死了第一

名女巫。她的名字是賈希亞‧瓦列（Gracia la Valle），是在沙拉哥薩市（Zaragoza）被燒死的。第二次處決發生在隔年，也就是1500年，共有三名女巫被燒死。1507年，比斯開省有三十人被燒死。1512年又有兩人被處行，1522年還有一人。

　　到了1526年，世俗法庭也響應了獵巫熱潮，納瓦拉區（Navarre）舉行了數量繁多的審判。隔年，納瓦拉區再次爆發大量獵巫案件，而比斯開省在1528年之所以會出現大量審判是因為審判官提出了大量指控。與此同時，宗教法庭的最高議會（Suprema）改變了他們對巫術的看法，為了這件事開會討論。他們第一個要決定的問題是：「女巫是否真的犯下了她們承認自己犯過的罪？」最高議會的六人中有超過半數的四人認為她們的確曾犯下這些罪。若是這樣的話，下一個問題則是：「她們是否應該和教會『和解』，又或者應該要把她們交給政府處決？」過半數的人認為應該要讓她們和教會和解，只有涉及謀殺的人才需要受審。最高會議無法判定若女巫犯下的罪行是幻覺的話，該如何處罰他們比較適當。不過他們認為在幻覺中犯罪是必須交給宗教法庭審判的一種罪行。接著他們討論：「在沒有證據的狀況下，法庭是否可以相信認罪自白？」結果正反方的支持人數相同。後來當上了宗教法庭長的紅衣主教費南多‧瓦德斯（Fernando de Valdes）認為，在刑罰較輕微的案件當中，光是認罪自白就可以證明被告有罪。

　　最高議會這種保守的態度平息了納瓦拉區在1530年的獵巫活動與加利西亞區（Galicia）在1551年的獵巫活動。不過最高會議很難限制審判官的個人行為，在1600年，宗教法庭獲得了審判每一種巫術的權力。

1609 年，法國獵巫者皮耶・蘭卡進入了巴斯克自治區（Basque）工作。蘭卡是一名有錢的律師，1599 年，他前往那不勒斯市的聖地朝聖，回家時走了近路，在羅馬看到惡魔把一名女孩變成男孩，他因此開始相信巫術是真實存在的。他接受了恩里克四世國王的委託，騎馬來到巴斯克自治區。不過，波爾多市的高等法院為了防止他過度獵巫，找了高等法院的主席伊斯潘尼（D'Espagnet）加入蘭卡的調查委員會。但伊斯潘尼卻在 6 月 5 日辭職，放任蘭卡隨心所欲地行事。

蘭卡堅決認為拉布爾區（Labourd）充滿了基督教傳教士從日本與東印度驅逐的惡魔，已經變成了惡魔的樂園。事實上，英國酒商曾在造訪拉布爾區時看到一群群惡魔在天上飛行。早在 1576 年就有四十名女巫在這裡被燒死了。但蘭卡在 1609 年指出，惡魔們已經使此地區的多數人改信撒旦了。這裡是「女巫的巢穴」，女巫在許多地方舉辦組織縝密的巫魔會，包括庇里牛斯省的昂代市、波爾多市的公共廣場以及遙遠的紐芬蘭島（Newfoundland）。每場巫魔會平均有一萬兩千人參加，但曾有人在一場巫魔會上見過十萬名女巫，其中包括了兩千名兒童。參加巫魔會的人會這麼多是因為，沒有參加的當地女巫會被罰款十蘇或八分之一克朗，就連蘭卡自己都受到了波及。他抱怨說，有人告訴他女巫趁著他在 1609 年 9 月 24 日的晚上入睡後，跑進他的臥室舉辦了一場黑彌撒。

十七歲的瑪麗・丁達特（Marie Dindarte）在刑求下承認，她曾在 1609 年 9 月 27 日赤裸地把油膏抹在身上在空中飛翔。不幸的是，惡魔因為非常氣她揭露了這個祕密，把油膏藏起來了，所以她沒辦法把油膏交給法庭當作證據。十六歲的瑪麗・納古

拉（Marie de Naguille）和她母親蘇芭汀 · 蘇比特（Saubadine de Subiette）描述了惡魔是如何在該參加巫魔會的時候叫醒她們，並打開窗戶讓她們飛出去的。十五歲的瑪麗 · 馬理金（Marie de Marigene）和三個朋友騎著變成了驢子的惡魔前往比亞希茲市（Biarritz），而席波羅鎮（Siboro）的皮耶 · 波卡爾神父（Pierre Bocal）則承認自己曾為了比薪水高一倍的收入而在巫魔會上主持過兩次黑彌撒。

蘭卡特別擅長逼迫年輕女孩子詳細描述她們和惡魔做愛的細節，他說質疑這些認罪自白的人就是在質疑教會。

隨著越來越多人被處以火刑，民眾陷入了恐慌之中，蘭卡卻說會恐慌都是惡魔造成的。就連神職人員都開始反對他的所作所為。於是蘭卡燒死了三名神父，而貝約納市（Bayonne）主教貝特朗 · 艾修斯（Bertrand d'Echaux）從蘭卡的監獄中救出了其他五名神父。

不過在夏天的釣魚季節結束後，有五千名巴斯克漁夫從紐芬蘭島回到家鄉時，才發現自己的妻小被燒死了，憤怒之下他們集結在一起變成了一群暴民。蘭卡立刻撤退，根據他的估計，共有三萬名女巫還沒有被燒死，不過在他的職業生涯中燒死了大約六百人。他在文學方面也有十分重大的貢獻。1612 年，他出版了《邪惡天使易變論》（*Tableau de l'constance de mauvais anges*，英文為 *Description of the Inconstancy of Evil Angels*），1622 年出版了《法術的不可思議與難以置信之處》（*L'Incredulité et mescréance du sortilège*，英文為 *Incredulity and Misbelief of Enchantment*），1627 年出版了《巫術》（*De Sortilège*，英文為 *Witchcraft*）。他在 1631 年死於法國，墓碑上寫的是巴斯克語（Euskera）。他的姪孫們繼

承了他的房地產，不過他把豐富的藏書傳給了非婚生的兒子，這名兒子是耶穌會成員。

1610 年，納瓦拉區爆發了另一次女巫恐慌潮。蘭卡堅持這裡的女巫來自拉布爾區，他認為拉布爾區是邪惡女巫聚集的中心。洛格洛紐市（Logrono）的政府開始逮捕嫌犯逼他們認罪，並在宗教法庭插手之前就把這些人燒死。宗教法庭嫉妒政府擁有這種權力，於是最高議會派出了三名審判官，抓出了兩百八十多名崇拜惡魔的成人，還有無數名年紀小到不能燒死的孩子。共有四十名巫師被帶到當地的宗教法庭受審。法庭認為附近還有更多女巫，他們蒐集了二十場大型巫魔會的相關資訊。

接著，法國皇室與主教也加入了宗教法庭的行列，三方攜手合作開始消滅西班牙女巫。他們在 1610 年 11 月 7 日計畫了為期兩天的「信仰實踐儀式」，打算在儀式中燒死女巫。但最後的場面卻沒有他們原本計畫的那麼壯觀。菲利普三世（Philip III）沒有露面，許多女巫撤回認罪自白，和教會進行了和解。在五十三個被定罪的人之中，有二十九人是女巫。到了最後，只有六人被活活燒死，而且這些人的認罪自白其實都沒有太高的說服力。他們說自己吃掉了過世的親戚正在腐爛的屍體。另外六名被指控是女巫的人則死在監獄中。

1611 年 3 月 26 日，宗教法庭的最高議會放寬了嚴格的限制，下令要赦免部分罪犯，使女巫無須接受懲罰，只要花一段時間懺悔就夠了。他們派出阿隆佐 · 薩拉札 · 夫里亞斯（Alonzo Salazar de Frias）到該區管理行政資料。他在接下來的八週內審問了一千八百零二名認罪的女巫，其中有一千三百八十四人都是十二至十四歲的小孩。共有八十一人撤回先前的認罪自白。一般

認為，如果這些人不用擔心自己會因為作偽證而被處決的話，應該會有更多人撤回認罪。

　　薩拉札寫了一份長達五千頁的報告，每頁用的都是極大的紙張。他找到許多證人作證說，那些認罪的人在理應出現在巫魔會的時間點出現在別的地方。不同女巫描述的巫魔會舉辦地點常常互相矛盾。有許多承認自己和惡魔有過性行為的女孩都還是處女。有些男孩指出了巫魔會曾舉辦的時間與地點，但薩拉札的秘書們曾在他們說的時間前往那些地點，而那裡什麼都沒有。薩拉札找不到任何與巫術相關的實體證據。法庭靠著刑求獲得認罪自白，靠著賄賂獲得指控。有一名年輕的乞丐告發了一百四十七人。薩拉札在調查中找出了一千六百七十二名犯人都是因為假證詞而被起訴的。他總結道：「依照我的經驗，我認為那些利用最高會議的赦免命令逃過一劫的人之中，有超過四分之三的人在起訴彼此和共犯時都是在做偽證。我認為，若這些被告相信宗教法庭會仁慈地允許他們撤回認罪，而且也不懲罰他們的話，他們應該全都會撤回自己的認罪自白。」

　　雖然許多調查納瓦拉區女巫恐慌狀態的審判官都反對薩拉札的觀點，但法庭同意讓薩拉札擬定一套執行準則，並在 1614 年 8 月 13 日實施。該準則堅持要求女巫審判的過程中必須要有實體證據。證人可以撤回自己的指控，無須害怕自己會受到刑求。法庭必須徹底調查認罪自白的內容。法庭只能在全員一致同意的狀況下才可以定罪犯人，而且他們必須把巫術案的詳細資料上交給最高議會。他們必須撤銷所有懸而未決的案件。法庭再也不能沒收財產，洛格洛紐市的法庭必須把被害人的財產還給他們的親屬。

雖然 1622、1637、1640 和 1641 年還是出現過幾次零星的女巫審判，不過在最高議會持續的壓制下沒有任何人被定罪。1611年後，西班牙大約出現過五、六個女巫審判案件，但再也沒有人因為巫術被處決。後來，歐洲人開始嘲笑那些相信女巫和惡魔簽訂契約的人，但西班牙人卻繼續相信這件事很多年。1818 年 10月 15 日，塞維利亞市的法庭判處安娜・巴貝羅（Ana Barbero）因為與惡魔簽訂契約、褻瀆上帝與迷信而有罪，刑罰是兩百下鞭刑與流放六年，之後她獲得緩刑，改為在倡伎監獄中關八年。

拿破崙在 1808 年佔領西班牙時，曾試圖打壓宗教法庭，但一直到 1834 年宗教法庭才真正終止；墨西哥則在 1850 年舉辦了最後一場「信仰實踐儀式」。各個學者在預估「信仰實踐儀式」中的死亡人數時，彼此的數據相差非常大，但總人數應該落在數十萬人。「信仰實踐儀式」出現後，與巫術相關的案件數量穩定地持續增加。在 1575 至 1610 年間，托雷多市的宗教法庭只有百分之零點五的案件與巫術有關。但在 1648 至 1749 年間，巫術相關案件的比例變成了百分之八。而後在 1780 至 1820 年間，也就是宗教法庭終止之前的四十年間，將近百分之七十的案件都與迷信有關，也就是說，這些案件與「罪惡行為」無關。

多數被害人是女性，其中甚至有一些甚至是九十多歲的女性長輩。常有十二、三歲的年幼孩子在父母被定罪之後也跟著被燒死。1659 年，托雷多市燒死了兩名十歲的女孩。

1673 年，艾弗拉市（Evora）有兩名年長的修女被活活燒死，兩人在死前不斷唸著耶穌基督的名字，她們在過去四十多年都在修道院生活，沒有犯過什麼大錯。1593 年，格拉納達市的宗教法庭燒死了加西亞・阿拉貢（Garcia d'Alarcon），當時人們都說

她是整個地區最美的女孩。在雷阿爾城（Ciudad Real），法蘭西斯可・達洛斯（Francisco Dalos）的妻子伊莎貝拉（Isabelle）在二十二歲第一次被帶到宗教法庭上。在那之後，她又被其他人告發了五次，人生中有十八年的光陰都被關在宗教法庭的監獄中。她的最後一次審判始於 1665 年，那年她八十歲。審判直到 1670 年都還沒結束。她被刑求了三次，最後在過程中死亡。宗教法庭判處她雙重懲罰，一邊燒掉她的屍體，一邊燒掉她的雕像。宗教法庭指出，她在刑求室中死亡之前一直沒有認罪，如此愚蠢的舉動使她在死亡時依然是有罪的。

在美洲大陸，「信仰實踐儀式」最知名的其中一位受害者是艾娜・卡斯特羅夫人（Ana de Castro）。她是住在秘魯的利馬市（Lima）的一位名流，她的風流韻事充滿傳奇色彩，據說她曾和當地總督有過非同尋常的關係。當時有人向宗教法庭告發她在私底下執行猶太教的儀式，告發者有可能是被她拒絕的愛慕者或是嫉妒她的敵人。她在 1836 年被處以火刑。

在西西里島的奧古斯丁修會中，修士迪亞哥・拉馬帝納（Diego Lamattina）因叛教罪被捕，不過他親自報了仇。他在 1657 年被指控是瀆神者，罪名包括叛教、蔑視聖禮與毀壞聖像。他被關進監獄後，宗教法庭長來拜訪他，這時拉馬帝納用自己的手鐐打破了法庭長的頭。

巴爾達薩・羅培茲（Balthazar Lopez）是個愛開玩笑到無可救藥的人。他是一名商人，專門為卡斯提區的法庭供應馬俱，靠著這個工作累積了一小筆財富。1645 年出國旅遊回來後，他被逮捕了。1654 年，他和其他五十六個人一起在奎納市（Cuena）的大型「信仰實踐儀式」上接受火刑。在走向「焚燒場」的過程

中，羅培茲的告解神父勸解他要心懷喜樂，因為他不需要付出任何代價，天堂很快就要慷慨地為打開大門了。

「不用付出代價是吧？」羅培茲嘲弄地說：「你們沒收了我的財產，總值大概有二十萬杜卡幣（ducat）耶。你現在是在暗示我被你們騙錢了嗎？」

他走到「火盆」（brasero）旁邊時，注意到行刑人佩德羅·阿爾卡拉（Pedro de Alcalá）在執行另外兩個人的絞刑時動作笨拙。

「佩德羅，」羅培茲說。「你等一下吊死我的時候最好技術好一點，別像你吊死那兩個可憐人那樣，要不然我寧可被活活燒死。」

接著，行刑人試著綁住他的雙腳。

「我的天哪！」羅培茲覺得綁住雙腳是莫大的恥辱。「要你綁住的是我的腳的話，我以後可就再也不信耶穌了。」

接著，他把手上的耶穌受難像丟掉。神父好不容易才說服他把雕像拿回手上，並要讓他請求上帝寬恕。在行刑人即將執行絞刑之前，神父問他是否真正悔過了。

「神父啊，」這名將死之人說。「你現在是在跟我開玩笑嗎？」

翁
布
里
亞
區
的
女
巫

Chapter 8
The Witch of Umbria

翁布里亞區的女巫

　　義大利和西班牙一樣，對於燒死異教徒的興趣遠大過於燒死女巫。不過，在 1428 年 3 月 20 日，住在德魯塔市（Deruta）利帕比卡鎮（Ripabianca）堡壘中的女人瑪太烏奇・弗朗西斯科（Matteuccia di Francesco）仍因使用巫術接受審判，審判地點在在義大利中心的翁布里亞區（Umbria），佩魯加市（Perugia）附近的托迪市（Todi）。在羅倫佐・蘇迪斯上尉（Lorenzo de Surdis）的帶領下，罪犯法庭以三十項罪名起訴了瑪太烏奇。罪名包括了把施展魔法用的「油膏」塗抹在身上，以及召喚山羊外形的惡魔並騎在他身上，她用這種方法越過水面「乘風飛行」。

　　她騎著會飛的山羊到「貝內芬托市（Benevento）的一棵核桃樹下」，和「許多女巫、被施了魔法的幽靈、來自地獄的惡魔和偉大的路西法聚會，當時路西法負責主持會議，下令她和其他人到周遭殺死孩子並做出其他邪惡之事。」她們拿出用禿鷹的脂肪、蝙蝠的血、嬰兒的血和其他噁心原料製作成的油膏塗抹在彼此身上。

　　起訴書上寫道：「自從路西法下令後，瑪太烏奇又參加了數次這樣的聚會，這些惡魔會對她下令並提供相關資訊，之後她為

了製作油膏，花了大約一年的時間從小孩的喉嚨和鼻子吸取他們的血。」在 3 月到 12 月之間，她會在週一、週六和週日前往那棵核桃樹下。1427 年 9 月，她將油膏塗在身上把自己變成了女巫，接著她前往蒙特法科市（Montefalco）的堡壘找到安德露西亞（Andreuccia）的家，毆打一名不到一歲的小孩並吸了他的血。「那個孩子從那時候開始生病，每天越來越消瘦」。她用類似的方式傷害了其他嬰兒，包括住在安德里亞市（Andria）堡壘內的安傑利諾家（Angelino）八個月大的兒子、住在奧維耶托區（Orvieto）羅塔卡斯塔利市（Rotacastelli）堡壘內的安德魯喬（Andreuccio）和卡特琳娜（Caterina）七個月大的女兒，以及她為了下咒而前往奧維耶托區羅泰洛市（Rotello）時正好遇到的梅卡瑞羅家（Mecarello）的小女嬰，當時她正在家裡的搖籃中睡覺。

瑪太烏奇也協助解決婚姻、愛情上的疑難雜症。有一名住在科萊梅佐市（Collemezzo）堡壘內的妻子跑來向瑪太烏奇抱怨說，她丈夫總是羞辱她，對她很壞，她要瑪太烏奇告訴她解決方法。瑪太烏奇給了她「一顆蛋和一種名叫『柯斯塔卡瓦利納』（Costa cavallina）的草藥」，要她把這些東西給她丈夫。他吃下這些東西後，會在「接下來幾天變得頭昏腦脹的」。女人遵循了瑪太烏奇的指示，但這個計畫卻使狀況變得更糟，「男人在頭昏腦脹之後連續三天變得非常憤怒」。

還有些女人因為丈夫或戀人暴力相向或漠不關心而來找瑪太烏奇，她要這些人用蠟製作對方的雕像，接著她再用處女編織的線把蠟像綁起來。這些女人必須把這些蠟像放在男人的床底下（其中一名女人在瑪太烏奇的指示下把蠟像熔進熱磚塊中），並在這麼做的同時唸誦咒語。在佩魯加市附近，有一名住

在帕恰諾市（Pacciano）堡壘內的女人愛上了一名男人想要引誘他，瑪太烏奇要她抓幾隻燕子來給她，要女人把燕子燒掉並在男人的飲料中摻入粉末。另一名住在佩魯加市聖馬提諾鎮（San Martino）堡壘內的女人說她丈夫和另一名女人住在一起，她想得到丈夫的「寵幸」，瑪太烏奇要她把一小口糖混在丈夫的紅酒中，加入她用來洗腳的水，再把紅酒拿給丈夫喝。而梅卡特洛市（Mercatello）有一名女人則求助說她丈夫比較喜歡其他女人陪著，瑪太烏奇叫她燒掉自己的一些頭髮，再把灰混在食物裡給丈夫吃。文件沒有紀錄這個方法是否有效。

若客戶想要引誘他人，她會提供客戶一種藥草，要他們把藥草稀釋在水中拿這些水來洗手和洗臉，如此一來客戶就能引誘那些可能會愛上他們的人，除此之外，她還會教導客戶一種愛情魔法，只要把頭髮包在一片布裡面，放在床下或門下，就能使丈夫愛上妻子或妻子愛上丈夫。在奧維耶托區的普羅多市（Prodo）堡壘內，有一名窮困的女人遇到了困難，她說有一名神父「不照顧她，也不再每天和她做愛而是會每天打她」。女人照著瑪太烏奇的指示把蠟融化，後來她回報說這個解決方法奏效了。

1427 年 5 月，來自皮瓦堡（Castello della Pieva）的女人卡特琳娜（Caterina）要瑪太烏奇給她能夠避孕的藥水。未婚的她，想要繼續和當地的神父每天見面，而且不希望被父母發現這段情事。

還有一名女人則希望某個男人可以拋棄妻子並愛上她。瑪太烏奇要她「彎著膝蓋，背對著水盆洗手和洗腳，之後趁著那對夫妻經過時，把這些水潑到他們身上」。這個方法成功讓這名男人和妻子憎恨彼此。

瑪太烏奇不但能帶來「性方面的恩寵」，也能使這種恩寵消失。她會拿出一根教堂的聖燭並點燃它，在客戶的愛人會經過的三叉路口把蠟燭折斷。只要之後好好保存這根蠟燭，那名被施了魔法的男人或女人就會再也無法做愛。瑪太烏奇為一名年輕男人施了這個咒語，這名男人想要這麼做是因為他的愛人被父母許配給了別人，而這個咒語毀了那名可憐女孩的新婚之夜。

　　法庭也指控瑪太烏奇製作魔法油膏抹在身上，這個魔法油膏的作法是把死人的肉或脂肪、不信教者（沒有受洗的人）的骨頭磨成的粉末、草藥、頭髮、鳥羽毛、老鼠和母驢的蹄子一起燒掉後，磨成粉末後製作成的。這種油膏可以有很多種用途，包括「治療殘疾者、散播仇恨、使人感到厭倦或使被欺騙的愛人重燃熱情……」。

　　四肢疼痛的病人來找她時，她會往地上吐一口口水，手持一根點亮的蠟燭再要求他們重複唸誦三次咒語。她使用的咒語其實是很受歡迎的宗教祈禱文，但是這個祈禱文顯然「被惡魔的鬼魂褻瀆過」。接著，瑪太烏奇會把三撮鹽丟進火中。她會叫「被鬼魂附身的人」手拿不信教者的骨頭把他們帶到十字路口，讓那些人在那裡複誦九次主禱文、九次聖母頌和她自己發明的咒語，然後把骨頭丟在十字路口。他們要在九天後回到十字路口，這時鬼魂就會回到這些骨頭之中。1426 年，一名被鬼魂附身的男人陷入極端的瘋狂狀態，甚至睡在墳墓上頭，之後他靠著瑪太烏的方法擺脫了附身的鬼魂。然而法庭依然認為瑪太烏奇的所作所為是「用邪惡之舉助長邪惡之舉」。她在佩魯加市的帕尼卡雷鎮（Panicale）堡壘內治療了一名精神錯亂的青年，她使用的是另一名女巫的法術：她在男人的枕頭下找到一片布，把羽毛綁在布

上面燒掉。她也曾治療一位被愛人的妻子下了咒語的年輕女人。她這次使用的也是其他女巫的咒語——用亞麻布裹住三隻她染黑的老鼠並燒掉。

曾有人把一名癱瘓的男人帶到她家，她用草藥煮了一鍋藥水來治療他。起訴書描述她烹煮這種藥水是「有意識的、蓄意的犯罪行為，想要透過傷害他人來獲利」，法庭大概認為那名男人會癱瘓是上帝的旨意。法庭指出更糟糕的是，她過去四年都在做這種事卻沒有受到審判。

奇妙的是，在聖伯納迪諾（St Bernardino）從西恩納市（Siena）前往托迪市進行巡迴佈道並阻止她之前，一直沒有人發現瑪太烏奇是個女巫。她被發現的原因可能是托迪市最近抓到的傭兵隊長布萊修尼・弗提布萊奇・蒙托（Braccione Fortebracci da Montone）是她曾幫助過的人。這名傭兵隊長的其中一名手下還曾幫助瑪太烏奇從台伯河（Tiber）中撈起一具死屍，讓她用屍體製造魔法。同時她也涉入了另一個案件：當時重建堡壘的公司被盜用了四十二弗羅林的公款。盜用公款的主謀被罰款兩百二十五弗羅林。瑪太烏奇的刑罰比主謀更嚴重，她被「眾人公認為是一名舉止失當又品性不佳的女人、知名的下咒者、妖術師和女巫……漠視上帝，侍奉人類的敵人。」

幸運的是，瑪太烏奇「立刻認罪，並說她沒有什麼要反駁的」。根據羅倫佐上尉的紀錄，法庭有提供時間讓她準備答辯，但她和其他人都沒有把握這個機會。除此之外，她還在審問時確認了指控罪名中的所有人名、日期、時間和地點。她很快就被裁定為有罪，羅倫佐決定要用她來警告「想要進行類似活動的那些人」。他判處她必須「雙手綁在身後，坐在驢子身上，頭上戴著

紙帽，就這麼被帶到通常用來處刑的地點，或帶到貴族喬凡尼・瑟安東尼奧・S・納札羅・帕維亞爵士（Giovanni di Ser Antonio di S. Nazzaro da Pavia）在市鎮內外挑選的任何地點，接著要在那裡被燒死，在以罪人的身分死亡後，她的靈魂才會脫離身體。」

行刑地點的士兵宣讀了這項判決，隨之而來的還有教堂的鐘聲與傳令官的號角聲，見證人是來自尼多拉區（Nidola）與聖費利切教區（St Felice）的阿爾希歐・瑞那多（Alvisio di Rinaldo）、來自瓦萊區（Valle）與聖薩爾瓦多教區（St Salvatore）的加耶羅・馬爾庫奇（Gaiello di Marcuccio）、來自瓦萊區與聖奎利科教區（St Quirico）的皮耶特羅・西蒙（Pietro di Simone）以及來自卡姆西亞區（Camucia）與聖瑪莉亞教區的皮耶特羅・喬凡尼（Pietro di Giovanni）。政府公證人是諾維洛・斯古德拉・瓦薩諾（Novello Scuderij da Vassano），他寫下了所有細節，並附上了一名披頭散髮的女人的素描來代表這名女巫。接著，他加蓋了皇家印章，順帶附注了在行刑時，他們的聖父教宗馬丁五世（Martin V）在拉奎拉省（L'Aquila）戰役中打敗了布萊修尼・弗提布萊奇・蒙托，在 1429 年佔領了義大利北方的所有省分。

蘇格蘭之錘

Chapter 9

Hammer of the Scots

蘇格蘭之錘

在迫害女巫的歷史上，蘇格蘭的野蠻程度僅次於德國。不過，在蘇格蘭主導獵巫的不是耶穌會和天主教的宗教法庭，而是基督長老教會的神職人員。喀爾文教派的教徒把巫術信仰從歐洲帶進了蘇格蘭，而蘇格蘭的法律對於被告的偏見遠高於歐洲的法律。蘇格蘭人在壓制異議這方面做得相當徹底，他們的刑求沒有更加殘酷的唯一原因是他們當時缺乏更完善的刑求技術。

雖然當時的蘇格蘭的和歐洲各國一樣，都有民俗巫術在民間廣泛流傳，但一直到宗教改革結束並經歷了 16 世紀末的幾次審判之後，蘇格蘭才開始燒死女巫。蘇格蘭首次出現女巫審判的原因和英國類似，都是出於政治目的。1479 年，馬爾伯爵（Earl of Mar）被指控使用巫術殺死他的哥哥詹姆斯三世（James III）。1537 年，格拉米斯小姐（Glamis）因為對國王詹姆斯五世（James V）使用魔法而被燒死。1590 年，佛利斯小姐（Foullis）被指控為了奪走鮑納格溫小姐（Balnagowan）的丈夫而用魔法、毒藥與蠟製娃娃傷害她，但最後由佛利斯小姐的租客組成的陪審團宣判她無罪。

1563 年，蘇格蘭女王瑪麗（Mary Queen of Scots）發佈了禁

此圖為一群應該是女巫的人在國王詹姆斯一世（蘇格蘭王詹姆斯六世）面前被毆打。已經有證據顯示詹姆斯是個獵巫者，他曾親自審問許多女巫嫌疑犯。

止巫術的專門法令，法令同時也禁止預言占卜和幫助人的魔法，此外，向女巫尋求協助的人都和女巫一樣有罪，這項新法律使女巫審判的數量出現了穩定的增加。1576 年，艾爾郡（Ayrshire）林恩鎮（Lyne）的貝希・敦洛普（Bessie Dunlop）被法庭判處火刑，罪名是和其他四名男人和八名女人一起參加女巫聚會並接受仙子女王給她的草本藥方。1588 年，艾莉森・皮爾遜

（Allison Peirson）在法夫郡（Fifeshire）拜爾山丘（Byre Hills）被燒死，她的罪名是向精靈女王交易並提供魔法藥水的配方給其他人。她推薦聖安德魯斯鎮（St. Andrews）的主教用燉煮的閹雞和加了香料的紅酒來治療他的憂鬱症。但蘇格蘭女巫審判一直到 1567 年詹姆斯六世（也就是後來的英格蘭王詹姆斯一世）上任才真正開始延燒。詹姆斯是個非常迷信的人，雖然他一開始有些質疑女巫的真實性，但很快就被說服了，他在 1591 年親自監督惡名昭彰的北貝里克鎮女巫事件（North Berwick Witches）的審判與刑求過程。

蘇格蘭獵巫的起源地是愛丁堡市東方九英里的東勞欣區（East Lothian），當時那裡陷入了嚴重的飢荒。東勞欣區特倫耐特鎮（Tranent）的副法警大衛・西頓（David Seaton）覺得家裡的年輕女僕吉莉・鄧肯（Gilly Duncan）在晚上的行為變得越來越可疑。當時人們謠傳她可以治療「任何一種疾病帶來的痛苦和折磨」，西頓覺得這聽起來邪惡又反常。因此他刑求這名女僕，用老虎鉗壓碎她的手指，往她的脖子套上繩索並猛力拉扯。他當然也必須在這名年輕女人身上尋找惡魔的印記，最後他在女人的脖子上找到了，她承認自己屈服於「惡魔墮落的引誘與誘惑」。這名盡責的雇主馬上把她交給了法庭。

接下來，法庭開始逼她指認共犯。她指認了愛丁堡市與利斯區（Leith）周遭的許多人，包括受過良好教育的老太太艾格妮斯・山普森（Agnes Sampson）、索特潘鎮（Saltpan）一間學校的老師約翰・費昂醫師（John Fian）、芭芭拉・納皮爾（Barbara Napier），以及「和其他住在愛丁堡市的誠實女市民一樣名聲極佳」的尤菲米亞・麥克林（Euphemia Maclean）。

他們說艾格妮斯・山普森的「位階與理解力比普通人更高」。因此，她被帶到了荷里路德宮（Holyrood Castle）給詹姆斯六世親自審查。「她站姿筆挺，否認所有指控」，過程中她「態度嚴肅，堅持自己的回答」。因此他們「剃掉了她身上的所有毛髮」，在陰部找到了惡魔的印記。接著，他們用女巫口銜把她綁在牢房的牆上。女巫口銜是一種金屬刑具，上面有兩根尖銳的鐵叉能刺進舌頭，另外兩根鐵叉則穿刺在臉頰上。刑求人強迫她不斷地走動、不准她睡覺，又用好幾根繩子綁住她的頭，從各個方向不斷用力拉扯，使她感受到「最強烈的痛苦」。在這之後，她承認了起訴書上的五十三項指控，絕大多數的指控都和使用魔咒治療病痛有關。她承認自己會使用簡單的咒語與白色主禱文（white paternoster）：「打開吧，天堂之門。」接著她又承認自己會使用「黑色」主禱文：

屋裡有四個角落，給神聖的天使，
中間有一個位置，給耶穌基督。
盧卡斯、馬可斯、馬修、喬安斯，
願上帝降臨在這屋裡，降臨在屬於我們的一切中。

這篇禱告文和惡魔之名幾乎完全無關，但這篇禱告文和她無害的睡前禱告文「馬修、馬克、路克和約翰／保佑我所睡的這張床」都被法庭認定為邪惡的咒語。

她有一隻外形是狗的使魔艾瓦，牠住在一口井裡，會使用魔法粉末。在刑求審問後，她終於承認自己曾和六名男人與九十名女人一起參加萬聖節前夕的巫魔會。不過 1591 年出版的

《蘇格蘭新聞小報》（*News from Scotland*）把參加人數誇大成兩百人。他們在喝過酒後乘坐「篩網或過濾器」前往北貝里克鎮。吉莉・鄧肯在鎮上彈奏猶太人的豎琴，他們一起跳侶爾舞，男人要「逆時針轉九圈，女人則是轉六圈」。他們在教堂裡點燃黑色的蠟燭，惡魔化身成男人的樣子「在布道壇前裸露自己的臀部，命令他們親吻他的臀部，用這個舉動象徵會服從惡魔，而他則享受著眾人的親吻。」他們也彼此討論要用什麼方式傷害國王，在國王前往丹麥迎娶他的王后安妮（Anne）時製造暴風雨。詹姆斯國王對這個故事深信不疑，他把吉莉・鄧肯叫到面前用猶太人的豎琴彈奏《吉斯泰普斯》（*Gyllstripes*）時，感到「非常開心也非常滿意」。

儘管詹姆斯宣稱所有女巫都「非常擅長說謊」，但他卻相信艾格妮斯・山普森所說的話。艾格妮斯說她知道詹姆斯和十五歲的王后在新婚夜發生了什麼事。根據《蘇格蘭新聞小報》的報導：

艾格妮斯把國王陛下和王后在挪威奧斯陸度過新婚夜時交談的內容與彼此的問答，全都一字不差地轉述給國王陛下聽。國王陛下對此感到非常吃驚，他說他可以向永生的上帝發誓，就算是地獄裡的那些惡魔也不可能知道這些事情，因此，他認為艾格妮斯所說的是真話，他更相信艾格妮斯先前說過的那些話了。

詹姆斯繼續審問，逼艾格妮斯編造出越來越奇幻的自白。她承認自己製造暴風雨的方法是先幫一隻貓受洗，接著把死人的四肢綁在貓的四肢上，再把貓丟進海裡。她曾用裹屍布和屍體的關

節製造魔法粉末，也曾和其他女巫一起做國王的蠟像再把蠟像融掉。她先把蟾蜍吊起來三天，再收集蟾蜍的毒液。接著她又試圖取得詹姆斯的內衣，想要把毒液抹在上面使詹姆斯覺得「自己好像躺在銳利的荊棘刺上」。刑求的折磨一直持續到她被當作女巫吊死並燒掉才停止。

芭芭拉‧納皮爾的大舅子是卡斯查吉爾鎮（Carschoggill）的地主，所以她的人脈很廣。儘管如此，她依然被指控曾和艾格妮斯‧山普森與另一名惡名昭彰的巫術師理查‧格雷姆（Richard Graham）來往。她被起訴的罪名包括「使用巫術犯下多種叛國罪，試圖使用蠟像傷害國王……使利鎮（Leigh）和金霍恩鎮（Kinghorne）之間的一艘船沉沒，船上的六十人都死了」。但在舉行聽審時，愛丁堡市巡迴法庭的陪審團駁回了這個案子。詹姆斯怒氣衝天，他指控陪審團：「故意在巡迴法庭犯錯，宣判女巫無罪。」他立刻插手介入並說：「我要把這件事變成一個警告，告誡人們小心提防那些作偽證的人。」他堅持要先把芭芭拉吊死再綁在木樁上燒掉，並沒收她的財產。

1591 年 6 月 7 日，詹姆斯在著名的托布斯演講（Tolbooth Speech）解釋了自己的立場：

> 儘管如今巫術變成得很常見，但我知道巫術是最可恨的一種罪，我把今年四分之三的時間用來消滅那些有罪的巫術。上帝與人類的律法都告訴我們，巫術的罪是最可惡的。根據上帝的律法，巫術的處罰是死亡。根據人類的律法，巫術被稱做邪術或妖術，是一種充滿惡意、敗壞道德的行為，使用巫術的處罰同樣是死亡。

> 他們（陪審團）之所以會做出這樣的判決，是因為他們只有女

巫的證詞所以認為這些證詞不足以定罪。我知道根據政府的法律規定，罪犯是不能出庭作證的，只有異教罪與冒犯君主罪是例外。但不讓罪犯們為其他罪行作證是不合時宜的，我們可以利用女巫這種罪名舉出充分的理由。第一，誠實的好人不會知道這種罪名的證據。第二，女巫不會指控自己。第三，一般人無法得知她們的所作所為。

此外，我稱呼她們為女巫，是因為她們否認神並把自己完全交給了惡魔，但等到這些女巫像本案的證人一樣反悔並悔改之後，我就不再將她們視為女巫了，因此她們的證詞應該是有效的。

在演講的隔天，也就是 1591 年 6 月 8 日，國王發佈了完整的演講稿。

陪審團同意他們會「服從國王的意願」。因此芭芭拉 • 納皮爾被判處了適當的刑罰，但她說自己懷孕了。後來由於「沒有人繼續追蹤她的案件，所以最後她被釋放了」。

尤菲米亞 • 麥克林女士也同樣發現認識再多權貴也無法保護自己。她是克利夫頓男爵（Clifton）的女兒，丈夫是有錢有勢的派翠克 • 莫斯克羅（Patrick Moscrop），他有錢到能夠找到六名律師冒險替她辯護。不過她是個天主教徒，又是伯思維爾伯爵（Earl of Bothwell）的朋友，還是不受皇室歡迎的雙性戀者詹姆斯（James）的姪女、繼承人和前任情人，她不承認任何有關巫術和詛咒的指控。陪審團花了一整個晚上討論裁決結果，他們甚至必須解雇陪審團團長才能一致認定麥克林是有罪的。詹姆斯則插手確保她不會事先被吊死，而是會被「活活燒死並變成灰燼」。

伯思維爾伯爵也因被指控使用巫術，而被關進了愛丁堡城堡中。他在 1591 年逃獄，但蘇格蘭議會剝奪了他的土地和頭銜。

他在同一年試圖攻下荷里路德宮，在 1593 年成功虜獲國王強迫國王承諾赦免他，但國王並沒有遵守這個承諾。他在 1595 年被迫逃往法國，在極度貧困的狀況下死於那不勒斯市。

理查‧格雷姆被指控的罪名是協助伯思維爾對國王下巫術。詹姆斯再次參與審問，最後格雷姆在 1592 年 2 月因為「巫術與妖術」的罪名在一場大型處決中被燒死。

但在這群同謀者中，受到最可怕的折磨的是費昂醫師，他是索特潘鎮的學校老師，法庭指控他是謀反計畫的首領。他在 1590 年 12 月 26 日被指控犯下了二十件巫術罪和叛國罪。這些罪名包括：

— 和撒旦簽訂契約。撒旦出現在他面前時，他正在思考要如何報復一名沒有準時把他的房間粉刷完的工人。

— 接受撒旦給予的惡魔印記。

— 和撒旦一起策劃要把一隻死貓丟進海裡，用這個方法在國王搭船前往挪威時使船沉沒。

— 在北貝里克鎮的一間教堂裡對撒旦致敬。撒旦當時是一名「非常黑的男子，他的黑鬍子像山羊一樣翹起、鼻子很挺、鼻尖像老鷹的鳥嘴一樣向下彎曲，還有一條又長又彎的尾巴」。

— 從墳墓中偷取屍體，用在製作魔咒上——這是其他人在受刑時承認他們曾親眼見到的事。

— 他曾在「狂喜與著迷的狀態下，像是死了一樣躺在床上兩、三個小時，他的靈魂在這段時間被帶走了，他痛苦地允許惡魔把自己帶到許多座高山上」。

他也曾飛到空中、吹一口氣就讓鎖打開、製造暴風雨、在騎馬時拿著充滿強大魔法的蠟燭、引誘一名寡婦並使用愛情魔咒，但不幸的是，他沒有成功使他施法的那名年輕寡婦與他墜入愛河，反而使一頭牛愛上他。

詹姆斯國王親自監督費昂醫師的刑求，而《蘇格蘭新聞小報》詳細描述了刑求過程。刑求開始於「用一根繩子綁住他的頭」，他們把綁在他頭上的繩子往不同方向猛力拉扯。一小時後，他們「使用適當的手段」要求費昂醫師認罪，他拒絕了。

接著他們使用了西班牙靴三次之後，他昏了過去。刑求人認為這是魔鬼的伎倆，所以檢查了費昂醫師的嘴裡有沒有魔咒，他發現裡面有兩根針「刺進了他的頭顱中」。這兩根針很有可能是刑求人放進去的，費昂醫師在刑求人發現那兩根針之後，說他將放棄所有「魔法、巫術、咒語、妖術等事物」，並承認所有對他的指控都是「千真萬確的，不需要找證人來證明這些指控的真實性」。

雖然西班牙靴對他的腳和腿都造成了非常嚴重的傷害，但根據《蘇格蘭新聞小報》的報導，隔天晚上他就從監獄逃走了，回到位於索特潘鎮的家。國王立刻「下令士兵進行詳細的調查，把他抓回來……在緊鑼密鼓的追捕下，他再次被逮捕關進監獄中」。不過被抓回來之後，費昂醫師當著國王的面撤回了先前的認罪自白。為了避免他「再次和惡魔攜手合作」，法庭又一次對他進行了詳盡的檢查。這次他們沒有在他身上找到任何東西，所以法庭「下令要對他進行最不可思議的折磨」：

刑求人用蘇格蘭人稱為特卡斯（turkas）而我們英格蘭人稱作鉗子的工具，把他每根手指的指甲都撬開並拔下來，又在每一個指甲下面插進兩根針，每根針都被整根插進去了。在這樣的酷刑過程中，醫師沒有發出任何叫喊，也沒有因為這些酷刑而提早承認自己的罪。

刑求人再次使用了西班牙靴，費昂醫師「在被套上西班牙靴之後遭到多次毆打，以致於他的雙腿都粉碎了，被西班牙靴壓得很扁，他的骨頭和肉全都受了傷，大量的鮮血和骨髓噴湧出來，他以後再也無法使用自己的雙腿了」。

儘管如此，他依然否認所有指控，並堅持他一開始會認罪的「唯一原因是因為他太害怕曾經歷過的痛楚」。但詹姆斯已經決定要處死費昂醫師了，這麼做是為了「殺雞儆猴，未來若有人想要使用類似巫術這種邪惡又不虔誠的方法時，他們將會心生恐懼」。費昂醫師被定罪並判刑，在處以絞刑之後，他的屍體「馬上被丟進為了燒掉他而升起的大火中，法庭燒掉他的地點是愛丁堡市的卡索山丘（Castle Hill），時間是 1 月底的星期六」。

詹姆斯六世開始獵巫的時候，歐洲的知識份子浪潮已經開始反對巫術了。1563 年，克里維斯公爵（Duke of Cleves）的醫師喬漢・韋耶（Johan Weyer）出版了《論魔法》（*De Praestigiis*，英文為 *On Magic*）。雖然韋耶相信惡魔是存在的，但他覺得那些說自己和惡魔簽訂契約的女人其實是陷入了惡魔製造的幻覺中。此外，他認為這些女人造成的任何傷害都是惡魔的所作所為。他既是醫師也是新教徒，時常強烈抨擊神職人員總是在一看到生病的徵兆時，就馬上宣稱病人被下了巫術並利用驅魔來賺錢。他認為獵巫這件事是惡魔策劃出來的，並說：「我們可以從日常生活

中發現，人們對於巫術的信仰才是巨大災害的源頭，這種信仰導致人們疏遠上帝、追隨惡魔、親族彼此憎恨、鄰居彼此衝突、心中隨時懷抱敵意、城市間出現世仇、無辜者常被殺害。」

韋耶在《論魔法》中譴責那些獵巫的人，他描述那些人迫害無辜的人，被害人「時常從牢房中被拖去接受殘酷的刑求，直到這種充滿折磨的狀態使他們一心求死」，他們寧願承認「任何指控的罪名，也不想再次被推進駭人的地牢中接受刑求」。

許多人都因為「不識字又無知的農民提出的惡意指控和錯誤猜想」而被定罪。「被惡魔欺騙或附身」的女士會被「帶去受審，殘暴的刑求人會用他所能發明的最精確的刑求手段殘忍地折磨她們，使她們經歷常人所不能忍受的痛苦。就連清白的人也會因為持續遭受這種酷刑而被迫承認自己是有罪的。最後，這些嗜血的刑求人將會使這些無辜的被害者寧願在柴堆中被活活燒死，讓有罪的靈魂回到上帝身邊，也不願繼續承受這些殘暴的刑求人帶來的痛苦」。韋耶又說：「有些人會死在刑求人的手上。在提起這件事時，啊！刑求人會開心地叫喊，說犯人自殺了（有鑑於他們承受了如此巨大的痛苦，監獄又如此污穢，他們的確很有可能會自殺）。有時刑求人還會說他們是被惡魔殺死的。」

到了 1584 年，英國人雷吉納德・史考特（Reginald Scot）出版了《探索女巫》（*Discovery of Witches*），在書中嘲笑巫術這個概念。舉例來說，在談到結紮術這個話題時，他提起有一名年輕男人在通姦之後發現自己被施了結紮術。因此他「去找女巫解決這個問題。女巫把他帶到一棵樹下，指著上面的一個鳥巢，命令他爬上去從鳥巢裡拿『那東西』。他爬到樹頂後，拿起了一個巨大的那東西給女巫看，問女巫他能不能拿這個。女巫說，你不

能拿那個，那是我們教區牧師的器具，但你可以隨意選一個別的。」根據其他人的證詞，有些人在那個鳥巢裡看到了二十個那東西，有些人看到三十個，和那東西一起放在鳥巢裡的還有一些乾飼料，好像鳥巢是飼料槽一樣……這些描述不是玩笑話，他們寫下這些內容是為了讓法官裁決那些人是否該被判死刑。姆斯國王說史考特的這本書「該下地獄」。

蘇格蘭的珍妮特 · 克拉克和珍妮特 · 葛蘭特曾在 1590 年因為把一些男人的生殖器拿給其他人使用而被定罪。詹姆斯在 1603 年成為了英格蘭王之後，下令要把史考特的書通通燒掉。不過史考特很幸運，他在四年後也就是 1599 年逝世，否則他很有可能也會和他寫的書一樣被國王燒死。

詹姆斯為了抵禦不相信女巫的潮流，決定要親自證明「撒旦的這種攻擊是真實存在的，因此撒旦的工具必須受到最嚴厲的懲罰」。於是，詹姆斯在 1597 年於愛丁堡市出版了《惡魔學》（*Demonology*）。在書中寫道他不相信有狼人這回事，不過他相信惡魔的印記是真的，也相信「泳刑」種刑求是有用的。

詹姆斯在 1603 年登基成為英格蘭王後，在倫敦出版了新版本的《惡魔學》。接著，他在一年之內強迫英國國會通過一項巫術法案。英國的獵巫狂潮從這時開始變得越來越嚴重，不過他無法說服英格蘭人燒死或刑求女巫。

蘇格蘭有一種特別的刑求方式，是強迫被告穿上泡過醋的剛毛襯衣，用這種衣服磨破被告的皮膚。此外，蘇格蘭人還會把女巫或巫師關在獨立的牢房中、連續很長一段時間不讓他們睡覺，強迫他們脫光衣服躺在冰冷的石地板上。

1596 年 6 月，「惡名昭彰的女巫」艾莉森 · 巴福（Alison

Balfour）在愛丁堡城堡中被戴上「卡斯皮爪」（caspie claws）長達四十八小時。卡斯皮爪是一種能壓碎手臂的鐵刑具，在她忍受這個刑具的過程中，必須眼睜睜地看著刑求人用拇指夾（pilliwink）刑求她七歲的女兒、用七百磅重的鐵塊壓在她八十一歲的丈夫身上，又把「西班牙靴」套在她兒子的腿上，用上面的五十七根尖錐壓碎他的腿使骨頭爛成一團。她的僕人湯姆士‧帕爾帕（Thomas Palpa）也受到牽連，被戴上卡斯皮爪兩百六十四個小時，接著刑求人又用「特別的繩子」鞭打他，「被鞭打過的地方連皮帶肉都被打掉了」。英國人被這種野蠻的行徑嚇得目瞪口呆。1652 年，司法行政英國委員會獲得了兩名從蘇格蘭高地逃獄的女巫的證詞，她們說共有六個人被抓起來，全都被綁著拇指吊起來和鞭打，又被灼燒嘴巴、頭部和腳指之間，另外四人則在相同的刑求過程中死亡。

蘇格蘭樞密院下令要八名當地政要負責籌劃委員會，調查所有巫術案件。這些委員會也有權可以判處被告死刑。如果有委員找到巫術的證據的話，他可以找三至五個委員一起授權當地治安官召集巡迴法庭，法庭的成員不能超過四十五人，其中要有十五人是陪審團。蘇格蘭獵巫委員會的數量多不勝數。舉例來說，光在 1661 年 11 月 7 日當天，政府就授權成立了十四個委員會。1662 年 1 月 23 日政府又授權成立了另外十四個委員會，而且這些委員會的工作量都不小。1640 至 1642 年，蘇格蘭長老會的總會下令要牧師們找出可能是女巫的嫌疑犯。教會的牧師與長老會常舉行「長老會議」（presbytery）來討論被告的罪名，因此，長老教會的全盛時期和女巫迫害最嚴重的時期會彼此重疊並不是純粹的意外（重疊時期為 1590 至 1597 年、1640 至 1644 年以及

1660 至 1663 年）。

　　蘇格蘭法庭通常會允許被告找一名律師，但多數女巫都是窮人無法負擔律師的費用。只要某個人「被多數人認為」是女巫，法庭就可以直接將她定罪，不需要認罪自白做為證據。一旦法庭擬定了起訴書，被告就不能提出與起訴書不同的意見，就算起訴書顯然是錯的也一樣。1629 年，伊斯巴恩鎮（Eastbarns）的伊索貝爾・楊（Isobel Young）被指控使用詛咒使一名男人失去一條腿，並在二十九年前阻止水車運作。她反駁說那名男人早在她詛咒他之前就已經瘸腿了，而水車是因為自然災害壞掉的。檢察官湯姆士・霍普爵士（Thomas Hope）則回答，由於她的抗辯和起訴書上寫的內容不一樣，所以法庭不接受她的抗辯，最後她被定罪並處以絞刑之後被燒掉。

　　在詹姆斯六世的《惡魔學》出版後，亞伯丁市（Aberdeen）的瘋狂獵巫潮在 1597 年達到了新的高峰。有二十四名男女因為對動物下咒、把牛奶變酸、繞著鎮上的十字路口和惡魔一起跳舞、利用結紮術使男人對妻子不忠、用彎曲的硬幣與塗抹在布條上的紅蠟製作愛情魔咒而被燒死。其中最先被燒死的是珍妮特・威夏特（Janet Wishart），她下咒使亞歷山大・湯姆森（Alexander Thomson）不斷流汗、發抖。她用邪惡的眼睛一看，安德魯・韋伯斯特（Andrew Webster）和其他人幾人就死了。她支解了掛在絞刑架上的屍體、把燃燒中的碳丟出去製造暴風雨，又派出幽靈貓使人們作惡夢。

　　其中一名被定罪的女巫希望能藉由告發其他人來延緩火刑日期。她說她曾在亞索爾區（Atholl）的一場大型聚會上見到兩千多名女巫。「她非常熟悉這些人，也知道惡魔分別給這些人什麼

樣的印記。這些被告發的人中，有許多人都被審判官綁住雙手拇指和腳拇指，再丟進水中施以『泳刑』。如果是女巫的話，他們被丟進水中之後會浮上水面飄走。」

1596 年 2 月，珍妮特・威夏特和另一名女巫伊莎貝爾・克魯科（Isabel Crocker）一起被燒死。她們兩人都是蘇格蘭人不是外地人，因此收到了政府提供的帳單明細：

序號	費用項目	先令	便士
1	火刑用的二十堆泥煤。	40	0
2	重量一博爾（六蒲式耳）的外衣。	24	0
3	四桶焦油。	26	3
4	四個用杉木和鐵製的桶子。	16	8
5	一根木樁和上面的裝飾。	16	0
6	四噚（二十四英尺）的拉繩（絞刑人用的繩子）。	4	0
7	運送泥煤、碳和桶子到山上。	8	4
8	主持審判。	13	4

她們總共要支付十一英鎊又十先令的費用。其他人的行罰則是在臉上烙印，只要支付六先令又八便士。而所有人都必須支付刑求的費用，同樣逐條列得清清楚楚。

1636 年 11 月 19 日，威廉・寇克（William Coke）和他的妻子艾莉森・狄克（Alison Dick）因為使用巫術而在刻科迪區（Kirkcaldy）被燒死。法庭為了讓他們更容易被燒死，要他們穿上為了火刑特別製作的麻製外衣，並在木樁下多放了好幾桶焦

油。但他們窮到付不起這些費用，所以教會和當地的鎮議會收到了帳單：

序號	費用項目	英鎊	先令	便士
1	火刑用的十堆煤炭。	3	6	8
2	拉繩。		14	0
3	他們穿的麻料短外衣的原料。	3	10	0
4	編織麻料短外衣。		8	0
5	派一人去芬茅斯鎮（Finmouth）找地主來巡迴法庭當法官。		6	0
6	行刑人付出的勞力。	8	14	0
7	行刑人在此的花費。		16	0

1607 年 3 月 10 日，在愛丁堡市附近的普雷斯頓潘斯鎮（Prestonpans），工人約翰 · 布爾（John Bull）的妻子伊莎貝爾 · 葛利爾森（Isobel Grierson）被控告使用了六種巫術。這六種巫術分別是：

一、對亞當 · 克拉克（Adam Clark）心懷殘酷的憎恨與仇視。伊莎貝爾 · 葛利爾森花了大約一年半的時間使用各種邪惡的方法報復亞當 · 克拉克。1606 年的 11 月的狀況特別嚴重，在某天的十一點到十二點之間，「一隻很有可能是她養的貓帶著大量的貓用邪惡的方法進入他們家，這些貓發出了巨大恐怖的聲響。當時前述的亞當和妻子躺在床上，僕人們也都還在家裡，他們全都陷入了極度的恐懼之

中，差點就因此發瘋了」。惡魔以黑色男人的樣子出現，抓住其中一名女僕的頭髮在房子裡到處移動。在那之後，女僕連續病了六個禮拜。

二、對寡婦的瑪格麗特・米爾（Margaret Miller）去世的先生威廉・伯內特（William Burnet）心懷怨恨。伊莎貝爾・葛利爾森企圖用「邪惡又褻瀆上帝的方法，也就是利用她巫術師與女巫的身分」來殺掉威廉・伯內特。1650年1月，她把一塊生肉丟在他家門口。惡魔在接下來的六個月，每天晚上都變成赤裸的嬰兒出現在他家。惡魔也會變成伊莎貝爾・葛利爾森的樣子，「用不正直的骯髒方法對著前述的瑪格麗特・米勒與房子的各個角落撒尿」。威廉・伯內特從那時候開始日漸憔悴，在1605年於「極度的痛苦」中死去。伊莎貝爾被指控「是騙子，是前述的威廉死亡與生病的原因之一」。

三、伊莎貝爾也被起訴曾在九年前，也就是1598年10月使羅伯特・佩丹（Robert Peddan）生病。他日漸消瘦，過了一段時間後，他回想起自己欠了伊莎貝爾九先令又四便士。佩丹當初拒絕還錢時，伊莎貝爾曾說「他將會為此感到後悔」。後來他把錢還回去，要伊莎貝爾讓他恢復健康，不久後他就康復了。

四、羅伯特・佩丹也指控說，伊莎貝爾曾在1606年6月經過他家沒關的窗戶時，把手伸進他家裡摸貓。當時佩丹正在釀麥酒，他釀的麥酒在那瞬間「全都腐壞變黑，變得像水溝水一樣污濁，散發出噁心的惡臭味，絕不會有人願意喝下或聞到這種東西」。

五、伊莎貝爾還被指控曾試圖害死羅伯特 · 佩丹的妻子瑪格
　　麗特 · 唐納森（Margaret Donaldson）。瑪格麗特在
　　1600 年開始生病，她認為是伊莎貝爾 · 葛利爾森對她下
　　了咒。她請鄰居安排她去教堂實施修和聖事，之後她的病
　　情就好轉了。但是，後來伊莎貝爾覺得瑪格麗特到處誹謗
　　她是女巫，便威脅她說：「地獄的火把將會燒到妳的身上，
　　地獄的大鍋正等著燉煮妳。」讓瑪格麗特再次生病而且花
　　了九週才痊癒。之後，在 1606 年 12 月，她又遇到伊莎
　　貝爾，伊莎貝爾說：「滾開，妳這個到處散播假謠言中傷
　　我的小偷，我要拿走妳的心。」瑪格麗特馬上又開始生病。
六、最後一個起訴項目是最不利的一項：「伊莎貝爾 · 葛利
　　爾森是一名普通的巫術師也是一名女巫。她會傷害他人、
　　四處散佈或收回疾病，她用邪惡又不虔誠的方法賺錢維
　　生，還會下咒且做出其他邪惡的行為。」

　　最後一項指控無須證人作證，法庭傳喚證人來是為了證明其
他指控。陪審團判定她「應該被判刑，前述的起訴書上的所有指
控罪名與要點全部成立」。最後，伊莎貝爾在愛丁堡市的卡索山
丘被吊死並燒掉，她的財產全都被法庭沒收，交給了國王。

　　在艾爾郡厄凡鎮（Irvine），市民亞齊柏德 · 迪恩（Archibald
Dean）的妻子瑪格麗特 · 巴克禮（Margaret Barclay）和大舅子
與大舅子的妻子大吵一架。雙方的關係緊繃到瑪格麗特把他們帶
到了教堂的法庭上。長老教會希望能協助他們和解，但瑪格麗特
的個性並不寬容。據說當她的大舅子和鎮上的監管者安德魯 ·
泰恩（Andrew Tain）一起搭船去法國時，瑪格麗特暗自希望船會

沉到水裡讓「螃蟹把船上的乘客吃掉」。

後來，一名流浪者約翰・史都華（John Stewart）在路經厄凡鎮時，告訴鎮上的人說有一艘船將會在英國的帕德斯托鎮（Padstow）附近沉沒。兩名倖存的水手證實了這件事。瑪格麗特・巴克禮因巫術被捕，史都華則因為預言被捕。史都華在受到刑求後說，瑪格麗特曾要他幫忙對付「那些辜負了她的人」。他也說曾見過瑪格麗特和伊莎貝爾・英奇（Isobel Insh）一起在一間廢棄的房子裡做安德魯・泰恩和船的蠟像。伊莎貝爾的八歲女兒也被抓走了，她「認罪」說她也一起去過那棟廢棄的房子。她說天色變暗之後，一隻惡魔化身的狗用牠的嘴巴和鼻子發光，讓她們可以繼續在夜晚做蠟像。接著，瑪格麗特要女兒發誓保密，並答應會買一雙新鞋給她。史都華在此之前從來沒有提到過瑪格麗特的女兒，但現在他也說那個「討厭的小鬼」當時的確也在場。不過，雖然史都華雙手都戴著木枷，監獄外又有許多守衛，但他還是成功在 1618 年即將受審的那天早上，用軟帽上的絲帶把自己勒死了。

伊莎貝爾・英奇也在刑求之下認罪，之後被關進教堂的鐘樓裡。她設法逃到了屋頂上但卻失足滑倒墜樓，在五天後死亡。最後，這個案件只剩下瑪格麗特・巴克禮一個人面對指控，如今輪到她承受當地地主艾靈頓伯爵（Earl of Eglinton）所說的「最安全、最溫和的刑求」了。刑求的過程中，她「赤裸的雙腳被戴上腳枷，之後又被套上了特殊的鐵條」。她受不了刑求時大喊：「把鐵條拿掉！拿掉！我願意當著上帝的面把整件事情交代清楚。」刑求人移除鐵條並把鐵條放在她面前。儘管如此，法庭把這段刑求時的自白當作證據時，指出瑪格麗特認罪時「是自願

的，沒有人要求她這麼做」。此外，她還告發了伊莎貝爾‧克勞福（Isobel Crawford）。

瑪格麗特的丈夫在她接受審判與撤回認罪自白時擔任她的律師。

「我當時承認自己犯罪是因為刑求太痛苦了，我要在上帝面前告訴你們，我所說的一切認罪自白都是虛假的、不真實的。」然而她還是被判有罪，最後被法庭處以絞刑並燒掉。

伊莎貝爾‧克勞福在刑求過程中表現出過人的勇氣，「令人欽佩的是，當我們在她腿上放上重達三十石（四百二十磅）的鐵塊時，她沒有發出任何大聲叫喊也沒有因此退縮，而是一直保持著鎮定的態度。」但刑求人繼續增加鐵塊，她終究承認了所有指控她的罪名，其中包括了和惡魔做愛。不過在刑求結束後，她立刻又撤回了先前的認罪自白。她死時依然不知悔改，拒絕寬恕她的行刑人。

1623年，泰賽德行政區（Tayside）伯斯市（Perth）的伊莎貝爾‧霍爾丹（Isobel Haldane）被指控使用巫術。以下內容出自她的法院審判紀錄：

1623年5月15日
我們傳喚使用巫術的嫌疑犯伊莎貝爾‧霍爾丹來參加伯斯市的會議，我們祈求上帝使她敞開心扉並張開嘴巴說出真相：
問：她是否有辦法替生病的男人、女人或小孩治病？
答：不能。
問：她是否治療了安德魯‧鄧肯（Andrew Duncan）的小孩？
答：根據珍妮特‧柯（Janet Kaw）的說法，她和亞歷山大‧

羅卡特（Alexander Lokart）一起前往特瑞特港（Turret-port），從那裡取了一些水帶去安德魯・鄧肯家，她在那裡跪下，以聖父、聖子與聖靈之名替孩子施洗。接著，她在亞歷山大・羅卡特的陪同下，把水和孩子的衣服拿去燒掉。不過她在移動的過程中灑出了一點水，非常懊惱，她說若以後有任何人走進這裡的話，疾病將會從生病的孩子身上轉移到他們身上。

問：她是否曾和仙子說過話？

答：她曾在十年前躺在床上時被帶到了一片坡地，她不知道帶她過去的是上帝還是惡魔。那片坡地從中裂開來，她走了進去，從週四到週日的十二點在那裡停留了三天。她在那裡見到了一個留著灰鬍子的男人，被他再次帶回家。

證人約翰・羅奇（John Roch）作證發誓：大約在同一時期，他因為妻子的產期快到了，去工匠詹姆斯・克里斯提（James Christie）的店裡要工匠替他做一個搖籃，這時前述的伊莎貝爾・霍爾丹正好經過，她說羅奇不會用到搖籃別這麼急著買，他的妻子要五週後才會把孩子生下來。她說羅奇的孩子不會躺進這個搖籃裡，那孩子出生後會受洗但不會吸奶，接著將會死去並被帶走。後來伊莎貝爾說的話全都實現了。

問：她是怎麼知道的？

答：留著灰色鬍子的人告訴她的。

證人約翰・羅奇（John Roch）作證發誓：前述的伊莎貝爾・霍爾丹去找了大衛・林德（David Rind）的妻子瑪格麗特・布坎

南（Margaret Buchanan），當時瑪格麗特很健康，正在一如往常的工作，這時伊莎貝爾要她準備好迎接死亡，她說瑪格麗特將會在幾天後的復活節前夕被帶走。事情的發展和伊莎貝爾說的一樣：那女人在復活節之前死了。

問：她怎麼會知道那些人能活多久？

答：她曾向那名留著灰鬍子的男人打聽這些事，那個男人告訴她的。

1623 年 5 月 16 日

伯斯市的皮革商派翠克 · 盧斯文（Patrick Ruthven）作證宣示：他被瑪格麗特 · 霍斯格勒（Margaret Hornscleugh）施了法，之後伊莎貝爾 · 霍爾丹到他家去探望他。她走到床邊趴在他身上，頭對著他的頭、手對著他的手，其他部位也一樣彼此相對，接著她含糊不清地說了一些他聽不懂的話。

被告認罪。在前述的派翠克被施法之前她曾遇到他，並命令他不准離開，要等她一起走。

1623 年 5 月 19 日

米爾頓鎮（Muirton）的證人史蒂芬 · 雷（Stephen Ray）作證發誓：伊莎貝爾 · 霍爾丹曾在三年前從伯胡希餐廳偷了一些啤酒，他當時跟在伊莎貝爾後面把她帶回餐廳。她當時拍了拍他的肩膀說：「管好你自己的事！你將在未來一年又一天的時間裡都沒辦法為自己賺到半毛錢。」她的這句威脅後來的確成真了。他生了重病，日漸消瘦。

被告承認自己偷了啤酒並使這名證人生病。她說：「他將我從

仙子中帶走，他必須為此付出代價。」

被告承認自己曾一路沉默地前往盧斯文家的聖井，在那裡取了水之後又沉默地回來，替約翰·哥歐（John Gow）的孩子施洗。為了成功施洗，她從井中取水時把孩子的一小片衣服碎片留在井中，接著回到家替孩子施洗，之後她也用同樣的方法替約翰·普瑞斯（John Powryis）的孩子施洗。

1623 年 5 月 21 日

被告承認自己提供藥水給孩子治病，例如大衛·莫理斯（David Morris）的妻子曾找她幫忙，她命令她的孩子去蒐集金梅草的葉子，接著她教導那個孩子的母親製作藥水。

證人大衛·莫理斯太太作證發誓：前述的伊莎貝爾·霍爾丹在沒有受到邀請時擅自到她家去見她的孩子。她說：「妳的孩子已經被妖精掉包了，這是妖精的孩子。」她插手解決這件事，給了孩子一種藥水，孩子喝完之後就死了。

上述記錄的見證人包括：

在我與長老會議的命令和指示下，伯斯市長老會議的威廉·楊（William Young）與伯斯市議會的公證人與辦事員喬納森·大衛森（Jonathan Davidson）成為了見證人。

5 月 22 日與 26 日，法庭繼續開庭審判伊莎貝爾·霍爾丹，她在這段期間提供了更多認罪自白：

問：妳是從哪裡學會這些能力的？

答：我在丹寧村（Dunning）生完小孩躺在床上時，被帶到了

家門外的一個惡臭池塘前，當時我很疑惑又煩惱。

問：是誰把妳帶過去的？

答：是一群仙子，有些仙子是紅色，有些是灰色，他們都騎在
馬背上。和我交談的首領是個白色的英俊男子，他騎在一
匹灰馬上。他要我告訴他神的事蹟，並要我幫助可憐的仙
子們，接著，他教導我如何靠著洗澡、唸咒語、在一捆捆
紗線之間穿梭等方法獲得施魔法能力。

　　儘管這名可憐女人遭受的最嚴重指控其實只是教蘇格蘭人如
何注意個人衛生，但她應該也被定罪並燒死了。

　　在 1662 年 4 月 13 日至 5 月 27 日，一位紅髮的美麗女孩伊
莎貝爾・高帝（Isobel Gowdie）去了莫里郡（Morayshire）奧德
恩村（Auldearne）附近的羅克洛伊村（Lochloy），找當地長老教
會的長老，坦承自己犯下了令人震驚的罪行，而且她顯然沒有遭
受任何刑求。她說她和一名無趣的農夫結婚後覺得婚姻生活太過
無聊，所以她變成了一名女巫，已經參加巫魔會十五年了。她說
她曾在 1647 年於奧德恩村的教堂和惡魔簽下契約，放棄了基督，
讓惡魔從她身上吸血並用那種血替她施洗。她將一隻手放在另一
隻手上，而另一隻手則放在腳掌上，用這個姿勢發誓她會效忠惡
魔，惡魔則給了她「珍妮特」這個新名字還有惡魔的印記，在施
洗儀式的結尾，惡魔站在佈道壇前閱讀一本黑色的書。過了幾天
後，她在晚上參加了一場聚會，惡魔在聚會上和她以及另外十二
名女性惡魔崇拜者做愛。在後來的聚會中，參與者以惡魔之名獻
祭了兩名孩子，把他們的身體和血拿來用在撒旦的儀式中。

　　作為交換，她獲得了把自己變成動物的能力。她還可以在大

喊：「馬與小帽，以惡魔之名！」這句咒語後飛上空中。為了在離開的時候讓她的丈夫以為她還睡在床上，她會把掃把或其他工具留在床邊，所以她飛上天時騎的是一束稻草。

在前往巫魔會的路上，她可以攻擊那些沒有為自己祈福，又看見她飛上天的基督徒。巫魔會開始前，他們會唸誦禱文：

> 我們以惡魔之名哨食這些肉，
> 心懷悲傷、嘆息與極度的羞愧；
> 我們要毀滅房子和監獄，
> 羊群和牛群都在山谷，
> 人們所剩的已經不多，
> 他們無法從中獲得益處。

她在女巫聚會上遇到的十三名女巫都各自有一個配對的惡魔和使魔，他們的名字是：紅色瑞弗斯、咆哮獅、裁判羅伯特、洛伊、史溫等。伊莎貝爾告訴法官，她和這些女巫把時間花在製造暴風雨上，她們會用石頭擊打溼布，並唸誦咒語：

> 我用石頭打地毯，
> 以惡魔之名製造風，
> 除非我再次允許，否則風不能停下。

若想要把自己變成野兔，女巫會把下列咒語唸三遍：

> 我要變成野兔，

心懷悲傷、嘆息與極度的擔憂；

我將以惡魔之名，

再次回到家中。

想要變回來時，她們會說：

野兔、野兔，上帝對你感到擔憂，

我如今變成了野兔，

但我現在更應該變成女人。

若想要變成動物，她們必須稍微調整咒語。例如：

我要變成貓，

心懷悲傷、嘆息與黑暗的企圖；

我將以惡魔之名，

再次回到家中。

　　她也承認自己曾變成一隻寒鴉，射出精靈男孩磨利的箭來殺人。若她們沒有射中目標的話，惡魔會非常生氣。如果有女巫沒有出席巫魔會或違背惡魔的命令，惡魔就會毆打那些女巫。亞歷山大・埃爾德（Alexander Elder）因為身體虛弱而無法反抗，常被惡魔毆打，瑪格麗特・威爾森（Margaret Wilson）有時會反擊，而貝希・威爾森（Bessie Wilson）則會「粗魯地回嘴，狠狠奚落他」。不過，多數時她們只會一邊逃跑一邊大喊：「我們的主人啊！原諒我！原諒我！」

雖然法庭記錄沒有留存下來，但我們可以保守推測她被處決了。

1649 年，人稱迪漢姆（Dinham）或多姆恩（Dollmune）的瑪格麗特・唐霍姆（Margaret Dunhome）在伯恩卡索村（Burncastle）被處決。約翰・金開（John Kincaid）為她支付了六英鎊的「接送費」。行刑人的費用則是四英鎊十六先令，其中有三英鎊是雜費。他還要支付三英鎊給「行刑人享用的肉、飲料和紅酒」，又付了四十先令給駕著兩匹馬接他上法庭與回家的男人。兩名守衛的費用是每天三十先令，共計三十天，總共是四十五英鎊，他的帳單總額是八十八蘇格蘭英鎊十四先令，蘇格蘭英鎊的價值是英格蘭英鎊的六分之一。但是負責計算該帳單的人又額外加了四英鎊，因此在她收到的帳單上，金額是九十二英鎊又十四先令。法庭斷定瑪格麗特・唐霍姆的財物總值二十七英鎊，因此法庭寄了一份六十五英鎊十四先令的帳單給瑪格莉特居住地的地主。

1670 年再次出現了一位自願認罪的人——湯姆士・維爾市長（Thomas Weir）。維爾在 1600 年出生於拉納克鎮（Lanark），他在英國內戰時期進入蘇格蘭清教徒（Covenanter）軍隊擔任中尉。在戰後成為公務員，同時也是一名眾人欽佩的宗教狂熱者。他在七十歲時突然承認自己這輩子犯下了各種可怕的罪行。一開始沒人相信他，但他非常頑固，於是當地監管者派了一位醫師來檢查。但醫師認為維爾的神智清醒，並認為「他是因為道德標準極高所以才會精神錯亂」，因此監管者不得不逮捕他。

維爾市長在 1670 年 4 月 9 日接受審判，四項起訴罪名如下：

一、在妹妹珍・維爾（Jane Weir）十歲時試圖強暴她。在珍十六歲至五十歲的期間與珍亂倫，直到他「因為珍的年齡而開始厭惡她為止」。

二、和亡妻的女兒，也就是他的繼女瑪格麗特・波頓（Margaret Bourdon）亂倫。

三、和「好幾個人」通姦。其中包括了和女傭貝希・維姆斯（Bessie Weems）通姦……通姦關係維持了二十年，兩人在這段期間的關係像夫妻一樣親密。

四、和母馬與母牛獸交，「尤其是有一次他騎著一匹母馬到紐米爾斯鎮（New Mills）附近，前往西南部（West Country）的那段時間，他嚴重地敗壞了自己的品德」。

　　他沒有因為巫術而受到正式起訴，被起訴的是他妹妹。她被起訴的罪名除了巫術之外還有亂倫，她主要的起訴罪名是「找女巫、招魂師和惡魔提供協助」。她認罪了。

　　維爾的小姨子瑪格麗特出庭作證說，她在二十七歲時「發現市長和市長的妹妹一起躺在維克蕭（Wicket-Shaw）的穀倉裡，兩人都躺在床上沒穿衣服，市長的妹妹趴在市長身上，床不斷搖晃，她還聽到兩人說出了淫穢的話」。還有另一名證人說他曾在 1651 或 1652 年看到市長和一匹母馬獸交。有女人說她也曾親眼看到市長獸交並對別人抱怨過此事，但沒有人相信她，她因為「毀謗這麼有名的聖人，被鎮上的絞刑人處以鞭刑」。

　　珍・維爾承認，她在好幾年前擔任達奇司鎮（Dalkeith）的學校老師時，曾把靈魂賣給惡魔，還說惡魔在一名矮小女人的見證下「消除了我的痛苦和煩惱」。她有一隻使魔會替她「紡紗

線，可以在很短的時間內製造出三、四個女人一起紡紗才有可能紡出來的大量紗線」。1648 年，她和她哥哥「搭上了一輛看起來像是正在燃燒的六駕馬車，從愛丁堡市被傳送到馬瑟爾堡市（Musselburgh），接著又被傳送回來」。珍也提供了他哥哥使用巫術的鐵證。她說哥哥有一支用荊棘木做的枴杖，枴杖上有裝飾用的雕刻人頭，那其實是他的魔杖。接著眾人回想起市長確實總是在禱告時倚靠在枴杖上，就像是在向惡魔尋求啟發一樣。

陪審團一致同意珍・維爾有罪。湯姆士・維爾市長的大多指控也都被判定為有罪。1670 年 4 月 11 日，他在利斯區與愛丁堡市附近的處刑地點被處以絞刑並燒掉。隔天，六十歲的珍則在愛丁堡市的乾草市集被燒死。她被綁在梯子上，絲毫沒有表現出後悔的態度。她說她在看著這些旁觀者時，「看見了一大群人跑來這裡觀賞一名可憐又悲慘的老女人步入死亡，不過，我認為你們之中有一些人正因為教會打破了聖經中的聖約而哭泣與哀悼」。

維爾位於愛丁堡市的家在接下來的一個世紀都無人居住，當地人認為那是一間鬼屋。後來終於有一對貧困的夫婦住了進去，但他們只住了一晚就逃走了。在那之後，這棟房子又閒置了五十年才被拆掉。

英格蘭的女巫審判在 16 世紀末逐漸減少。但蘇格蘭人依然非常相信女巫和巫術。1678 年，國王的律師喬治・麥肯錫爵士（George Mackenzie）寫道：「女巫是真實存在的，神學家們不可以質疑這個事實，上帝已經說過，不能讓任何女巫存活。蘇格蘭的所有律師都知道，我們的法律規定要把女巫處死。」約翰・克拉克爵士（John Clerk）在同一年拒絕參加調查巫術的委員會。

1691 年，亞伯佛伊村（Aberfoyle）的牧師羅伯特 · 寇克（Robert Kirk）出版了《祕密聯邦》（*Secret Commonwealth*），在書中描述了要如何找出惡魔的印記。1696 年，在倫弗魯郡（Renfrewshire）佩斯力鎮（Paisley）附近的巴爾加蘭鎮（Bargarran），地主的十一歲女兒克莉絲汀 · 蕭（Christine Shaw）掀起了一股新的獵巫熱潮。

　　1696 年 8 月 17 日星期一，克莉絲汀看到一位「身材匀稱的女孩」偷了一些牛奶，她威脅說要把這件事告訴別人。那名女孩是凱薩琳 · 坎貝爾（Katherine Campbell），她向來以「傲慢又充滿報復性的幽默」聞名，她在上法庭後犯了一個可怕的錯誤。她說希望惡魔可以把克莉絲汀的靈魂丟進地獄的深淵中。四天後，名聲狼藉的女人艾格妮斯 · 奈斯密斯（Agnes Naismith）向克莉絲汀問好時，她給出了非常沒禮貌的回應。隔天，也就是 8 月 22 日，克莉絲汀癲癇發作。她的身體不斷抽搐又被自己的舌頭噎住，大聲喊著凱薩琳和艾格妮斯在折磨她。根據記錄，克莉絲汀在癲癇發作的期間吐出了蛋殼、毛球、碎石、乾草、蠟油、小骨頭和扭曲的針，她說是那些折磨她的人使她吐出這些東西的。為了停止嘔吐，她開始唸誦聖經的句子，沒多久癲癇就消失了。馬修 · 布利斯班（Matthew Brisbane）和馬歇爾（Marshall）這兩名醫師一起檢查了克莉絲汀，但他們沒有發現任何不對勁的地方。

　　1697 年 1 月 19 日，蘇格蘭樞密院指派了調查委員會去調查巴爾加蘭鎮的巫術案件。那時克莉絲汀已經指控了一大群人：她的祖母珍 · 福頓（Jean Fulton）、上流社會的瑪格麗特 · 朗（Margaret Lang），人們說她是「個性嚴肅的聰明人」、她十七

歲的女兒瑪莎・森普（Martha Semple）；另外還有她的三個表親：十四歲的「瞇眼小弟」詹姆斯・林賽（James Lindsay）、十一歲的湯姆士・林賽（Thomas Lindsay）和十七歲的伊莉莎白・安德森（Elizabeth Anderson）。瑪格麗特・朗和瑪莎・森普有足夠的錢可以擺脫指控，但瑪格麗特說：「就讓他們撼動人們的恐懼吧，就讓他們滿足人們的需求吧，我是不會隨波逐流的。」

其他人則沒有那麼勇敢。伊莉莎白・安德森指認了其他人，最後有二十一人被起訴。克莉絲汀說其他女巫用幽靈的樣子跑來騷擾她，她在法庭強迫那些女巫碰觸她時癲癇發作。2月11日，當地的長老教會舉辦了一場儀式，要求惡魔釋放克莉絲汀，但這些牧師對她的關注似乎使她的狀況變嚴重了。

調查委員會在兩個月內上交了報告，裡面列出了珍・福頓的三名孫子：詹姆斯、湯姆士・林賽和伊莉莎白・安德森的認罪自白。他們說祖母曾把他們帶去參加巫魔會，他們在那裡拿到了未受洗的小孩的肝臟。正是因為他們拒絕吃下那塊肝臟，如今他們才能說出真相。其他被指控是女巫的人都吃了肝臟，所以才會無法認罪。

他們也承認鎮上之前死掉的兩個小孩是他們勒死的，又說之前有一名牧師死掉是因為他們把針插進蠟像裡。此外，他們曾使一艘船翻船，使兩艘船沉沒。伊莉莎白・安德森說，她曾看到惡魔找他的父親、艾格妮斯・奈斯密斯和巴爾加蘭鎮上的其他人說話。他們一起計畫要讓克莉絲汀・蕭「停止呼吸」，藉此殺死她。她還回想起她曾在十歲時和父親一起飛去參加巫魔會。

1697年，政府指派了財力雄厚的新委員會。委員會的法官們取得了另外兩人的認罪自白，在1697年4月13日把他們交

給陪審團審判。他們已經證明了這些犯人的確是女巫了，他們身上有惡魔的印記。總檢察長警告陪審團，若他們宣判這些犯人無罪的話，「他們將會成為瀆神、叛教、謀殺、虐待和引誘他人的共犯，這些行為是天堂的敵人，而他們將會成為罪人」。就算如此，陪審團依然花了七個小時仔細考慮裁決，他們最後裁定七個人有罪。凱薩琳 · 坎貝爾、艾格妮斯 · 奈斯密斯、瑪格麗特 · 朗和瑪莎 · 森普在 1697 年於佩斯力鎮的喬治街上被燒死，和她們一起被燒死的還有三名男性，其中包括了十四歲的詹姆斯 · 林賽。

　　其中一份歷史文件指出，他們本來應該先被絞死再被燒死，但行刑人太早把他們從絞刑架上放下來扔進火裡了，以致於有些人是被活活燒死的。

　　火刑過後，克莉絲汀不再癲癇發作，在 1718 年和一名牧師結婚，牧師死後她成為了知名的女商人。在她逝世後很長一段時間都沒有人動過她的臥室，後來有人在她臥室的床鋪旁邊的牆上發現了一個小洞。根據推斷，她吐出來的那些蛋殼、毛球、碎石、乾草、蠟油、小骨頭和扭曲的針都是由另一名共犯從這個小洞偷偷塞給她的。

　　當時有人出版了一本小冊子描述克莉絲汀 · 蕭的女巫案件，那本小冊子流傳甚廣，一名皮廷維姆村（Pittenweem）的牧師為年輕的派翠克 · 莫頓（Patrick Morton）朗讀這本小冊子至少兩次，這很有可能就是皮廷維姆村後來爆發獵巫潮的原因。1704年，十六歲的派翠克在父親的鐵匠鋪工作時，皮廷維姆村前任會計師的妻子碧翠絲 · 連恩（Beatrix Laing）請他幫忙製作釘子。當時派翠克忙著做其他工作，拒絕了碧翠絲的委託。她離開時

「威脅說她會報復他，讓他很害怕」。隔天，他看到連恩太太把熱煤炭丟進水中，認為那是她在使用巫術的徵兆。沒幾天後，他開始感到四肢虛弱無力、沒有胃口吃飯，變得骨瘦如柴。1704年5月，他開始出現癲癇發作的症狀。他的肚子逐漸腫脹、常會難以呼吸，全身痙攣並被自己的舌頭噎住。此外，他的手臂因為被女巫捏過所以留下了許多痕跡，就像那些塞勒姆獵巫案中的孩子一樣。莫頓說碧翠絲・連恩、尼可拉斯・勞森太太和其他幾個人都在對他下咒。長老教會的審判記錄指出：「他的狀況和西邊的巴爾加蘭鎮地主的女兒很像。」1704年5月19日，他告訴牧師除非連恩太太受到處罰，否則他將會持續受到折磨。

雖然莫頓沒有嘔吐但他時常看到幻覺，他寫下了其中一次的幻覺內容，他看到撒旦站在床上對他說：「我的孩子，只要你承認這世界上沒有救主，我就會給你銀套裝，還會在你的帽子上加一條銀辮子。雖然我有兩個親愛的孩子（連恩太太和勞森太太）會受到處罰，但你會平安無事。」

當地法庭向樞密院提出上訴狀後，在1704年6月13日逮捕了被告。儘管連恩太太的社會地位極高，法庭一樣派人檢查她身上有沒有惡魔的印記，又連續五天五夜不讓她睡覺，之後對她進行殘酷的刑求。她承認自己有罪，告發了尼可拉斯・勞森太太、伊莎貝爾・亞當斯（Isobel Adams）、珍妮特・科恩富特（Janet Cornfoot）。在刑求停止之後，她立刻撤回了自己的認罪自白。因此，行刑人替她戴上腳枷，把她轉送到「竊盜的巢穴」，將她關在「漆黑的牢中，不讓她見到任何光亮或和別人交談」五個月之久。就連樞密院都發現當地政府對這個案件太過瘋狂了，因此樞密院釋放了連恩太太和另一名被告，之後連恩太太必須支付八

蘇格蘭幣的罰款，相當於三條毯子的價錢。不過，皮廷維姆村的女巫狂熱並未結束，她沒辦法回到皮廷維姆村的家中。最後她不受歡迎地在聖安德魯斯鎮逝世。

伊莎貝爾・亞當斯承認「在聖馬丁節（11 月 11 日）的兩週後，她去了碧翠絲・連恩家，在那裡看到一名身穿黑衣、戴著帽子、身材矮小的黑色男人坐在桌前，碧翠絲說：『這位高貴的先生將會雇用妳。』」她同意後，那名惡魔吻了她，他說他知道伊莎貝爾對自己的人生很不滿意，但若有他的幫助，「她想要變得多有錢，就能變得多有錢」。之後，惡魔在新年那天出現在湯姆士・亞當斯（Thomas Adams）家，伊莎貝爾在那裡接受了惡魔的施洗並發誓效忠。她也承認自己曾和碧翠絲・連恩、勞森太太、珍妮特・科恩富特和湯姆士・布朗（Thomas Brown）一起前往亞歷山大・麥奎格（Alexander Macgregor）的住家，計畫要勒死麥奎格。

伊莎貝爾・亞當斯也被判處罰款並釋放，但湯姆士・布朗在牢中餓死了。珍妮特・科恩富特被指控對亞歷山大・麥奎格施巫術，並因此受到刑求。她在教區牧師派翠克・考波（Patrick Cowper）使用鞭刑時認罪，之後又撤回認罪。法庭不想讓監獄中的其他被告因為珍妮特撤回認罪而受到鼓舞，所以把珍妮特從地牢帶走獨自關在教堂塔頂，但她趁機逃走了。

1705 年 1 月 30 日晚上，一群暴民抓到了她，把她綁起來毆打，接著把她拖到岸邊。岸邊有一條綁在船上的繩索，暴民用這條繩索把她吊起來，又用石頭丟她。接著他們把她放下來，再次毆打她，然後把一片木板門放在她身上，在上面堆滿石頭把她給壓死。「為了確保她真的死了，他們找人帶著一匹馬和一輛雪橇

過來，要他來回碾壓屍體好幾次」。

　　牧師和法官都不打算命令這群暴民解散，最後驅散民眾的是一名法警。教會拒絕用基督徒的葬禮埋葬珍妮特，而率領那群暴民的人也沒有受到起訴。在那之後沒多久，人們就發現派翠克‧莫頓是個騙子。

　　1705年，格拉米爾村（Gladsmuir）的牧師約翰‧貝爾（John Bell）在格拉斯哥市（Glasgow）出版了《巫術審判》（*Trial of Witchcraft*），提供新穎的巫審相關知識，書中依然認為惡魔印記是真實存在的。1709年5月3日，政府法院開庭審判了愛絲派斯‧羅斯（Elspeth Ross），她是最後一名被指控為惡名昭彰的女巫的人，政府判處她接受烙印並將她流放。1718年，開斯內斯郡（Caithness）的副治安官沒有告知上級長官就起訴了數名女巫，國王的律師羅伯特‧丹達斯（Robert Dundas）因此訓斥了那位副治安官。該案的相關人士包括了努力想擺脫貓騷擾的威廉‧蒙哥馬利（William Montgomery），據說在他打了兩隻貓之後有兩名女巫死了。後來托芬肯勛爵的兒子被附身了，他指控卡德村（Calder）有數位女巫，丹達斯同樣拒絕審判她們。後來法庭撤回了這個起訴案，但其中有兩名被告死在監獄裡。不過在1727年6月，珍妮特‧霍恩（Janet Horne）因為把女兒當作飛馬來使用而在多諾鎮（Dornoch）被燒死，惡魔替她女兒釘了鐵蹄，使她終身殘疾。但當時的法官大衛‧羅斯上尉（David Ross）駁回了法庭對那名女兒的指控。

　　1736年，蘇格蘭女巫法案被正式廢除，但聯合長老會議的牧師們在1773年通過決議，他們將再次承認對巫術的信仰。根據估計，蘇格蘭共燒死了四千四百名女巫。

愛爾蘭的獵巫狀況

Chapter 10

The Irish Experience

愛爾蘭的獵巫狀況

　　根據記錄，愛爾蘭的女巫審判不超過六件。1317 年，奧索里教區（Ossory）的主教理查德・雷里德（Richard de Ledrede）在他的主教轄區發現了一個「充滿惡意的全新教派……他們想要阻止上主拯救人們的靈魂」。雷里德曾在法國的方濟會受訓，基爾肯尼郡（Kilkenny）的神職人員說他是一名「令人厭惡、愛管閒事的鄉下修士」。1324 年，雷里德指控，曾結過四次婚又是基爾肯尼郡最有錢的愛麗斯・吉蒂勒女士（Alice Kyteler）使用異教巫術。她、她的僕人以及她第一次結婚時生的兒子被指控了七項罪名：

一、為了使妖術奏效，他們否認神與天主教教堂，拒絕善盡任
　　何基督教的責任。

二、他們獻祭活的生物（尤其是公雞）給惡魔羅伯特・亞提
　　森和「地獄裡其中一個低階惡魔」。

三、他們要求惡魔告知未來會發生的事。

四、他們在夜晚的聚會中拙劣地模仿宗教儀式，儀式的最後他
　　們會吹熄蠟燭說：「呿！呿！呿！阿們。」

五、他們用橡木生火，再用被砍頭的搶匪頭顱當作鍋子煮水，把獻祭過的公雞大腸、「某些恐怖的蟲」、草藥、死人的指甲、頭髮和未受洗的小孩大腦丟進去，做成藥粉或油膏，用來使人產生喜愛和痛恨之情，或用來殺死和傷害人和野獸。

六、愛麗斯女士擁有那種魔法粉末。她的第四位丈夫約翰・鮑爾（John le Poer）找到了那些粉末交給主教。她的其他孩子也都抱怨她殺掉之前的幾任丈夫，用魔法奪取了應該由他們繼承的財產。

七、愛麗斯女士和羅伯特・亞提森發生過性關係，亞提森會變成貓、長毛黑狗或拿著鐵棒的黑色男人。

不過愛麗斯女士認識許多有權有勢的朋友，她被逮捕時法官把她放走了。雷里德主教曾前往世俗法庭要求政府逮捕她，卻被法院的人趕出去兩次，但雷里德鍥而不捨地向法庭提出要求，於是愛麗斯女士逃到了英格蘭。她的兒子在約翰・鮑爾的默許下，被關進監獄九週。她的女僕派卓妮拉・米爾（Petronilla de Mear）被施以鞭刑，最後她承認自己曾在晚上參加過多人做愛宴會、曾獻祭動物給亞提森，也承認愛麗斯女士是現存的巫術師中最邪惡的一個。她在 1324 年 11 月 3 日被開除教籍，並被活活燒死。還有數名共犯最後也被燒死，其他人則被鞭打、開除教籍並流放。根據記錄，愛爾蘭只有一名天主教徒被燒死，他案例都是新教徒燒死新教徒。

1447 年，愛爾蘭國會指出「上議會與下議會都一致認為也相信，世界上從來沒有任何方法，可以用巫術或死靈術消滅或摧

毀任何人」，接著又指出「從古至今，這片土地上都沒有任何人試圖使用這種方法」。到了 16 世紀，在歐洲其他地區都陷入了火刑的煙霧中時，基爾肯尼郡的紀錄中卻只有一個女巫審判案。1578 年，有兩名女巫和一名「黑人」（blackamoor）被處決，法庭表示：「處決他們三人時依據的是『自然法』，這是因為我們沒有在相關領域中找到可以審判他們的法律。」在不列顛群島的歷史上，因巫術處決黑人是十分特別的案例。1586 年，愛爾蘭的法律出現了變化，愛爾蘭國會採用了伊麗莎白一世的巫術法案，直到 1821 年才將法案廢除。

獵巫就此展開。1606 年，一名牧師向「邪惡又愛說謊的幽靈」求助，找到了「最邪惡的叛徒」，也就是「來自提隆郡的修」（Hugh of Tyrone）的行蹤。在那之後出現了幾個附身、占卜和鬧鬼的案件，接著，在 1661 年，約爾鎮（Youghal）的芙羅倫絲 · 牛頓（Florence Newton）被指控用妖術對年輕的女僕瑪麗 · 洛登（Mary Longdon）下咒，使瑪麗癲癇發作，又用巫術害死了大衛 · 瓊斯（David Jones）。

瑪麗的故事始於 1660 年的聖誕節，當時瑪麗拒絕把一塊醃牛肉交給芙羅倫絲，芙羅倫絲離開時嘴裡不斷喃喃自語著邪惡的威脅，一週後，當瑪麗拿著一籃衣服走在路上時，「約爾鎮的女巫」打掉了她手上的籃子，並「粗暴地親吻她」。瑪麗很快就開始受到幻象的折磨，一名戴著面紗的女人出現在她的床邊，另一名「穿著絲質上衣的矮小男人」告訴她那女人是「好人」牛頓（「Goody」Newton）。瑪麗沒有服從那個女幽靈下的命令，之後便被附身了。她變得像惡魔一樣力大無窮，又時常出現歇斯底里症的症狀，還會失去記憶並吐出「縫衣針、別針、樹根、羊毛

和稻草」。無論她去哪裡，都常伴隨著「石頭雨」，她和她的主人曾被石頭雨擊中過幾次，她曾用皮繩把其中一塊上面有洞的石頭綁在錢包上，但那些石頭每次都馬上就消失了。

　　瑪麗・洛登說，在這種種可怕的折磨過程中，她曾看到芙羅倫絲・牛頓把別針插進她的身上。芙羅倫絲被戴上手枷之後，瑪麗的癲癇就停止了。1661 年 3 月 24 日，國會在市長的見證下舉辦了聽審，把芙羅倫絲關進監獄。接著，一名業餘的搜巫者試著用錐子刺進芙羅倫絲的手中，「但錐子刺不進去，後來錐子整個歪掉了，沒有人能把它扳正。而後，布萊克沃爾先生（Blackwall）拿出了一支矛，往她的手中刺了一點五英寸深，但她卻沒有流半滴血。他又用矛刺了她的另一隻手，同樣沒有流血」。第一個記錄這件事的是當時的巫術專家喬瑟夫・葛蘭維爾（Joseph Glanvill），他從主持審判的法官威廉・艾希頓爵士（William Ashton）的筆記中轉錄了這些事件。遺憾的是，他省略了審判的結果，根據推測她應該是被處決了。

　　在 17 世紀末，一名十九歲的女孩施捨了一些物品給一名女乞丐，乞丐回送給她一些洛神葵的葉子。她吞下一片葉子後，立刻覺得肚子「很痛又發出咕嚕聲，接著她全身抽搐並昏了過去，像是死去了一樣」。醫師找不到治療方法，於是把她送去給牧師檢查，女孩一見到牧師就發作了歇斯底里症。根據當時的編年史家描述：「她一開始先倒在地上，接著開始吐出縫衣針、別針、毛髮、羽毛、線頭、玻璃碎片、窗戶釘子、手推車或馬車的釘子、一把九英寸的鐵刀、蛋和貝殼。」

　　記錄中也提到了那名對女孩施了巫術的女乞丐，她被逮捕、定罪，最後燒死了。

愛爾蘭的最後一次女巫審判發生在 1711 年，地點是安特里姆郡（Antrim）的喀里福古鎮（Carrickfergus）。涉案的是一名長老教會牧師的遺孀，她平常和兒子詹姆斯‧霍特利奇（James Haltgridge）與他的妻子一起住在馬吉群島（Magee Islands），同住的還有一名年輕的僕人、一位孩子和一個可能是真的也可能是想像出來的流浪兒童。他們住的房子被一隻「吵鬧鬼」（也有可能是其中一名孩子）弄得亂七八糟，吵鬧鬼會往窗戶丟石頭和泥碳、把書偷走、拉掉床上的床單或把床單堆得像是有屍體躺在裡面。每次發生這種事的時候，房間裡都沒有人。不過在霍特利奇先生的狗把那隻吵鬧鬼嚇跑之後，這種騷擾暫時停止了。但到了 1711 年 2 月，吵鬧鬼又跑回來了。這些騷擾事件使寡婦霍特利奇特別沮喪，她覺得背部出現了一種很尖銳的痛楚，幾天後她就死了，鎮上謠傳她是被巫術害死的。

　　霍特利奇家雇用了十八歲的女孩瑪麗‧丹巴爾來照顧陷入哀痛中的小霍特利奇的太太。瑪麗是一名「非常聰明的年輕人」，她在接下這份工作後開始出現癲癇的症狀，還看見了許多折磨她的女鬼。到了三月底，她指控了七名當地女人是女巫，她們全都被逮捕了。接著，瑪麗又指認了第八人，「她一進到法庭，瑪麗就陷入了痛苦又嚴重的癲癇發作，連三個男人都幾乎壓不住她，她大喊：『看在上帝的份上，把惡魔趕出去！』」不過法庭已經有太多女巫要處理了，所以沒有逮捕第八個女人。

　　法庭在 1711 年 3 月 31 日的早上六點與下午兩點開庭審判。多數證據都和瑪麗的癲癇發作有關。來自伯發斯特市（Belfast）的教區牧師汀達爾醫師寫下了他在審判過程中看見的狀況：

這幅 19 世紀中期的畫作描繪了一群乘坐在掃把上的女巫。距離最近的那名女巫似乎在駕馭掃把時遇到了困難。

法庭上擺出了許多證物，她發誓那些證物都是她從喉嚨裡嘔吐出來的。她嘔吐出來的東西包括了大量的羽毛、棉花、毛線、別針和兩顆很大的背心鈕釦，我親自嘗試過，這些東西放在我手上時，正好是我一手能拿起來的量。證人在法庭上作證說，他們親眼看到她用嘴巴把這些東西嘔吐出來，他們在她嘔吐的時候親手把這些東西蒐集起來。

這些犯人沒有律師，但法庭證實他們是「勤勞刻苦的人，人們都知道他們在公眾場合與私底下都會和家人一起禱告。他們大多都會背誦主禱文，許多人說那是他們在監獄裡學來的，他們每個人都是長老教會的信徒」。

兩名法官彼此意見不合。法官安東尼・厄普頓（Anthony Upton）「堅決認為陪審團不能單靠著受折磨者看見的幻覺做為證據，就這麼判定被告有罪……若被告真的是巫師並曾和惡魔簽訂契約的話，他們不可能這麼頻繁地向上帝禱告。」

但法官詹姆斯・麥卡特尼（James MacCartney）認為被告有罪，陪審團也抱持相同意見。被告最後被判處一年有期徒刑，並戴上木枷遊街四次。

在這次的判決結束後，愛爾蘭的巫術審判便真正結束了。

烈焰中的海峽群島

Chapter 11
Burning on the Channel Islands

Burning on the Channel Islands

烈焰中的海峽群島

　　海峽群島距離法國不算太遠，這裡的獵巫狀況比大不列顛群島的其他地方都還要嚴重，他們遵循法國的習俗，通常會把女巫燒死。在 1558 至 1649 年間，人口只有數千人的梗西島（Guernsey）有二十名男人和五十八名女人因巫術受審，有五十人被定罪，而當時英格蘭只有五分之一的被告被定罪。有三名女人和一名男人被活活燒死、二十四名女人和四名男人先被吊死再被燒掉、三名女人和一名男人被處以鞭刑並割掉耳朵、二十一名女人和五名男人被流放，一名女人在回到海峽群島後被吊死。

　　1562 至 1736 年間，澤西島（Jersey）有六十六場巫術審判，其中有至少一半以上的被告都被處以絞刑或火刑。雖然澤西島並沒有針對巫術制訂法律，但當地通過了一條特殊條例，禁止居民「尋求女巫與占卜師協助他們治療疾病或解決煩惱……違者將入獄十個月，期間只能吃麵包和喝水」。這裡和其他地方不同，法庭記錄把重點都放在「罪惡行為」上，例如：使床上滋生蛆蟲、衣服上爬滿蝨子、乳牛停止產奶等，有時被告會用黑色粉末做為工具。

　　此外，記錄中也提到了惡魔。1617 年，克麗蒂・蒙特

（Collette du Mont）承認自己曾參加過一場巫魔會。她先脫掉衣服，把黑色的油膏塗在背上和肚子上，用這個方法飛去參加聚會。聚會上還有十五、六名女巫，但因為他們看起來都黑漆漆的外型模糊，所以一開始她認不出他們是誰。克麗蒂在聚會上和變成黑狗的惡魔做愛，那隻黑狗用後腳站立，腳爪摸起來非常像人類的手。他們在接下來的宴會上吃沒有加鹽的食物，喝品質低劣的紅酒。

在同一年，伊莎貝爾・迪奎特（Isabel Dequet）也趁著丈夫出門捕魚的晚上外出參加過巫魔會好幾次。她親吻惡魔的臀部，得到的獎勵是大腿上的一個印記。檢查印記的產婆回報說：「她們在印記上插了一小根別針，但她沒有任何感覺也沒有流血。」

海峽群島的被害人通常會在被判處死刑後才被刑求，用這個方法得到更多嫌犯的名字。他們通常偏好使用吊刑，不過海峽群島的吊刑比其他地方更可怕，他們會把支撐全身重量的繩子綁在被害人的拇指上，如此一來，被害人向下掉落時拇指就會被扯掉。

用這種方式得到的共犯名單使法庭一直忙著審判女巫，但不久後就開始有人對此感到懷疑了。澤西島的法警菲利普・蓋特（Philippe le Geyt，1635-1715）說：「現在已經有多少無辜的人因為這些描述超自然狀況的證詞而被燒死了？我並不是在說世界上沒有女巫，但自從海峽群島上的人發現把女巫定罪很困難之後，這些女巫就在突然之間通通消失了，就好像過去案件的證據都只是幻覺一樣。」

「這個世界需要更多像菲利普・蓋特一樣的人。」

在這幅 19 世紀的畫作中，又有更多不幸的「女巫」迎來了悲慘的
結局。一如蘇格蘭與歐洲的女巫，海峽群島的女巫通常會被綁在木
樁上燒死。

獵巫行動：那些被封存的迫害史

延伸閱讀

1. *Twelve Bad Men* by Thomas Seccombe, T. Fisher Unwin, London, 1894

2. *A History of Witchcraft in England from 1558 to 1718* by Wallace Notestein, American Historical Association, Washington, dc, 1911

3. *Narratives of the Witchcraft Cases edited* by George L. Burr, Charles Scribner's Sons, New York, 1914

4. *The Witch-Cult in Western Europe* by Margaret Alice Murray, Clarendon Press, Oxford, 1921

5. *The History of Witchcraft and Demonology* by Montague Summers, Alfred A. Knopf, New York, 1926

6. *The Discovery of Witches* by Montague Summers, Cayme Press, London, 1928

7. *Witch Hunting* by C. L'Estrange Ewen, Kegan Paul, Trench, Trubner & Co, London, 1929

8. *A Popular History of Witchcraft* by Montague Summers, Kegan Paul, Trench, Trubner & Co, London, 1937

9. *Witchcraft in England* by Christina Hole, Charles Scribner & Sons, New York, 1947

10. *The Devil in Massachusetts* by Marion L. Starkey, Robert Hale Ltd, London, 1952

11. *The Encyclopedia of Witchcraft and Demonology* by Rossell Hope Robbins, Crown Publishers, Inc, New York, 1959

12. *The Dark World of Witches* by Eric Maple, Pan Books, London, 1965

13. *Witch-Finder General* by Ronald Bassett, Herbert Jenkins, London, 1966

14. *The European Witch-Craze of the 16th and 17th Centuries* by H.R. Trevor-Roper, Penguin, London, 1967

15. *The Triall of Witch-Craft, London 1616* by John Cotta, Da Capo Press, New York, 1968

16. *European Witchcraft* by E. William Monter, John Wiley & Sons, Inc, New York, 1969

17. *Witchcraft* by Roger Hart, Wayland, London, 1971

18. *Witches in Fact and Fantasy* by Lauren Paine, Robert Hale & Company, London, 1971

19. *Witchcraft in Europe 1100 −1700: A Documentary History* edited by Alan C. Kors and Edward Peters, J. M. Dent & Sons, London, 1972

20. *Witchcraft* by Walter B. Gibson, Grosset & Dunlap, New York, 1973

21. *The Suberversion of Women −As Practiced by Churches, Witch-Hunters and Other Sexists* by Nancy van Vuuren, The Westminster Press, Philadelphia, 1973

22. *Europe's Inner Demons* by Norman Cohn, Heinemann, London, 1975

23. *Witch-Hunt: The Great Scottish Witchcraft Trials of 1697* by Isabel Adam, Macmillan, London, 1978

24. *A History of Witchcraft, Sorcerers, Heretics and Pagans* by Jeffery B. Russell, Thames and Hudson, London, 1980

25. *Enemies of God* by Christina Larner, Blackwell, Oxford, 1983

26. *The Witch-Hunt in Early Modern Europe* by Brian P. Levack, Longman, New York, 1987

27. *The Discovery of Witches* by Matthew Hopkins, Partizan Press, Leigh-on-Sea, Essex, 1992

28. *Witchcraze: A New History of the European Witch Hunts* by Anne Llewellyn Barstow, HarperCollins, London, 1994

29. *The Lancashire Witch-Craze: Jennet Preston and the Lancashire Witches, 1612* by Jonathan Lum by, Carnegie Publishing, Preston, Lancashire, 1995

30. *Malevolent Nuture: Witch-Hunting and Maternal Power in Early Modern England* by Deborah Willis, Cornel University Press, Ithaca, 1995

31. *The Story of the Forfar Witches* by Fiona C. Scharlau, Angus District Council Libraries and Museums Service, Forfar, 1995

32. *A Complete Guide to Witchcraft* by Teresa Moorey, Hodder & Stoughton, London, 2000

33. *Witchcraft* by P. G. Maxwell-Stuart, Tempus Publishing Ltd, Stroud, Gloucestershire, 2000

34. *Witchcraft and Witch Trials* by Gregory Durston, Barry Rose Law

延伸閱讀

Publishers, Chichester, 2000

35. *Witchcraft in Europe and the New World 1400 −1800* by P. G. Maxwell-Stuart, Palgrave, New York, 2001

36. *Witch-Hunt: The Great Essex Witch Scare of 1582* by Anthony Harris, Ian Henry Publications, Romford, Essex, 2001

37. *The Scottish Witch-hunt in Context* edited by Julian Goodare, Manchester University Press, Manchester, 2002

獵巫行動：那些被封存的迫害史

Index

索引

索引

M

索引

獵巫行動：那些被封存的迫害史

獵巫行動：那些被封存的迫害史

Witches：The History of a Persecution

作　　　者	奈傑爾‧考索恩 Nigel Cawthorne	
譯　　　者	聞翊均	
發　行　人	林敬彬	
主　　　編	楊安瑜	
編　　　輯	李睿薇	
封 面 設 計	吳郁嫻	
內 頁 編 排	吳郁嫻	
編 輯 協 力	陳于雯、高家宏	

出　　　版　　大旗出版社
發　　　行　　大都會文化事業有限公司
　　　　　　　11051臺北市信義區基隆路一段432號4樓之9
　　　　　　　讀者服務專線：(02)27235216
　　　　　　　讀者服務傳真：(02)27235220
　　　　　　　電子郵件信箱：metro@ms21.hinet.net
　　　　　　　網　　　址：www.metrobook.com.tw

郵 政 劃 撥　　14050529 大都會文化事業有限公司
出 版 日 期　　2021年09月初版一刷
定　　　價　　420元
I S B N　　978-986-06020-2-9
書　　　號　　B210901

Witches：The History of a Persecution by Nigel Cawthorne
Copyright © Arcturus Holdings Limited

Complex Chinese Translation copyright ©2021
by Banner Publishing, a division of Metropolitan Culture Enterprise Co., Ltd.
Published by arrangement with Arcturus Holdings Limited through The PaiSha Agency.

國家圖書館出版品預行編目（CIP）資料

獵巫行動:那些被封存的迫害史/奈傑爾‧考索恩
Nigel Cawthorne著；聞翊均譯. ─ 初版. ─ 臺北市：
大旗出版：大都會文化發行, 2021.09
320面；14.8X21公分
譯自：Witches: The History of a Persecution
ISBN　978-986-06020-2-9(平裝)

1. 巫術　2. 歷史

295　　　　　　　　　　　　　　　　110004831